Charisma – mit Strategie und Persönlichkeit zum Erfolg · Eva B. Müller

Charisma –
mit Strategie und Persönlichkeit zum Erfolg

Der Charisma Code

Eva B. Müller

Haufe Mediengruppe
Freiburg · München

Bibliografische Information der Deutschen Nationalbibliothek

Die Deutsche Nationalbibliothek verzeichnet diese Publikation in der Deutschen Nationalbibliografie; detaillierte bibliografische Daten sind im Internet über http://www.d-nb.de abrufbar.

Print: ISBN 978-3-648-03040-0 Bestell-Nr. 01336-0001
ePDF: ISBN 978-3-648-03042-4 Bestell-Nr. 01336-0150

Eva B. Müller
Charisma – mit Strategie und Persönlichkeit zum Erfolg

Redaktionsanschrift: Fraunhoferstraße 5, 82152 Planegg/München
Telefon: (089) 895 17-0
Telefax: (089) 895 17-290
Internet: www.haufe.de
E-Mail: online@haufe.de
Produktmanagement: Rechtsassessorin Elvira Plitt
Lektorat: Gabriele Vogt

DTP : Satz & Zeichen, Karin Lochmann, 83071 Stephanskirchen
Umschlag: Kienle gestaltet, Stuttgart
Druck: Schätzl Druck, 86609 Donauwörth

Inhaltsverzeichnis

Einleitung

Charisma. Außergewöhnliche Fähigkeit, Gottesgabe, faszinierende Ausstrahlung – das gewisse Etwas. Menschen mit Charisma betreten einen Raum und es wird unmerklich ein bisschen heller. Alle Blicke folgen ihnen, die Gespräche verstummen. Charismatische Menschen sind attraktiv, atemberaubend, aufrüttelnd, mitreißend, spannend, interessant, glanzvoll, bewegend, mit einem Wort: einfach überwältigend! – STOP!

Kehren wir zurück in die Wirklichkeit. Die Personen, von denen wir da reden, sind selten Menschen wie Sie und ich bzw. Personen des Alltags, sondern „larger than life“-Charaktere: Politiker, Schauspieler oder Unternehmenslenker. Was die meisten dieser Menschen auszeichnet, ist die mehr oder weniger gelungene Ausgestaltung ihrer Rolle als Prominenter – nicht ihnen wird Charisma zugeschrieben, sondern ihrer Position oder ihrem Beruf. Von den Charismaforschern Etzioni und Hollander als „office charisma“ bezeichnet, speist sich diese Art von Charisma in erster Linie aus dem Amt oder dem Status dieser Personen und weniger aus ihrer Persönlichkeit oder Leistung.

Aber es gibt Charisma fernab der Prominenz. Wir finden es in Unternehmen auf allen Hierarchieebenen, in Sportvereinen, im Freundeskreis. Und es zeigt sich in Menschen, die wir nicht nur sehr schätzen und mögen, sondern die unser Leben durch ihre ganz besondere Art, mit der Welt und uns umzugehen, bereichern, beeinflussen und verändern. Vielleicht sind sie Ihnen auch begegnet: als Sie als Auszubildender oder Student auf einen charismatischen Ausbilder trafen, vielleicht als Sie im Fußballverein die Motivation erlebten, die ein charismatischer Coach entfachen kann, vielleicht im Bekanntenkreis, in dem ein außergewöhnlicher Mensch Sie mit seinen außergewöhnlichen Ideen begeisterte, vielleicht aber auch in Ihrem Unternehmen, wo Sie mit einem Vorgesetzten oder Kollegen arbeiteten, der Ihr Leben und die Art, die Welt zu sehen, stark verändert hat – im positiven Sinne.

Charisma kann überall entstehen, wo Menschen aufeinander treffen und miteinander agieren. Wir bewundern charismatische Menschen und wir alle hätten gerne selbst ein wenig mehr von diesem besonderen Stoff, der Charisma heißt – aber wie? Ist Charisma durch ein paar einfache Tricks und Tipps erlernbar, und wenn ja, von jedem? Die Antwort liegt auf der Hand: sicherlich nicht. Wenn dem so wäre, wären wir umgeben von Menschen, die uns tief beeindrucken und somit wäre jede Besonderheit dahin. Die Wahrheit liegt also nicht in den schnellen Tipps und Tricks und Charisma ist, wie Sie sich vorstellen können, nicht von heute auf morgen erreichbar. Ich möchte Ihnen an dieser Stelle eine Frage stellen:

> Was möchten Sie ganz persönlich investieren, um einen nachhaltigen charismatischen Eindruck zu hinterlassen?

Es geht hier nicht um Geld, selbst wenn eine umfassende Beratung durch einen professionellen Coach Ihnen sicherlich ein gutes Stück weiterhilft. Es geht darum, inwieweit Sie bereit sind, Ihr Denken und Ihr Verhalten grundlegend zu verändern, um Ihr persönliches Charismapotenzial zu entfalten.

Um Ihr Charismapotenzial zu entdecken und zu fördern, ist es notwendig, dass Sie sich, d. h. Ihre Gedanken, Ihre Werte und Ihr Verhalten, genau analysieren und die Strategien erkennen, die es Ihnen ermöglichen, Ihr persönliches Charisma aufzubauen und effektiv und eindrucksvoll in Szene zu setzen.

Ohne Frage – das vorliegende Buch gibt Ihnen eine ganze Fülle von sofort umsetzbaren Tipps zur Gestaltung Ihres persönlichen Charisma. Der Fokus liegt jedoch darauf, Ihnen Schritt für Schritt zu zeigen, woraus Ihr persönliches Charisma besteht und wie Sie Ihre persönliche Wirkung um ein Vielfaches verstärken können, ohne das Rad oder sich selbst völlig neu erfinden zu müssen. Manchmal werden es Kleinigkeiten sein, die Sie verändern werden, an anderen Stellen werden Sie komplett umdenken müssen.

Wie Sie dieses Buch am besten nutzen

Es gibt zwei Wege, dieses Buch zu lesen: Entweder Sie arbeiten es von vorne bis hinten in der vorliegenden Form durch oder Sie beginnen mit den Kapiteln, die Sie am meisten interessieren bzw. denen Sie eine hohe aktuelle Relevanz beimessen. Um Ihnen die Entscheidung zu erleichtern, hier ein kurzer Überblick über die Kapitel:

Das Kapitel *Warum Charisma* zeigt Ihnen, wie Sie und Ihr berufliches Umfeld von Charisma profitieren und beschreibt in kurzer Form die Geschichte des Charismas von der Antike bis zur Moderne, um Charisma besser zu verstehen und einsetzen zu können.

Das Kapitel *Drei Wahrheiten über Charisma* benennt drei psychologische Wahrheiten über Charisma und gibt Ihnen einen tieferen Einblick in die Funktionsweise des Charismas.

In *Der Charisma Code – die fünf Strategien zur Stärkung des eigenen Charismapotenzials* finden Sie verschiedene Strategien, die zur Entfaltung einer charismatischen Wirkung notwendig sind. Nur alle Strategien im fließenden Zusammenspiel lassen Charisma bei Ihnen entstehen.

Im Kapitel *Charisma – ein Aktionsplan* geht es um die idealtypische Planung und Umsetzung von Charisma, d. h. den sinnvollen und optimalen Einsatz der fünf Strategien.

Das Kapitel *Die beiden Seiten des Charismas* gibt Ihnen zu guter Letzt Informationen über die dunkle Seite des Charismas und zeigt, welche Verhaltensweisen und Einstellungen Ihrem Charisma schaden.

Ein Wort zur Handhabung der Strategiekapitel

Sie finden pro Strategiekapitel eine Reihe von Unterstrategien. Sie werden nicht alle Strategien in gleichem Maße beherrschen können. Daher ein Tipp vorab: Übernehmen Sie aus jeder der fünf Hauptstrategien die Unterstrategien, die am besten zu Ihnen und Ihrer Situation passen. Alle Strategien auf einmal beherrschen zu wollen, ist ein Ding der Unmöglichkeit. Beginnen Sie mit den Strategien, die Ihnen am leichtesten fallen und arbeiten Sie sich Schritt für Schritt voran auf dem Weg zur vollen Entfaltung Ihres Charismapotenzials. Denken Sie immer daran, dass Sie nicht in allen Bereichen perfekt sein werden und dass Ihnen in der Anwendung der ein oder anderen Strategie auch Anfangsfehler unterlaufen werden. Halten Sie es damit wie der britische Politiker und Schriftsteller Benjamin Disraeli: *Es steht schlimm um einen Menschen, an dem man nicht einen einzigen sympathischen Fehler entdecken kann.*

Jede Unterstrategie bietet Ihnen mit der Pegel-Grafik ein Messinstrument an, auf dem Sie Ihr persönliches Potenzial einschätzen und festhalten können.

Persönliche Ausprägung – *Unterstrategie*

Ein Punkt bedeutet eine geringe Ausprägung, alle fünf Punkte eine perfekte Ausprägung. Ordnen Sie sich ein und nutzen Sie die Skala nicht nur zur Feststellung Ihres momentanen Charismapotenzials, sondern auch dazu, nach einigen Wochen zu überprüfen, in welchen Bereichen Sie sich verbessert haben.

Pro Unterkapitel finden Sie:

Stop!
Hinweise zu Verhaltensweisen, die Ihrem Charisma schaden

Spotlight!
Eine Reihe von Tipps, mit denen Sie Ihr Verhalten in den speziellen Strategiepunkten noch optimieren können

Bevor wir uns nun näher mit den Strategien zur Aneignung von Charisma beschäftigen, lassen Sie uns zuerst auf die wichtigsten Fragen eingehen: Was ist Charisma und was kann Charisma für Sie tun?

Warum Charisma?

Jeder will es und möglichst viel davon. Charisma macht uns das Leben leichter, die Herzen der anderen fliegen uns zu. Charisma verschafft uns eine magische Ausstrahlung, eine phänomenale Präsenz und eine geheimnisvolle Anziehungskraft.
Je nachdem in welcher Ausprägung unser persönliches Charisma vorhanden ist und an welcher Stelle wir es einsetzen, können wir innerhalb kürzester Zeit einen tiefen Eindruck hinterlassen. Davon profitieren wir zu einem großen Teil natürlich erst einmal selbst. Charisma kann jedoch mehr. Viel mehr! Es kann nicht nur Sie, sondern auch Ihr Team zum Erfolg führen sowie Ihr ganzes Unternehmen beeinflussen.

Wie Sie persönlich von Charisma profitieren

Ganz abgesehen davon, dass Charisma etwas ist, das jeder gerne besitzen möchte, profitieren Sie nicht nur durch die Bewunderung und Hochachtung, die Macht und die Beeinflussungsmöglichkeiten, die Ihnen dadurch zuteilwerden. Charisma bringt durch seine Unkonventionalität und Begeisterung Faszination in Ihr Leben und in das Leben anderer Menschen. Ein weiterer Mehrwert entsteht, wenn Sie sich selbst auf dem Weg zu mehr Charisma in all Ihren Facetten besser kennenlernen. Sie gehören damit zu den sehr wenigen Menschen, die ihre Potenziale so lebenslang optimieren können. Das Gleichnis der Talente (aus dem Matthäus-Evangelium) erzählt von dem Umgang mit den eigenen Potenzialen und Talenten. Jesus schildert dort einen Herrn, der seine Knechte mit finanziellen Mitteln (die Währung des Geldes nennt sich Talente) ausstattet und sich dann auf eine lange Reise begibt. Die Aufgabe an seine Diener lautet: Geht gut mit den Talenten um und mehret sie. Nach seiner Rückkehr lässt er sich berichten, was in der Zwischenzeit passiert ist. Zwei der Diener haben ihre Talente investiert und vermehrt, und der Herr belohnt sie. Der dritte Diener hingegen hat aus Angst, etwas zu investieren, die Talente versteckt und nichts gewonnen. Diesen Diener, der nichts aus seinen Talenten gemacht hat, jagt der Herr fort und er muss fortan ohne Talente leben.
Die Botschaft lautet: Investieren Sie in Ihre Talente und in Ihre Potenziale. Das Ausloten Ihrer charismatischen Potenziale bietet Ihnen die Gelegenheit,

ständig dazuzulernen, sei es im Bereich Ihrer beruflichen Kompetenz, in der Gestaltung von sozialen Beziehungen oder in der Umsetzung kreativer neuer Ideen. Charisma verschafft Ihnen vielfältige, hochinteressante Kontakte und Netzwerke, von denen nicht nur Sie selbst profitieren, sondern durch die Sie wiederum andere Menschen unterstützen können.

Wie Ihr Team von Charisma profitiert

Menschen, die mit charismatischen Führungskräften zusammenarbeiten, weisen ausgezeichnete Ergebnisse in den Bereichen Motivation und Engagement auf. Nicht nur die Stimmung im Team unterscheidet sich von vergleichbaren, nicht charismatisch geführten Teams, sondern auch die Leistung. Diese besonderen Teams

- erreichen signifikant bessere Ergebnisse in der Zielerreichung und in ihrer Effektivität,
- weisen einen weitaus höheren Grad an Zufriedenheit auf als vergleichbare Teams,
- haben einen Gruppenzusammenhalt und eine Bereitschaft, mit dem Team gemeinsam etwas erreichen zu wollen, die weitaus stärker ausgeprägt sind als bei vergleichbaren Teams,
- zeichnen sich über ein immens vertrauensvolles Zusammenarbeiten aus,
- haben das starke Gefühl, in ihrer täglichen Arbeit etwas Sinnvolles zu tun, für sich selbst, für andere und mit den eigenen Fähigkeiten,
- leben eine gesunde Fehlerkultur mit wenig ernsthaften Konflikten und
- verfügen über eine überaus hohe Übereinstimmung an gemeinsamen Werten, eine Liebe zum Lernen und einen ausgeprägten Grundoptimismus bezüglich der Erreichbarkeit von Zielen.

Zudem ist Charisma ansteckend. Bernard Bass, einer der Väter der Charismaforschung, stellte schon 1987 den Dominoeffekt charismatischer Führung fest. Wenn auf den oberen Führungsebenen einer Organisation charismatische Führung stattfand, so orientierten sich auch Führungskräfte anderer Ebenen an diesem Vorbild. Auf diese Weise kommen mehr Innovationen, Commitment und Zufriedenheit in allen Teams zustande.

Wie Ihr Unternehmen von Charisma profitiert

Howell & Avolio bewiesen 1993, dass sich die Leistung eines Unternehmens auch in produktiver Hinsicht optimiert, wenn charismatische Führungskräfte am Werk sind. Die Gründe für diese erhöhte Produktivität lassen sich wie folgt zusammenfassen: Charismatische Führungskräfte inspirieren zu Veränderungen im ganzen Unternehmen.
Durch ihre Einflussnahme verändern sich Einstellungen und Denkweisen und damit auch Entscheidungen, die bezüglich täglicher Herausforderungen getroffen werden. Nicht mehr das Problem steht im Vordergrund, sondern der Weg der Problemlösung. Indem charismatische Führungskräfte stark durch Vorbildverhalten und Ermutigung führen, entsteht bei allen, die mit ihnen zusammenarbeiten, ein gesunder Optimismus, starke Tatkraft, gesteigerte Kompetenz und vor allem eine echte Freude an der täglichen Arbeit. Hinzu kommt eine gesteigerte Akzeptanz für die Ziele des Unternehmens. Neuere Untersuchungen von Fanelli zeigen, dass die Aktien von Unternehmen, die charismatische Führungskräfte besitzen, weitaus besser abschneiden als vergleichbare Aktien anderer, nicht charismatisch geführter Unternehmen – eine Erkenntnis, die nicht nur in Wissenschaftskreisen bekannt, sondern auch dem „Handelsblatt“ einen Artikel wert ist[1].

Um Charisma in seiner ganzen Wirkkraft zu verstehen, zeigt Ihnen der nachfolgende kurze geschichtliche Abriss die Entwicklung von Charisma und seine Bedeutung im heutigen modernen Führungsalltag.

Die Geschichte des Charismas

Von der Anmutsgöttin zum Wunderheiler

Wir beginnen unsere Reise in der griechischen Antike, genauer gesagt in der griechischen Mythologie. Die Göttinnen Aglaea, Euphrosyne und Thalia, allesamt Töchter des Gottes Zeus und verehrt als Sinnbilder und Schutzpatroninnen der Anmut, der Schönheit, der Fruchtbarkeit, der Vergnügung und der Festlichkeiten, sind die Charites (im Singular Charis, für „Anmut“).

[1] http://www.handelsblatt.com/politik/oekonomie/nachrichten/wissenswert-wie-wichtig-ist-das-charisma-von-fuehrungskraeften/3440874.html.

Einige Jahrtausende später, zu Zeiten des Aufkommens der judeo-christlichen Religion, erhält der Begriff eine weitaus ernsthaftere Bedeutung. Charis wird nun als Geschenk Gottes bezeichnet und beschreibt ein Set von übernatürlichen Fähigkeiten, die ausschließlich durch den Heiligen Geist auf einen Menschen übertragen werden können. Aus Charis wird Charisma, und der auserwählte Mensch, dem Charisma zuteilwird, verfügt von nun an über Gnadengaben wie Weisheit, Einsicht, Glaube und Prophetentum. Er vollbringt Wunder, heilt die Blinden, vertreibt Dämonen und empfängt göttliche Botschaften in ekstatischen geistigen Zuständen. Das Charisma richtet sich für Jahrhunderte gut ein in seiner religiösen Nische und versinkt in einen Dornröschenschlaf. Unzweifelhaft entspringt aus dieser Zeit die heute noch verbreitete Ansicht, dass Charisma gottgegeben sei und keinesfalls ohne göttliche Beteiligung entstehen kann.

Revival

Zu Beginn des zwanzigsten Jahrhunderts macht sich der deutsche Soziologe Max Weber daran, die schöne Charisma wiederzuerwecken. In seinem Werk „Wirtschaft und Gesellschaft"[2] definiert Weber Charisma als eine besondere Form der Herrschaft, die neben der traditionellen (vererbten, wie in den meisten adeligen Kreisen üblich) und der legalen (gewählten) Herrschaft existiert. Sie gilt als ganz besondere Kraft, denn hiermit wird einem Menschen die Herrschaft über andere aufgrund seiner magisch anmutenden Fähigkeiten zugeschrieben. Obwohl Weber Charisma gründlich analysiert, hat Charisma bei ihm immer noch einen Anflug des Übernatürlichen. Er beschreibt Charisma als eine außeralltägliche Qualität einer Persönlichkeit, eine Kraft, die von anderen Personen als übermenschlich und nicht jedem zugänglich eingestuft wird. Diese Außeralltäglichkeit ist bis heute eines der Kernelemente des Charismas.

Erst als der renommierte amerikanische Historiker und Politologe James MacGregor Burns in den fünfziger Jahren des vergangenen Jahrhunderts mit Forschungen über bekannte politische Persönlichkeiten beginnt und nicht übernatürliche Macht, sondern gelungene Beziehungen von großen Anführern zu ihren Anhängern in den Mittelpunkt stellt, beginnt ein neues Charismakapitel. Charisma wird mit Leadership in Verbindung gebracht und Burns weist nach, dass echte charismatische Führer niemals reine „power

[2] Weber, M.: Wirtschaft und Gesellschaft. Paderborn 2006.

wielders“ (Machtstrategen) sind, die sich nur um sich selbst und ihr eigenes Fortkommen sorgen, sondern Persönlichkeiten, deren Werte, Bedürfnisse und Motivationen eng mit denen ihrer Mitmenschen verknüpft sind und denen das Wohlergehen der anderen besonders am Herzen liegt. Burns prägte den Begriff des „moral leadership“, und Moral ist ihm zufolge ein Element, ohne das echtes, positives Charisma nicht existieren kann.

Modernes Charisma

Im Anschluss an Burns widmen sich zu Beginn der siebziger Jahre eine Reihe bekannter Organisationspsychologen dem Thema Charisma. Eine ganze Forschungsrichtung entsteht, die Charisma unter einem noch weitergehenden Aspekt als Burns untersucht – der praktischen Umsetzbarkeit von Charisma in Unternehmen. Die Forscher, unter ihnen bekannte Wissenschaftler wie Bernard Bass, Jay Conger und Abraham Zaleznik, konzentrieren sich nicht auf berühmte Politiker, prominente Schauspieler oder mordende Diktatoren, sondern auf etwas ganz Alltägliches: den Menschen im Unternehmen. In Anlehnung an Burns halten sie Charisma für eine besondere Art der Führung und ihre Schlussfolgerung lautet:

> Führung ist Verhalten, Verhalten ist erlernbar, somit ist auch Charisma erlernbar.

Weitere Ergebnisse folgen Schlag auf Schlag. Conger weist nach, dass der Einsatz bestimmter rhetorischer Mittel Charisma befördern kann, und er entschlüsselt gemeinsam mit Rabindra Kanungo jene ganz besondere Vorgehensweise, die sich bei allen charismatischen Persönlichkeiten feststellen und nachweisen lässt. Andere Wissenschaftler untersuchen, wo sich Charisma in Unternehmen findet und wie sich die Menschen verhalten, die von Vorgesetzten, Kollegen und Mitarbeitern als charismatisch beurteilt werden. Sie analysieren, wie ein charismatisches Verhalten zum persönlichen, zum Team- und zum Unternehmenserfolg beiträgt, und vor allem versuchen sie, die wichtigste aller Fragen zu beantworten: Wie kann es für alle nutzbar gemacht werden?

Charisma als Führungsstil?

Die charismatische Führung – eng verwandt mit den Begriffen der transformationalen Führung oder dem Leader-Manager-Führungsansatz (Manager sein bedeutet, etwas richtig zu tun, Leader sein bedeutet, das Richtige zu tun) – hat sich einen festen Platz im Olymp der Führungsstile erkämpft und findet ihre Anwendung nicht nur in einer Vielzahl von Unternehmen, sondern auch im Sport und in virtuellen Formen der Organisation, wie beispielsweise als unabdingbare Anforderung in virtuellen Projektteams. Diese meist international zusammengesetzten Teams arbeiten aus ihren jeweiligen Ländern oder Standorten heraus „virtuell“ zusammen, d. h. via neuer Technologien. Ihre Meetings finden im Web statt, ihre gesamte Kommunikation verläuft über digitale Medien wie Email und Video-/Audiokonferenzen. Trotz dieser „zwischenmenschlichen“ Kommunikationshindernisse[3] müssen diese Teams es schaffen, gemeinsame Projekte innerhalb kürzester Zeit bestmöglich zu erledigen – was nur funktioniert, wenn sie nicht nur über exzellente Fach- und Projektmanager verfügen, sondern auch über eine Führungskraft mit charismatischen Zügen.

Charisma als zusätzlicher Führungsstil zum klassischen Management ist in den USA und Kanada, den Niederlanden, der Schweiz und vielen anderen westeuropäischen Ländern längst zu einem festen Bestandteil von Seminaren und Führungstrainings geworden. In Deutschland werden charismatische oder transformationale Führungsstile nur zögerlich und unter dem Mäntelchen des Leader-Manager-Führungsansatzes vermittelt. Es scheint hier noch oft der Tenor zu sein, lieber einen BWL-Kurs zu belegen, anstatt an der eigenen (charismatischen) Persönlichkeit zu feilen. Grund dafür ist ein recht einseitiges Verständnis eines mittlerweile multidimensionalen Begriffs, welches Charisma in die Ecke der Mythen, Heldengeschichten und Tyrannen stellt und nur noch äußerst marginal mit dem zu tun hat, was Charisma heute darstellt. Interessanterweise halten die meisten deutschen Manager Charisma jedoch für ein äußerst wichtiges Asset in der Führung. 2009 titelt das Managermagazin: „Wir brauchen charismatische Visionäre“, die Welt Online bringt den Titel „Manager mit Charisma haben mehr als Macht“.

Wie wir sehen, ist Charisma ein häufig und gerne gesehener Gast in der Presse – Grund genug, sich dieser geheimnisvollen Eigenschaft, die alle begeistert und in ihren Bann zieht, zu nähern. Wenden wir uns drei Wahrheiten über Charisma zu.

---

3 Siehe auch: Eva B. Müller, Erfolgreich in virtuellen Teams, Köln 2011.

Drei Wahrheiten über Charisma

Mahatma Gandhi hatte es, manche behaupten, dass Marilyn Monroe es hatte, andere sagen, dass Barack Obama eine charismatische Ausstrahlung besitzt, wiederum andere schwören, bei ihrem Gemüsehändler an der Ecke Anflüge von Charisma entdeckt zu haben. Fragt man nach, warum wir Menschen für charismatisch halten, bekommen wir keine klare Antwort – höchste Zeit also, das gefühlte „Charisma" näher zu spezifizieren.

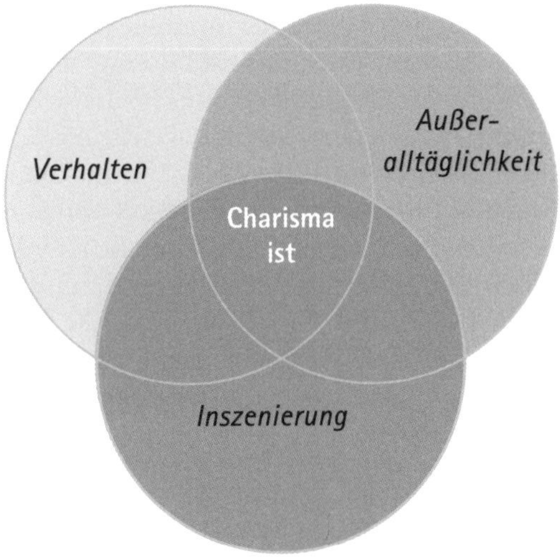

Drei Wahrheiten über Charisma

Charisma ist Verhalten

Charisma ist die Allzweckwaffe unter den Beeinflussungstechniken.
Andrew DuBrin, Professor für Management
am Rochester Institute of Technology.

Besitzen Sie Charisma? Ein bisschen vielleicht? Auch auf die Gefahr hin, dass Sie mich nun der Wortklauberei beschuldigen: Die Antwort ist nein. Wir können Charisma nicht „besitzen". Warum, ist schnell erklärt. Charisma ist

ein „Zuschreibungsphänomen", oder anders formuliert, Charisma wird uns von anderen Menschen aufgrund ihrer Wahrnehmung eines besonderen Verhaltens, das von uns ausgeht, zugestanden. Der Prozess der Wahrnehmung ist relativ simpel. Wir verhalten uns auf eine bestimmte Art und Weise (außeralltäglich, inspirierend und motivierend) und dieses Verhalten löst bei anderen Menschen die Zuschreibung von Charisma aus. Die gute Nachricht ist: Charisma ist Verhalten und Sie können lernen, sich charismatisch zu verhalten. Die schlechte Nachricht ist: Sie müssen sich aktiv verändern und, glauben Sie mir, das fällt den meisten von uns recht schwer.
Natürlich werden nicht alle Menschen uns Charisma zuschreiben, da Charisma immer eng verbunden ist mit bestimmten Zielgruppen – nämlich den Zielgruppen, die sich brennend für uns und unser Thema interessieren. Das bedeutet für Sie: Sie benötigen zuallererst einmal ein *Publikum,* das Ihnen Charisma zuschreibt, und in einem zweiten Schritt die notwendigen Verhaltensweisen, die die Zuschreibung von Charisma auslösen. Bleiben wir aber noch einen Moment bei Ihrem Publikum. Wenn wir es global angehen, ist der Rest der Welt Ihr Publikum (unwahrscheinlich), lokal gesehen sind es alle Menschen, denen Sie tagtäglich begegnen und mit denen Sie eine Kommunikation pflegen. Das können Ihre Mitarbeiter, Kollegen und Vorgesetzten sein oder das Publikum bei einer Präsentation, die Mitglieder von Netzwerken, Vereinsmitglieder, Freunde und Kunden. Das Publikum ist der größte Schatz Ihres Charisma, den es zu hüten und zu pflegen gilt durch viele gute Beziehungen und ein exzellentes Networking.

Verhalten ändern – Gefühle managen

Sie lesen dieses Buch, weil Sie Ihr Charismapotenzial entfalten möchten. Es gilt also festzustellen, was Ihr Charisma ausmacht oder ausmachen kann. Eines steht fest, wenn Sie sich verhalten wie bisher, wird Ihnen das Charisma attestiert, das Sie bisher schon ausgestrahlt oder auch nicht ausgestrahlt haben. Das bedeutet: Um Ihr ganzes Potenzial ausschöpfen zu können, müssen Sie beginnen, Ihr Verhalten durch den Einsatz individuell auf Sie passender Strategien zu optimieren. Viele Menschen behaupten, dass eine brillante Rhetorik ausreicht, um andere Menschen in den Bann zu ziehen und die Zuschreibung von Charisma auszulösen, aber diese Sicht greift viel zu kurz. Mit einer einzelnen Strategie wie der Rhetorik werden Sie nicht weit kommen – so gibt es viele glänzende Rhetoriker auf dieser Welt, aber nur wenige von ihnen sind charismatisch. Was auf jeden Fall dazu gehört, ist Ihr Um-

gang mit und Ihre Einflussnahme auf Menschen, Ihre Persönlichkeit, Ihre Werte und Ihre Strategien und Eigenschaften, über die Sie in den Strategiekapiteln noch eine Menge erfahren werden, sowie natürlich Ihre ganz eigene Außergewöhnlichkeit, die Sie durch Ihr Verhalten ausdrücken und mit der Sie Ihre charismatische Wirkung erzeugen.
Verantwortlich für das Gelingen oder Misslingen charismatischen Verhaltens sind zwei Dinge: Ihre Gefühle und Ihr Verstand. Verfügen Sie über ein hohes charismatisches Potenzial, so verfügen Sie gleichzeitig auch immer über ein sehr starkes emotionales Steuerungssystem, das es Ihnen erlaubt, Ihre eigenen Emotionen (positiver und negativer Art) blitzschnell zu analysieren, mithilfe des Verstandes auf ihre Güte hin zu überprüfen und erst dann in eine wirkungsvolle Kommunikation mit anderen einzutreten. Auch als emotionale Intelligenz oder Gefühlsmanagement bekannt, ist es vor allem diese Fähigkeit, die es charismatischen Menschen erlaubt, andere durch gezieltes Verhalten zu beeinflussen und zu beeindrucken. So werden Sie niemals ein ängstliches, aufgeregtes oder panisches Verhalten bei charismatischen Menschen feststellen, was nicht bedeutet, dass charismatische Menschen diese Gefühle nicht erfahren – sie sind jedoch in der Lage, konstruktiv und überlegt damit umzugehen und sie nicht auf ihr Verhalten abfärben zu lassen. Fassen wir also zusammen:

> Charismatische Menschen sind in der Lage, eigene Emotionen zu steuern und über ein bestimmtes Set von Verhaltensweisen so auszudrücken, dass sie ihr Gegenüber gezielt beeinflussen können.

Durch Verhalten beeindrucken und beeinflussen

Wir alle besitzen diesen inneren Kompass der Gefühlssteuerung – nur in einem unterschiedlichen Maße. Der kanadische Soziologe Erwing Goffman beschreibt die Beherrschung dieses Kompasses recht anschaulich in einem Forschungsbericht, den er auf den Shetlandinseln verfasste. Goffman, ein renommierter Kommunikationsforscher, bewohnte damals ein Haus auf den Shetlandinseln und erforschte menschliche Interaktionen. Ab und an bekam er Besuch von den Einheimischen. Vor allem eines schien ihn zu faszinieren: die mehr oder weniger gut ausgeprägte Gefühlssteuerung einiger seiner Besucher. Waren sie noch weit entfernt von Goffmans Haustür, zogen manche Zeitgenossen ein recht mürrisches Gesicht, nur um dann, nachdem

sie die Hausklingel betätigt hatten, im Handumdrehen ein freundliches Lächeln aufzusetzen und ihren Gastgeber überschwänglich zu begrüßen. Das Fazit aus Goffmans Beobachtungen ist kurz und knapp zu erläutern: Wir alle spielen Theater auf der Bühne der Beeinflussung, manche besser, manche schlechter. Diejenigen, die ihren Gefühlskompass am besten beherrschen (und schon am Gartentor ein freundliches Gesicht machen), sind die Beeinflusser, denn sie vermitteln uns das Gefühl, dass sie es ehrlich meinen, und beeinflussen uns somit in ihrem Sinne. Die mürrischen Besucher hingegen vermitteln durch ihr Verhalten auch einen Eindruck – wahrscheinlich aber nicht den, den sie ursprünglich intendiert haben. „Man kann sich nicht nicht verhalten", sagt der berühmte amerikanische Kommunikationsforscher Paul Watzlawick dazu, und in der Tat hat jedes Verhalten oder auch Nicht-Verhalten eine Konsequenz in unserem täglichen Leben.
Ganz gleich, ob wir in einem Meeting sitzen und uns gelangweilt die Fingernägel putzen, anstatt uns zu beteiligen oder den Vortragenden zu unterstützen, oder ob wir im Bus aufstehen, damit sich jemand anderer hinsetzen kann; ob wir eine Türe für jemanden aufhalten oder auf der Straße lächeln, einem Bedürftigen helfen, gegen eine Ungerechtigkeit einschreiten oder wegsehen – wir verhalten uns immer, und andere Menschen beurteilen uns aufgrund unseres Verhaltens. Wenn Sie charismatisch beeinflussen und beeindrucken wollen, müssen Sie sich im Klaren darüber sein, dass Verhalten alles ist, denn Sie stehen immer auf der Bühne – im Beruf und im Privatleben. Lernen Sie Ihren Gefühlskompass kennen und steuern und lernen Sie, ihn zu jeder Zeit *bewusst* zu steuern, indem Sie Ihre persönliche Verhaltensstrategie finden und ausbauen.

Verhalten ist Persönlichkeit und Beziehungsmanagement

Verhalten findet immer statt, wenn Sie mit anderen Menschen interagieren, auch wenn Ihnen die Interaktion manchmal gar nicht bewusst ist – nämlich immer dann, wenn Sie sich unbeobachtet fühlen. Über die Qualität dieser Interaktion entscheidet Ihre Persönlichkeit. Indem Sie anderen Menschen zeigen, dass Sie ihnen vertrauen, dass Sie sie wertschätzen, indem Sie sie unterstützen, als Vorbild agieren, Werte mit ihnen leben, ihnen Rückhalt geben, sie fordern und fördern, ihnen Erfolgserlebnisse ermöglichen, gemeinsam mit ihnen ihre Potenziale ausloten und Stärken stärken, verhalten Sie sich auf eine Art und Weise, die andere tief beeindruckt und Sie erst zu einer Persönlichkeit macht. Charismatisches Verhalten ist zu einem großen

Teil Beziehungsmanagement, und – Rhetorik hin oder her – Persönlichkeit wiegt schwerer als ein rhetorisch perfekter Vortrag. Beherrschen Sie beide Facetten, ist es umso besser. Ihre persönliche Verhaltensstrategie finden Sie in den Strategiekapiteln.

Charisma ist Außeralltäglichkeit

Man wird des Guten und auch des Besten,
wenn es alltäglich zu werden beginnt, bald satt.
Gotthold Ephraim Lessing

Haben Sie schon einmal mit Freunden oder Kollegen über Charisma diskutiert? Wahrscheinlich haben Sie festgestellt, dass Sie recht unterschiedliche Auffassungen davon besitzen, was Charisma eigentlich ist. Manche glauben, dass Charisma eine geheimnisvolle, gottgegebene, ganz besondere Begabung ist, die nur wenigen zuteilwird. Andere wiederum propagieren, dass Charisma gleichbedeutend ist mit Ausstrahlung oder persönlicher Anziehungskraft, wiederum andere sprechen von Medienprominenz. Der Charismaforscher Max Weber beantwortete die Frage nach dem Was des Charismas schon im Jahre 1921 sehr treffend als außeralltägliche Fähigkeit, mit der ein Mensch ausgestattet ist. Weber beschreibt diese Außeralltäglichkeit als Gegenpol zu der täglichen Routine, der wir alle unterliegen. Alles geht seinen gewohnten Gang – aber auf einmal tritt eine Person in unser Leben, die anders ist als andere, die uns fasziniert, uns inspiriert, die uns aus unserem Alltag herausreißt und mitnimmt auf eine wunderbare, abenteuerliche Reise. Diese Art Menschen beeinflussen uns, wir bewundern sie, wir wollen ein wenig sein wie sie, möglichst sogar genau wie sie – charismatisch eben.

> Außeralltäglichkeit ist die Fähigkeit eines anderen Menschen, unsere Aufmerksamkeit zu erregen, uns zu begeistern und unser Handeln zu beeinflussen.

Außeralltäglichkeit als Fähigkeit?

Mahatma Gandhi, Madonna, Mutter Teresa, John F. Kennedy, John McEnroe, Steve Jobs, Barack Obama, Jack Welch, Steve Balmer – sie alle scheinen diese außeralltägliche Fähigkeit zu besitzen, denn sie erregen unsere Aufmerksamkeit und finden viele Bewunderer. Blicken wir ein wenig tiefer, vorbei an ihrem Prominentenstatus, wird relativ schnell klar, was all diese Personen gemeinsam haben. Sie ziehen unsere Aufmerksamkeit auf sich, weil sie etwas anders machen als andere Prominente. Ihnen haftet etwas Revolutionäres an, etwas völlig Neues und Innovatives, das uns neugierig macht und unsere Herzen im Sturm erobert.

Ein John McEnroe, der mit seinem Tennisschläger um sich wirft und Wutanfälle auf dem Platz bekommt, schockiert uns – und fasziniert uns. Blicken wir auf Barack Obama, dem Charisma nachgesagt wird. Er erfüllt die Kriterien der Außeralltäglichkeit, denn er ist nicht nur der erste farbige Präsident der USA, sondern er ist einer der wenigen Präsidenten, der seinem Volk sagte: Wir schaffen es gemeinsam, weil *Ihr* stark seid und *wir* alles anders machen werden. Obama versprach nicht das Himmelreich, aber das, was er vorschlug, war ganz *anders* als das, was seine Mitbewerber versprachen, die mit alljährlichen, äußerst alltäglichen Versprechen der Steuersenkung um die Wähler warben. Gepaart mit einem guten Aussehen, einer ausgefeilten Körpersprache und exzellenten rhetorischen Skills beeindruckt Obama Menschen weltweit.

Eine andere Art von Außeralltäglichkeit legte Mutter Teresa an den Tag, die sicherlich auf den ersten Blick nicht viele Gemeinsamkeiten mit Obama aufweist. Mutter Teresa lebte in den Slums von Indien mit den Menschen, um die sie sich ihr Leben lang sorgte. Im Gegensatz zu vielen anderen Entwicklungshelfern arbeitete sie nicht von einem Schreibtisch eines New Yorker UNO-Hochhauses aus, sondern direkt vor Ort, was gefährlich und ziemlich ungewöhnlich war. Was diese Tatsache noch außeralltäglicher machte, war, dass sie es trotzdem fertig brachte, die Aufmerksamkeit der internationalen Presse gezielt auf sich und ihre Projekte zu ziehen – undenkbar für eine Nonne. Kaum ein Tag verging, an dem sie nicht in einer der Gazetten dieser Welt abgebildet war, Reden hielt oder in die Kamera lächelte. Hätte sie im Verborgenen gearbeitet, wie die meisten ihrer Mitstreiterinnen, wäre ihr kaum so viel Bewunderung und Unterstützung zugeflossen.

Werfen wir einen Blick auf einen weiteren außeralltäglichen Charakter, Mahatma Gandhi. Er brachte das britische Empire fast im Alleingang zu Fall, ganz ohne Waffen und bewirkte die indische Unabhängigkeit von Großbritannien. Seine außeralltägliche Strategie bestand darin zu sagen: Wir haben keine Chance, also nutzen wir sie. Auch Gandhi war äußerst medienaffin und immer für einen Auftritt zu gewinnen.

Nehmen wir uns ein letztes Beispiel vor, den legendären Steve Jobs. Er erfand das revolutionäre iPhone ganz ohne Universitätsabschluss und gegen alle Erwartungen der Industrie. Seine Auftritte und Reden inszenierte er perfekt und stellte so das absolute Gegenbeispiel zu den „Computernerds" dar, die in seiner Branche normalerweise auftraten (bzw. eben nicht *auftraten*).

Halten wir fest: Alle vier genannten Personen stellen ganz unterschiedliche Formen der Außeralltäglichkeit dar und sie alle genießen oder genossen unsere ungeteilte Bewunderung. Wenn wir die Gemeinsamkeiten zusammenfassen, kommen wir zu folgendem Ergebnis:

> Alle Charismatiker agieren *anders* als andere, vergleichbare Menschen. Dieses Anderssein, die Unkonventionalität ist eines der entscheidenden Markenzeichen des Charismas.

Ihre eigene Außeralltäglichkeit

Worin liegt Ihre Außeralltäglichkeit? Finden Sie in einem ersten Schritt heraus, was Sie von anderen abhebt, und – dazu kommen wir in der dritten Wahrheit über Charisma – beginnen Sie, Ihre Unkonventionalität zu inszenieren.

Ich bin mir sicher, dass Sie schon viele Ideen für Ihre eigene Unkonventionalität besitzen. Das iPhone ist schon erfunden, aber im Bereich des unkonventionellen Handelns steht Ihnen eine Vielzahl von Strategien zur Verfügung, die Sie nutzen können, um Ihre ganz besondere Individualität zu zeigen. So ist beispielsweise die Strategie, gegen den Strom zu schwimmen wie McEnroe, für Sie nutzbar, selbst wenn es auf den ersten Blick nicht so scheint. McEnroe bekam nicht einfach Wutanfälle auf dem Platz und zerstörte seine Ausrüstung, weil er sich nicht im Griff hatte, ganz im Gegenteil. McEnroe war ein kühler Stratege, der genau wusste und plante, wie er die Marke McEnroe schärfen konnte: nämlich durch das Aufmischen des langweiligen konservativen Tenniszirkus durch eine Methode, die er den Rockmusikern seiner Zeit abgeschaut hatte, das Zertrümmern ihrer Gitarren auf der Bühne. Es muss also nicht die Gegenstrategie zur Politik Großbritanniens sein, Situationen, in denen Sie gegen oder für etwas eintreten können, in welchen Sie anders agieren können, gibt es genug. Sie müssen diese nur finden und strategisch klug aufbereiten.

Charisma ist Inszenierung

All the world's a stage, sagt William Shakespeare. Charisma benötigt Bühne und Inszenierung, und das nicht zu knapp. Alle charismatischen Menschen besitzen den starken Drang, ihr Thema, ihr Anliegen und damit auch sich selbst so gut wie möglich zu inszenieren, was naheliegend ist, denn sonst würden wir sie nicht wahrnehmen. Anders als bloße „Marktschreier" nutzen sie unterschiedliche Strategien der Inszenierung. Nicht jeder ist ein exzellenter Rhetoriker, wie wir es beispielsweise an Richard Branson sehen, dem äußerst charismatischen britischen Selfmade-Unternehmer. Branson nutzt andere Möglichkeiten der Inszenierung für sich, wie Sie später noch sehen werden, und diese beherrscht er wie kein anderer. Wenn Sie selbst kein exzellenter Rhetoriker sind, gibt es ausreichend Möglichkeiten für Sie, sich charismatisch in Szene zu setzen, während Sie an Ihrer Rhetorik feilen.

Mut zum Auftritt – mit Öffentlichkeit und Gefühl!

Blicken wir einen Moment zurück zu Gandhi, Mutter Teresa, Obama, Jobs, McEnroe & Co. Was sie alle gemeinsam haben, ist ihr Mut zur Außergewöhnlichkeit durch Öffentlichkeit, denn wenn wir genau hinsehen, haben sie eine besonders innige Beziehung zur Öffentlichkeit, d. h. zu Medienauftritten. Die von ihnen forcierte Öffentlichkeit verschaffte ihnen die Möglichkeit, andere Menschen in ihre Projekte und Ideen zu involvieren und eine persönliche Beziehung zu ihren Anhängern, Unterstützern und Bewunderern herzustellen. Sie sind perfekte Inszenierer.

Um Ihre Inszenierung zu beginnen, müssen Sie nicht in der Tagesschau oder bei Germany's Next Topmodel auftreten. Es gibt andere Möglichkeiten, um Ihre Medienaffinität umzusetzen – ein ausgefeiltes Networking, gut geplante und perfekt inszenierte Präsentationen oder eine Ansprache auf einer Unternehmensveranstaltung tragen schnell dazu bei, Ihnen einen guten Start für ein außeralltägliches Image zu verschaffen, wenn Sie ein gutes Thema und sich selbst inszenieren wollen. Entscheiden Sie sich also für die Bühne,

das Rampenlicht, das Spotlight, auch wenn Sie momentan vielleicht ein wenig Angst davor haben.
Inszenierung bedeutet: Es ist an der Zeit, Ihre alten Rollen auf der Bühne zu entstauben, sie neu zu beleben und sich einige neue Rollen anzueignen. Charisma beruht auf der Wirkung, die Sie auf andere haben, und niemand möchte ständig die gleiche Aufführung sehen. Ihr Publikum hat wie im Theater bestimmte Erwartungen an Sie: Was passiert als nächstes? Was ist überraschend und neu?
Zu einer guten Inszenierung gehört vor allem eins: Gefühl. Die Kunst besteht darin, Ihr Publikum auf der einen Seite eine emotionale Nähe spüren zu lassen, auf der anderen Seite aber auch Distanz – jene so schwierig zu kreierende Balance, die Charisma immer innewohnt. Charisma lebt davon, dass es etwas in uns berührt, unsere Gefühle anspricht, aber es lebt auch von dem Element der Bewunderung. Bewunderung entsteht nur, wenn das Objekt der Bewunderung eine gewisse Distanz zu uns aufweist – durch seine Position oder durch sein Verhalten.
Was hier nach viel Arbeit klingt, ist es auch – es verlangt Ihre ausdrückliche Bereitschaft, nicht immer nur „spontan" zu handeln, sondern einen gewissen Teile Ihrer Kommunikation zu planen und wie ein Bühnenstück zu inszenieren. Denken Sie an Mutter Teresa, Obama & Co.: keine Inszenierung – keine Außeralltäglichkeit. Die Herausforderung für Sie lautet ganz klar: trotz Ihrer Inszenierung authentisch, ehrlich und human zu bleiben – und zu wirken.

> Wenn Sie willentlich bei anderen Menschen Charisma erzeugen wollen, bedeutet dies vor allem eines: Inszenieren Sie! Ihre Wirkung ist Ihre ganz persönliche Währung. Sie sind selbst dafür verantwortlich, wie sie ausfällt.

Inszenierung bedeutet nicht nur die Planung Ihres Verhaltens, sondern auch den Auftritt – und hier kommt es darauf an, dass Sie sich Plattformen für Ihren Auftritt vorbereiten und auch nutzen. Ziel ist es, bei anderen ein emotionales Erlebnis hervorzurufen, das nicht vergessen wird.
Was passieren kann, wenn Sie Ihre Auftritte nicht sorgfältig planen, zeigt (mit einem Augenzwinkern versehen) das Beispiel von Justin King, CEO von Sainsbury, einer der größten britischen Lebensmittelketten. King wurde auf seiner ersten jährlichen Hauptversammlung tatsächlich von einem Aktionär gefragt: „Warum sind Sie nicht so charismatisch wie Stuart Rose?"

(Kings Vorgänger im Amt). King hatte sein Amt gerade angetreten und sich noch nicht mit den immer äußerst spektakulären Auftritten seines Vorgängers auseinandergesetzt. Die Moral von der Geschicht': Inszeniere Dich, sonst klappt es mit dem Charisma nicht!

Charisma besteht aus Verhalten, Außeralltäglichkeit und Inszenierung: Wie Sie diese drei Wahrheiten des Charismas strategisch und auf Ihre persönlichen Stärken und Potenziale ausgerichtet umsetzen können, erfahren Sie in den nachfolgenden Strategiekapiteln.

Der Charisma Code – die Strategien zur Stärkung des eigenen Charismapotenzials

Genau wie sich der Körper aus einer Vielzahl von individuellen Bausteinen zusammensetzt, so besitzt auch jeder Mensch sein ganz eigenes Charisma-Potenzial. Sie können aufgrund eines ganz speziellen Zusammenspiels Ihrer Charisma-Komponenten und deren intelligenten und strategischen Einsatz jene unnachahmliche Wahrnehmung bei anderen erzeugen, die Ihr persönliches Charisma definiert. Ob und wie intensiv Sie Ihr Potenzial nutzen, hängt ganz alleine von Ihnen ab. Eine oberflächliche charismatische Ausstrahlung lässt sich innerhalb relativ kurzer Zeit und mit ein wenig intensivem Training erzeugen, jedoch verfliegt sie meist genauso schnell, wie sie gekommen ist. Wenn Sie für sich und Ihr Potenzial eine nachhaltige Strategie planen, werden Sie sehr viel mehr Zeit benötigen, aber dementsprechend reichlich belohnt werden, denn Sie begeben sich auf einen äußerst spannenden Weg, der Ihnen eine Menge Einsichten und Erfolge bescheren wird – für sich, aber auch für andere.

Verlockende Aussichten

Ist Charisma erlernbar? Der renommierte Organisationspsychologe und Charismaforscher Bernard Bass trainierte in seinen Untersuchungen Führungskräfte auf eine charismatische Wirkung hin und wies nach, dass Charisma durch Training erlernbar ist. Auch die beiden kanadischen Charismaforscher Jay Conger und Rabindra Kanungo zeigen, dass die Grundzüge des Charismas von ganz normalen Menschen erlernt werden können, vorausgesetzt, sie erhalten ein gutes Training. Sie schulten Schauspieler und Studenten auf einen charismatischen Auftritt hin, indem diese angewiesen wurden, eine ganz bestimmte Art der Rhetorik und der Körpersprache einzusetzen. Prompt wurde den trainierten Personen von einem Publikum Charisma zugeschrieben.

Fünf Kernstrategien – der Charisma Code

Die Aussicht klingt verlockend. Ein oder zwei Trainingstage und schon ist sie da, die charismatische Wirkung. So ist es leider (oder vielmehr Gottseidank) nicht, denn Charisma ist ein multidimensionales Phänomen, das keinesfalls nur über rhetorische Mittel erzeugt und aufrechterhalten werden kann. Was wirklich eine Rolle spielt, ist Ihr tagtägliches *Verhalten*: das, was Sie denken, wie Sie denken, was Sie tun und wie Sie wirken, Ihr Umgang mit sich selbst, mit Situationen und Herausforderungen und mit anderen Menschen.

Charismatisches Verhalten lässt sich in fünf Kernstrategien fassen:

1. Persönlichkeit (Charisma durch Charakterstärke)
2. Umgang mit anderen Menschen (man muss Menschen mögen)
3. Maximale Ausstrahlung (Rhetorik und Körpersprache)
4. Glaubwürdigkeit (Werte und Integrität)
5. Unkonventionalität (anders denken, anders sein)

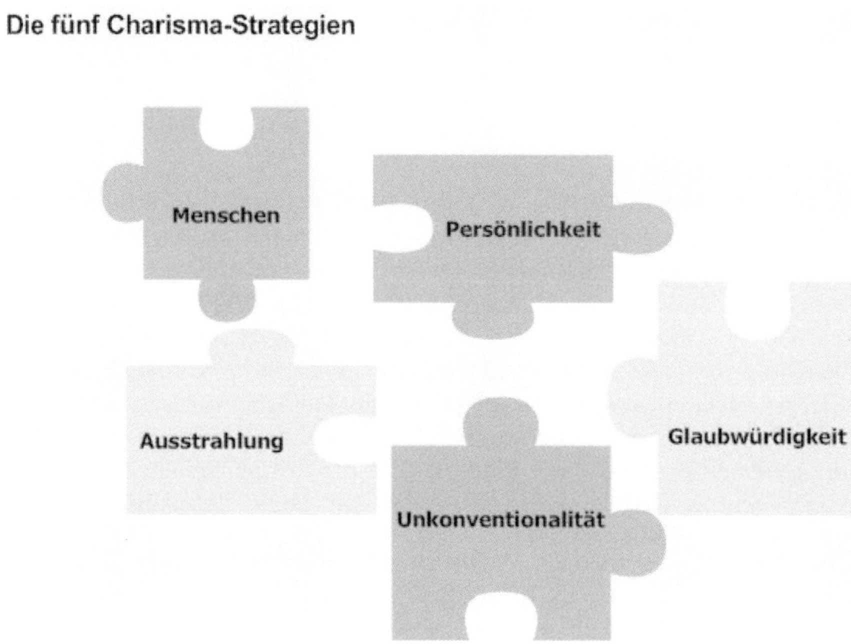

Die 5 Charisma-Strategien

Ich möchte Ihnen ans Herz legen, sich mit ALLEN Strategien vertraut zu machen – eine Schwalbe macht noch keinen Sommer und Sie werden mehr als nur eine Strategie benötigen, um Ihr Charisma zu zeigen.

Strategie 1: Persönlichkeit

An Kaisern fehlt es uns nicht, nur an Persönlichkeiten.
Albert Camus

Persönlichkeit – das neue Charisma?

Denken wir uns für einen Augenblick in die Welt des Films hinein. Die großen Hollywoodstreifen wimmeln nur so von charismatischen Charakteren, sei es George Clooney in Ocean's Eleven, der unnachahmliche James Bond oder auch Charaktere wie etwa Emma Peel und John Steed in „Mit Schirm, Charme und Melone". Sie alle wirken in erster Linie charismatisch aufgrund ihres äußerst starken Charakters. Um den Punkt zu verdeutlichen, lassen Sie uns einen Blick auf die Eigenschaften dieser Charaktere werfen. George Clooney alias Danny Ocean hat seine Zeit im Gefängnis nicht untätig verbracht. Er hat einen ausgeklügelten Plan entwickelt, wie er den Casinobesitzer Terry Benedict um seine Millionen erleichtern kann. Ein unerschütterlicher Optimismus, Durchsetzungskraft, eine große Herausforderung und ein Mann mit den ihm eigenen Ecken und Kanten bieten ein stimmiges und äußerst attraktives Bild. James Bond stellt sich nicht nur mit „Bond" vor, sondern mit „Bond, James Bond", um zu zeigen, dass es sich bei ihm um ein charakterliches Schwergewicht handelt, ganz abgesehen davon, dass er immer proaktiv, kompetent und souverän als Alleskönner und absolute Autorität durch seine Filme schreitet. Und auch Emma Peel, die als schlagkräftige Agentin in schwarzem Leder-Catsuit nicht nur ihrem britisch-steifen Partner John Steed, sondern auch allen Kriminellen zeigt, wo es lang geht, zeigt eine starke Persönlichkeit, nicht zuletzt durch ihren Mut zu einer außergewöhnlichen Kleidung und einer in der Damenwelt nicht weit verbreiteten Lust, sich Prügeleien zu stellen und diese auch noch zu gewinnen.

Peel & Co. haben vieles gemeinsam, vor allem aber eines: Sie alle scheinen keine inneren Konflikte zu kennen – selbst wenn sie Probleme erleben, so sind diese nur von kurzer Dauer. Sie überwinden jede noch so große Herausforderung durch ihren starken Charakter. Niemals sieht man sie zögern, zweifeln oder wanken, sie strahlen zu jeder Zeit Souveränität und Durchsetzungswillen aus und es gibt kaum etwas, das sie wirklich erschüttern kann. Je größer die Herausforderung, desto ruhiger scheinen sie zu werden. Sie verfügen über ein tief verwurzeltes Selbstvertrauen und scheinen all ihre Stärken zu kennen. Sie sind Experten auf ihren Gebieten und verfügen über das fast übernatürliche Talent, sich schnell neuen Situationen stellen zu können. Mit allergrößter Sicherheit verfügen auch Sie über eine ausgereifte und beeindruckende Persönlichkeit mit allen eben angefügten Aspekten und so stellt sich die Frage: Wie sieht Ihre Persönlichkeit aus?

- Kennen Sie alle Aspekte und Potenziale Ihrer Persönlichkeit?
- Tun Sie genug, um diese zu zeigen und zu inszenieren?

Die folgenden Persönlichkeits-Strategien zeigen Ihnen, wie Sie Ihre schon vorhandenen Persönlichkeitspotenziale und Ihre Stärken noch effektiver und gewinnbringender im Sinne von Charisma optimieren können.

Persönliche Autorität

Das unfehlbare Mittel, Autorität über Menschen zu gewinnen, ist, sich ihnen nützlich zu machen.
Marie von Ebner-Eschenbach

Charisma lebt zu einem nicht unbeträchtlichen Teil von der Autorität, die ein Mensch ausstrahlt. Diese Autorität entsteht aus ganz unterschiedlichen Quellen, wie Sie noch sehen werden. Wenden wir uns als erstes der persönlichen Autorität zu.

Test: Besitzen Sie persönliche Autorität?	**Ja**	**Nein**
1. Kollegen kommen oft zu mir und holen sich fachlichen Rat.		
2. Vorgesetzte fragen mich oft nach meiner fachlichen Meinung.		
3. Ich werde auch zu nicht fachbezogenen Themen oft als Vertraute/r herangezogen.		
4. Im Privatleben kommen Freunde und Bekannte oft zu mir und holen sich Rat.		
5. Mein positiver Umgang mit schwierigen Situationen hat andere schon dazu bewogen, sich ähnlich zu verhalten.		
6. Meine positive Einstellung zu anderen Menschen hat auf meine Umgebung abgefärbt.		
7. Es macht mir Freude, mein Wissen zu teilen.		
8. Ich zeige mein Wissen gerne auf Vorträgen und in Meetings.		
9. Kunden fragen mich oft nach meiner Meinung – nicht nur fachlich gesehen.		

Auflösung:
Wenn Sie mehr als sechs Aussagen bejahen können, sind Sie auf einem guten Weg.

Die Charismaexperten Conger und Kanungo bezeichnen Charisma als Prozess der Beeinflussung und Machtausübung. Charismatische Beeinflussungsstrategien entspringen der persönlichen Autorität von Menschen. Sie erwerben sich ihre Macht, indem sie sich anderen nützlich machen, indem sie andere unterstützen, ihnen wertvolle Ratschläge geben, sich für sie einsetzen, Wissen vermitteln, als Vorbild dienen. Ganz gleich, ob James Bond oder Robin Hood, Barack Obama oder Mutter Teresa – ihr Erkennungszeichen ist die persönliche Autorität. Das Resultat: Andere Menschen orientieren sich in ihrem Verhalten an ihnen und schenken ihnen Vertrauen, sie folgen ihren Ratschlägen und Vorschlägen, sie lassen sich bereitwillig von ihnen beeinflussen und sie bringen eine große Bewunderung und unendlichen Respekt für sie auf.
Um persönliche Autorität zu besitzen, bedarf es keiner Führungsposition. Genauso oft wie in Führungspositionen finden sich Menschen mit einer starken persönlichen Macht auch in der zweiten Reihe, als *informeller* Führer eines Teams. Sie werden als informelle Führer bezeichnet, weil sie keinen

offiziellen Titel tragen und keine Führungsposition innehaben. Psychologisch gesehen bedienen sich diese Menschen zweier Machtstrategien, um ihre persönliche Autorität auszubauen: der Expertenmacht und der Vorbildmacht.

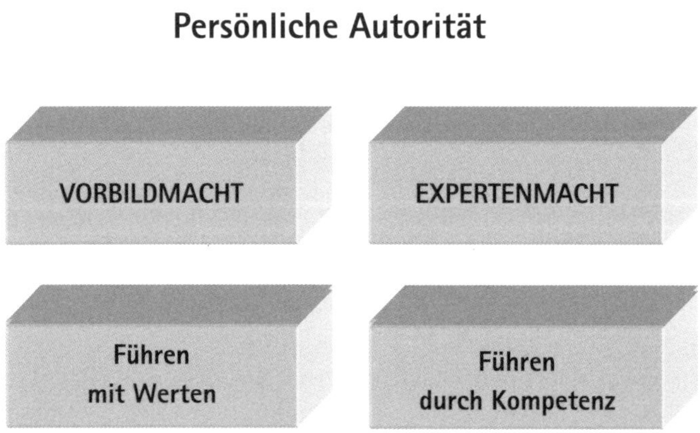

Persönliche Autorität

Expertenmacht

Was tun wir, wenn wir einen Rat benötigen? Wir suchen einen Fachmann oder eine Fachfrau, den/die wir befragen oder um Hilfe bitten können. Wir bekommen einen Ratschlag bzw. eine Unterstützung, die funktioniert und unser Problem löst. Wie reagieren wir? Wir sind dankbar und beeindruckt von dem Fachwissen des Anderen. Wir empfehlen diesen Kontakt gerne an Freunde, Bekannte und Kollegen weiter. Je öfter diese Person uns und anderen mit ihrem Expertenwissen hilft, umso mehr steigt sie in unserer Achtung. In der Psychologie dementsprechend auch mit *Expertenmach*t bezeichnet, ist dies die Macht, die Menschen erlangen, indem sie sich als ausgewiesener Experte auf ihrem Gebiet entwickeln und anderen Menschen dabei helfen, sich selbst auch weiterzuentwickeln. Experten geben Wissen oft weiter, ohne eine Gegenleistung dafür zu verlangen, eine Eigenschaft, die ihnen sehr viel echte Bewunderung einbringt, da sie von anderen als selbstlose Tat empfunden wird. Sie selbst besitzen gute Voraussetzungen, Expertenmacht nutzen zu können, wenn andere zu Ihnen kommen und um fachlichen Rat bitten, Sie weiterempfehlen oder wenn Sie oft als Experte in Fachrunden eingeladen und gehört werden (siehe auch Strategiepunkt „Kompetenz"). Bauen Sie auf dieser Grundlage auf, um Ihre persönliche Autorität zu stärken und ins rechte Licht zu rücken. Interessanterweise ist Expertenmacht nicht unbedingt auf ein berufliches Fach begrenzt, denn aufgrund des Expertenwissens in einem bestimmten Feld schreiben Ihnen Menschen auch andere Qualitäten zu. In der Psychologie als *Halo-Effekt* bekannt, wird Ihnen aufgrund Ihres gut inszenierten und gelebten Expertentums auch eine erhöhte Kompetenz in anderen Lebensbereichen zugeschrieben. So werden Sie plötzlich als vertrauenswürdiger Experte zu ganz anderen Dingen befragt, wie Karriereschritten oder dem Umgang mit einer schwierigen Person bzw. Situation. Dinge, die nicht unbedingt fachbezogen sind, aber von denen angenommen wird, dass Sie sie lösen können, da Sie schon anderweitig bewiesen haben, wie gut Sie sind. So entstehen Bewunderung und Respekt und ein hoher persönlicher Status.

Es gibt viele Wege, Ihre persönliche Autorität zu optimieren. Ein erster Schritt besteht darin, dass Sie Themen finden, die Sie beherrschen und mit denen Sie andere unterstützen können.

Beispiele: Expertenmacht optimieren

- Seminare geben und Wissen teilen (ein Beispiel: Sie sind IT'ler und helfen anderen im Unternehmen, die neue Software zu verstehen, ohne dass Sie vorher dazu aufgefordert wurden. Sie machen IT zu Ihrem Markenzeichen)
- mit besonderen Informationen punkten (suchen Sie unkonventionelle Informationen über Ihr Thema und leiten Sie diese an Kunden oder Kollegen und Freunde weiter, die sich für das Thema interessieren)
- Hilfe zur Selbsthilfe anbieten (zeigen Sie anderen Menschen, wie es geht – bieten Sie besondere Übungen für zuhause an, wenn Sie ein Fitness-Trainer sind oder zeigen Sie Mitarbeitern, wie sie ihre Führungsfähigkeit optimieren können und geben Sie andere nützliche – und ich meine nützliche – Tipps und Unterstützung; so entsteht Ihre Expertenmacht fast von selbst)

Wie ist es um Ihre Expertenmacht bestellt? Was sind Ihre Themen, mit denen Sie nicht nur brillieren, sondern auch helfen können?

Meine Expertenmacht besteht aus:

Was sind Ihre Bereiche, aus denen Sie Expertenwissen an andere weitergeben können?

1.

2.

3.

Vorbildmacht

Die zweite Beeinflussungsstrategie, die *Vorbildmacht*, speist sich ebenfalls aus Ihrem Verhalten. Ihre Kollegen, Bekannten, Freunde, Kunden und Mitarbeiter sehen, wie Sie sich in bestimmten Situationen verhalten und sind beeindruckt – oder auch nicht. Sie kennen die Macht der Vorbilder noch aus Ihrer Kindheit. Sie wollten sein wie Winnetou oder Bibi Blocksberg, in Ihrer Jugend waren es, je nachdem wie alt Sie heute sind, die Rolling Stones oder andere Musikbands, die Sie stark beeindruckten. Im Erwachsenenalter verlieren wir die Schwärmerei für unsere Jugendidole und wenden uns anderen Vorbildern zu – denen aus dem täglichen Leben. Das ist der Chef, der Ihnen auch zum dritten Mal in Ruhe erklärt, wie Sie eine neue Aufgabe handhaben, oder der Kollege, der sich nicht in cholerischer Manier aufregt, wenn ein Fehler passiert, sondern ihn gemeinsam mit Ihnen analysiert und bespricht, wie es das nächste Mal besser gehen kann. Es sind Helden, die andere Menschen retten, es sind die Sportler auf einer hochrangigen Veranstaltung wie den olympischen Spielen, die ihre Niederlagen mit Souveränität und Stolz tragen. Wenig Vorbildstatus haben uns bei den olympischen Spielen 2012 die amerikanischen Schwimmer Phelps und Lochte demonstriert, die sich nach ihrem Sieg arrogant auf dem Siegertreppchen lümmelten und

den drittplatzierten Ungarn Cseh völlig ignorierten oder die deutsche Stabhochspringerin Spiegelburg, die ihrem Frust über den vierten Platz vor laufenden Kameras weinend und verzweifelt Luft macht – Verhaltensweisen, die nicht dazu geeignet sind, sich einem charismatischen Status zu nähern. Gehen Sie für einen Moment in sich und überlegen Sie, welche Personen Sie als Vorbild bewundern und warum. Analysieren Sie die Verhaltensweisen, die Sie bei anderen beeindrucken, die Charakterstärken und die besonderen Eigenschaften. Wenn Ihnen keine Person des echten Lebens in den Sinn kommt, probieren Sie es ruhig mit einer Filmfigur – selbst in Streifen wie Star Wars lassen sich Vorbilder finden. Überprüfen Sie dann Ihr Verhalten. Wann sind Sie anderen ein Vorbild? Bewundern Menschen Sie dafür? Sobald Sie sich einen Vorbildstatus erworben haben, können Sie andere Menschen beeinflussen. Diese werden beginnen, sich ähnlich wie Sie zu verhalten – sei es in Unternehmenssituationen oder im privaten Umfeld. Ob bewusst oder unbewusst, haben sie Sie zum Vorbild genommen. Je öfter Sie als Vorbild für andere dienen, umso größer wird Ihre persönliche Autorität.
Expertenmacht und Vorbildmacht sind extrem starke Beeinflussungstools, die Sie unbedingt in Ihren Verhaltenskatalog integrieren sollten. Indem Sie anderen Menschen einen Nutzen bringen, vergrößern Sie Ihren Einflussbereich und erzeugen Bewunderung und Wertschätzung, die – mit anderen Strategien gemeinsam eingesetzt – immens dazu beitragen, Ihr Charisma zu erzeugen bzw. verstärken. Einige Beispiele sind:

Beispiele: Vorbildmacht optimieren

- positive Problemlösung vorleben (die Schritte der Problemlösung zeigen)
- konstruktive Fehleranalyse (um daraus zu lernen)
- professioneller Umgang mit Beschwerden (anstatt den Beschwerdenführer abzuwerten)
- Aneignung neuen Wissens demonstrieren (der Erste sein, der Veränderungen positiv aufnimmt und umsetzt)
- Gerechtigkeit leben (nicht um fünf Uhr abends heimgehen, wenn das Team noch im Büro sitzt)
- Souveränität in allen Lebenslagen demonstrieren

Stop – Lassen Sie sich nicht ausnutzen!

Zwar genießen wir alle unsere persönliche Autorität, weil sie uns Selbstbestätigung und Sinn gibt, jedoch verfallen wir aufgrund des positiven Feedbacks von anderen allzu schnell in eine Haltung, in der wir nichts anderes mehr tun, als uns mit den Problemen anderer zu beschäftigen. Charismatische Autorität besteht darin, dass Sie ständig bestrebt sind, andere in der Vergrößerung ihres Wissens und in der Optimierung ihres Verhaltens zu unterstützen. Unterstützen bedeutet nicht, dass Sie deren Arbeit machen oder es zulassen, von anderen als Problemlöser bzw. Kummerkasten genutzt zu werden. Persönliche Autorität bedeutet, andere durch Ihr Wissen, Ihre Hilfe und Ihre Ratschläge in die Lage zu versetzen, Probleme selbst lösen zu können.

Spotlight – Expertenmacht und Vorbildmacht!

- Halten Sie sich ständig auf dem neuesten Stand und zeigen Sie Neugierde und Bereitschaft zum Lernen neuer Dinge.
- Unterstützen Sie andere, indem Sie ihnen einen Nutzen bieten.
- Suchen Sie sich selbst Vorbilder, um Ihr Verhalten zu optimieren. Wir sind nicht das Maß aller Dinge – auch andere Menschen haben Vorzüge, aus denen wir selbst lernen können.
- Sie erhalten sich Expertenmacht und Vorbildmacht nur, wenn Sie Ihr Wissen teilen. Verzichten Sie auf Wissensmonopole und geben Sie Wissen bereitwillig weiter. Machen Sie sich klar, dass Sie nicht von jedem Dank und eine Gegenleistung dafür bekommen werden.
- Zeigen Sie, was Sie können. Persönliche Autorität kann nicht im Verborgenen blühen. Nehmen Sie aktiv an Meetings teil, tragen Sie Ihre Punkte am Flipchart vor der Gruppe vor, anstatt zurückhaltend (oder faul) im Sessel sitzen zu bleiben, loben Sie Kollegen, wenn sie ihre Fachkompetenz verbessert haben und beobachten Sie, ob andere positive Verhaltensweisen von Ihnen kopieren.

Übungen: Expertenmacht und Vorbildmacht

Definieren Sie drei Bereiche, in denen Sie sich neues Wissen aneignen werden.

1.
2.
3.

Finden Sie drei Nutzen, die Sie anderen bieten können.

1.

2.

3.

Definieren Sie drei Bereiche, auf die Sie sich in den nächsten Wochen konzentrieren werden.

1.

2.

3.

Suchen Sie drei Vorbilder und adaptieren Sie deren positives Verhalten.

1.

2.

3.

Persönliche Ausprägung – Autorität –

Positionsmacht

Ein weiser Mann trifft seine eigenen Entscheidungen.
Ein schwacher Mann ordnet sich der öffentlichen Meinung unter.
Ron Dennis

Eine ganz andere Macht als die persönliche Autorität ist die Positionsmacht. Positionsmacht entsteht aus der offiziellen Position eines Menschen heraus (Führungskraft, Sprecher, Vorsitzender, Elternteil usw.) und äußert sich durch die Möglichkeit, andere Menschen durch Belohnung, Bestrafung und Zwang beeinflussen oder führen zu können. Was sich hier im Vergleich zu Expertenmacht und Vorbildmacht recht martialisch anhört, ist ein äußerst hilfreiches Tool charismatischer Führung, denn nicht jeder wird die Entscheidungen, die Sie treffen, gutheißen und Ihnen bereitwillig folgen, nur weil Sie ein netter Mensch oder Kollege mit einer außergewöhnlichen persönlichen Autorität sind. Wenn Sie in einem Unternehmen tätig sind, kommen Sie nicht ohne Positionsmacht aus, falls Sie ernsthaft Charisma anstreben. Allerdings geht es nur am Rande um die Macht der Belohnung oder Bestrafung. Es geht vorrangig darum, dass Sie in der Lage sein müssen, zwei der wichtigsten Bedürfnisse der Menschen zu bedienen. Sie müssen

1. Ressourcen beschaffen können und
2. Gerechtigkeit walten lassen können.

Gehen wir für einen Moment 10.000 Jahre zurück in der menschlichen Geschichte. Die Menschen lebten in Stammesverbänden und Sippen. Derjenige, der in der Lage war, die meisten Mammuts aufzuspüren und zu erlegen, stand im Stammesstatus am höchsten, denn er war es, der für das Überleben aller sorgte und der fast übernatürliche Antennen dafür besaß, diese Überlebensressourcen aufzuspüren und zu beschaffen. Ein zweiter Punkt, der zu Macht führte, war die Gerechtigkeit. Seit Menschen zusammenleben, gibt es das Gefühl der Gerechtigkeit und der Ungerechtigkeit. Derjenige, der die Gerechtigkeit wieder herstellen konnte, war entweder der Stammesälteste, der als Richter fungierte, oder jemand, der eingesetzt war, diese Gerechtigkeit durchzusetzen, notfalls auch mit Gewalt. Halten wir fest: wir alle lieben und verehren Menschen, die uns Ressourcen und Gerechtigkeit verschaffen, und deshalb ist die Strategie der Positionsmacht so wichtig für Ihr Charisma. Nun wird sich nicht jeder von Ihnen in einem Umfeld bewegen, in dem er die klassische Karriereleiter erklimmen kann – viele Selbstständige und Freiberufler verfügen aufgrund ihrer Tätigkeit nicht über ein Unternehmensumfeld und für andere sind Karrierestufen nur begrenzt verfügbar. Ihnen bieten sich andere Möglichkeiten: Branchenverbände, Vereine und Clubs bieten zahllose Möglichkeiten, sich zu engagieren, indem Sie ein Amt übernehmen – als Vereins- oder Clubpräsident beispielsweise können Sie Ihren Einfluss nicht nur innerhalb der Vereinigung, sondern auch extern erweitern.

Ressourcen im Alltag

Werfen wir einen näheren Blick auf Ressourcen. Ressourcen beschaffen bedeutet in unserer heutigen Welt, dass Sie andere Menschen beeindrucken und beeinflussen können, indem Sie benötigte Materialien, Wissen oder auch Anerkennung beschaffen können. Vielleicht benötigt Ihr Team dringend neue Laptops, um besser arbeiten zu können, vielleicht ist eine Teamschulung zu besserer Kommunikation am Telefon die benötigte Ressource, oder auch ein anerkennendes Wort des Vorstandes, den Sie zum Teamfrühstück einladen. All dies werden Sie nicht schaffen, wenn Sie keine Positionsmacht, keinen Status im Unternehmen besitzen. Charisma benötigt diesen Status dringend – oder würden Sie jemandem folgen, der keine Macht besitzt?

Im privaten Bereich sieht es ähnlich aus. Wenn Sie der- oder diejenige sind, der bzw. die den Fotografen für den Geburtstagsabend besorgt, die Trikots für den Fußballverein an Land zieht oder ein Unternehmen als Sponsor für die Schulparty gewinnt, erweitern Sie Ihre Macht. Psychologisch gesehen nehmen Menschen dadurch wahr, dass Sie eine Persönlichkeit mit Einfluss und Durchsetzungsvermögen sind, die sich für ihre Belange einsetzt und für sie sorgt. Auch hier kommt der *Halo-Effekt* wieder zum Tragen: diese Einschätzung wird nicht nur auf die Situation der Ressourcenbeschaffung eingegrenzt, sondern auf die Einschätzung Ihrer gesamten Person ausgeweitet. So werden Menschen Ihnen bereitwillig folgen, Ihnen vertrauen und Sie bewundern – weil Sie ihre Belange durchgesetzt haben.

Gerechtigkeit und Status

Gerechtigkeit ist ein Thema, das von je her die Gemüter der Menschen erhitzt. Blicken wir auf den 20. Oktober 2011. Atletico Bilbao spielt gegen Red Bull Salzburg in der Fußball-Europa-League und bekommt zwei unberechtigte Elfmeter und damit ein Remis geschenkt. Die Wellen der Empörung schlagen hoch. Der Grund: Ungerechtigkeit. Solch ein Fußballspiel mit Ungerechtigkeiten bringt unser Blut in Wallung, denn wir alle hassen das Gefühl, ungerecht behandelt worden zu sein. Derjenige, der die falsche Entscheidung getroffen und die Ungerechtigkeit heraufbeschworen hat, ist der Schiedsrichter, und diesen trifft unsere ganze Verachtung – er erscheint als schwache Persönlichkeit ohne Kompetenz. Angetreten als regulierende Macht mit der Aufgabe, Gerechtigkeit zu verwalten, hat er versagt und in unseren Augen seinen vormals hohen Status verloren. Zwar lieben wir alle

Menschen, die Einfluss nehmen können und Macht besitzen – aber nur dann, wenn sie sie zu unseren Gunsten einsetzen und sich an geltende Werte und Moral halten. Positionsmacht hat die Aura der Stärke, wenn sie gerecht ist. Gerechtigkeit erzeugt in uns ein Gefühl tiefer Loyalität und Bewunderung, aus der gepaart mit anderen Strategien leicht Charisma entstehen kann. Allerdings müssen wir aufgrund unserer Position in der Lage sein, diese Gerechtigkeit auch walten zu lassen. Insbesondere in Unternehmen ist Gerechtigkeit ein wesentlicher Faktor für die Mitarbeitermotivation und Mitarbeiterloyalität. Ungerechtigkeiten in der Arbeitswelt sind

- ungleiche Bezahlung,
- ungleiche Arbeitsverteilung,
- Bevorzugung und
- als ungerecht empfundenes Verhalten anderer wie beispielsweise Abwerten, Respektlosigkeiten, harsche unangebrachte Kritik und vieles mehr.

Ungerechtigkeiten bilden den Nährboden für Unzufriedenheit und Krisen und können nur beseitigt werden, wenn eine „starke Hand“ am Werke ist. Halten wir fest: Wenn Sie anderen zu ihrem Recht verhelfen, sich für sie einsetzen und für eine Gleichbehandlung sorgen, ernten Sie Dankbarkeit und Bewunderung – ein weiterer Baustein auf dem Weg zu mehr Charisma. Persönlichkeiten wie Nelson Mandela oder ganz aktuell die birmesische Friedensnobelpreisträgern Aung Suu Kyi stehen für Gerechtigkeit und Gleichheit und bewegen so die ganze Welt. Sowohl Mandela als auch Suu Kyi besaßen zuerst nur persönliche Autorität – nun besitzen sie beide auch die Positionsmacht, mithilfe derer sie ihre Ziele umsetzen können. Auf einer kleineren Bühne als der Weltbühne gilt dies auch für Sie. Suchen Sie nach Positionen, die Ihnen die Macht verleihen, Ungerechtigkeiten beseitigen zu können, d. h. nehmen Sie Verantwortung an, sei es im Unternehmen oder in einem Verein.

Fassen wir zusammen: Sie benötigen Positionsmacht,

- um Ihre Ideen durchsetzen zu können,
- um benötigte Informationen und Ressourcen zu beschaffen,
- um Ihr Team erfolgreich zu machen,
- um Verantwortung übernehmen zu können,

- um gestalten zu können,
- um andere motivieren zu können,
- um führen zu können und
- um die Zuschreibung von Charisma zu erlangen.

Unpopulär?

Positionsmacht ist nicht immer populär. Sprechen Sie klare und offene Worte, wenn es angebracht ist. Ein exzellentes Beispiel für den Mut zur Unpopularität sind die Jahresendgespräche in vielen Unternehmen, wenn die Gespräche offen, ehrlich und konstruktiv ablaufen. Leider gibt es viele Führungskräfte, die vor dieser Bewertung zurückschrecken und versuchen, so schnell wie möglich das Gespräch zu beenden und die nach dem Motto agieren: lieber zu gut bewerten als diskutieren müssen. Uncharismatischer geht es nicht, denn wenn Sie von anderen bewundert und respektiert werden wollen, müssen Sie klar, ehrlich und stark wirken und die Wenig-Leister im Team schlechter bewerten. Niemand wird Ihnen folgen, wenn Sie zögern, Ihre Positionsmacht hier deutlich zu zeigen und Gerechtigkeit an den Tag zu legen.

Stop – Machtmissbrauch!

Charismatische Menschen verfügen im Allgemeinen über hohe moralische Werte, jedoch kann es in Ausnahmefällen auch zu Machtmissbrauch kommen. Sollten Sie einige der folgenden Verhaltensweisen an sich selbst bemerken, wird es schleunigst Zeit für eine tiefergehende Selbstreflexion und einen gewaltigen Umsteuerungskurs, denn durch Machtmissbrauch schneiden Sie sich von Ihrer Quelle charismatischer Zuschreibung ab – Ihrem Publikum. Machtmissbrauch erkennen Sie an folgenden vier Verhaltens- und Denkweisen:

- Sie sehen Macht nicht mehr als Gestaltungsmittel, sondern verfolgen sie um ihrer selbst willen – Macht um jeden Preis.
- Macht verleitet Sie dazu, moralische Grundsätze zu vergessen und sich selbst aus Unternehmensmitteln und Ressourcen heraus persönliche Vorteile zu verschaffen (z. B. ein Bauleiter lässt sich sein Haus auf Kosten von Kunden bauen, indem er Material abzweigt).

- Macht macht blind – ein überhöhtes Machtgefühl kann dazu führen, dass Sie wertvolles Feedback als Angriff verstehen und eine Blindheit gegenüber eigenem Fehlverhalten entsteht.
- Macht kann dazu verleiten, dass Sie andere abwerten, weil sie nicht über die gleiche Macht verfügen.

Spotlight – Positionsmacht!

Generell gilt: Nehmen Sie sich Macht! Fordern Sie erweiterte Machtbefugnisse, fassen Sie die nächste Stufe auf der Karriereleiter mit dem dazugehörigen Machtspielraum ins Auge.

- Nutzen Sie Ihre Macht positiv – stellen Sie immer Gerechtigkeit und Gleichheit an die erste Stelle.
- Sorgen Sie dafür, dass die Bedürfnisse der Mitarbeiter erfüllt werden, soweit es sich um realistische Bedürfnisse wie zusätzliche Ressourcen, mehr Anerkennung oder einen anderen Umgang mit Fehlern handelt.
- Finden Sie heraus, warum Menschen unzufrieden sind – es ist selten das Monetäre, sondern meist ein Problem der Gerechtigkeit.
- Wagen Sie Unpopularität – sie geht vorüber, wenn Sie ehrlich sind.
- Vermeiden Sie jegliche Handlung, die bei Ihren Mitarbeitern Ohnmacht auslöst.
- Schieben Sie keine unpopulären Entscheidungen vor sich her.
- Sagen Sie deutlich, was Sie von Dingen halten – ohne zynisch oder abwertend zu werden.

Persönliche Ausprägung – Positionsmacht – 

Proaktivität

Der Mensch ist nicht allein ein Werk der Umstände,
sondern die Umstände sind ein Werk des Menschen.
Benjamin Disraeli

Die als äußerst charismatisch geltende Unternehmerin Mary K. Ash (MK Cosmetics) teilte Menschen in drei Kategorien ein. Für sie gab es Menschen,

die sich dafür einsetzen, *dass* etwas passiert, Menschen, die beobachten, *wie* etwas passiert, und Menschen, die sich wundern, *was* passiert ist.
Bewegen Sie sich, bevor es die anderen tun. Werden Sie proaktiv, wenn Sie es nicht schon sind. Proaktivität bedeutet die Fähigkeit eines Menschen, Geschehnisse und Situationen zu antizipieren, d. h. sie vorauszusehen, um dann proaktiv zu handeln, bevor das Geschehnis oder die Situation eintritt. Diese Fähigkeit hat herzlich wenig mit Gedankenlesen oder Geniestreichen zu tun, sondern mit solidem Handwerk und einer gesunden Einstellung zu sich selbst. Es bedeutet, inne zu halten, wenn Dinge und Situationen angeblich als gesetzt und unveränderlich erscheinen, und sich aufgrund seiner eigenen Stärken und Kreativität eine andere Antwort als die gängige und bequeme zu überlegen. Es bedeutet, Entscheidungen zu treffen, bevor eine Situation unveränderlich wird. Es bedeutet, die eigene Komfortzone zu verlassen und dahin zu gehen, wo es ein wenig unbequem werden könnte. Es bedeutet, den eigenen Eingebungen zu folgen und nicht dem Wetterfähnchen, das im Winde flattert, hinterherzulaufen. Es bedeutet, an Innovationen zu arbeiten, bevor sie jemand anders auf den Markt bringt, Trends oder Gefahren zu erkennen und zu agieren, bevor nur noch Reaktion und keine *Aktion* mehr möglich sind.
Der wahrscheinlich bekannteste filmische proaktive Denker ist die Figur des Erfinders aus den James-Bond-Filmen. Jeder Bond-Film beginnt damit, dass „Q“, so der Name des besagten Experten, Bond mit den neuesten Gimmicks ausrüstet, die seine Werkstatt zu bieten hat – auf geheimnisvolle Art und Weise scheint er die gefährlichen Situationen zu antizipieren, die Bond bei seinem nächsten Auftrag das Leben schwer machen könnten, obwohl er es, genau genommen, gar nicht wissen kann. Was er aber wissen kann, ist, woran Bonds Feinde arbeiten – Q ist nicht nur immer auf dem Laufenden, sondern sogar immer einen Schritt voraus.
Aber auch das echte Leben hat Q's zu bieten: Steve Jobs und Apple brachten den ersten PC auf den Markt, als andere noch prophezeiten, dass zwei bis drei Großrechner weltweit für die nächsten hundert Jahre ausreichen würden. Jobs war ein Mensch, der sich für fast alles interessierte, nicht nur für seine eigene Branche. Als begeisterter Erforscher neuer Dinge war er ein schneller Lerner und – nun kommt es – ein exzellenter Umsetzer. Als alle noch von Handys sprachen, brachte Apple das erste iPhone auf den Markt. Wenig proaktiv hingegen Nokia – einst gefeiertes Unternehmen und führend in der Handybranche, verschlief es den gesamten Smartphone- und

Tablet-Markt und kann sich nun nur noch bemühen, den Anschluss nicht zu verlieren.
Proaktivität spielt sich aber nicht nur in der Entwicklung neuer Produkte ab. Proaktivität bedeutet, persönlich zu wachsen, indem Sie Verantwortung für sich selbst übernehmen. Wann haben Sie sich das letzte Mal in einer Situation befunden, in der Sie nur noch reagieren konnten? Im letzten Meeting? In der Diskussion mit Ihren Kindern oder Ihrem Partner? Wie haben Sie reagiert? So wie immer? Was ich Ihnen damit sagen will, ist: Wenn Sie sich in Situationen befinden, in denen Sie immer gleich (erfolglos) reagieren und die frustrierend für Sie ausgehen, ist es an der Zeit, proaktiv Ihre Einstellung und Ihre Reaktion auf diese Situationen zu überdenken und sich eine neue Strategie zu überlegen. Sehen Sie sich um, wie andere mit diesen Situationen umgehen, ganz gleich, ob im Privatleben oder im Produktmanagement. Adaptieren Sie Erfolgsmuster anderer, wenn Sie selbst keine neuen finden, aber bewegen Sie sich! Ein gutes Beispiel für Proaktivität ist Martin Seligman, der Begründer der positiven Psychologie. Seligman langweilte sich Ende der 90er Jahre in seiner Branche, der therapeutischen Psychologie, und stellte sich die Frage, warum diese sich nur mit den negativen Aspekten des menschlichen Wirkens beschäftigte und ausschließlich daran arbeitete, Menschen von -10 auf ein Normalmaß zu therapieren. Seligman wollte ein wenig Spannung und frischen Wind in die Psychologie bringen und fragte: Was machen die Menschen, die glücklich und zufrieden sind, richtig und wie können alle von diesem Wissen profitieren? Von vielen Branchenkollegen als verrückter Exot abgetan, ist Seligmans Forschung heute weltweit anerkannt und praktiziert – und ein wunderbares Beispiel für Proaktivität.
Für eine proaktive Verhaltensweise benötigen Sie folgende Eigenschaften:

- die Lust auf ständiges Ausprobieren
- große Neugierde auf die Dinge dieser Welt
- ein Faible dafür, über den eigenen Tellerrand zu blicken
- den Drang, immer aktiv nach Informationen zu suchen, die Sie und Ihr Team/Unternehmen weiterbringen
- die sofortige Verwertung und Umsetzung neuer Informationen
- das ständige Suchen nach neuen oder ungenutzten Chancen, mit denen Sie Einfluss nehmen können
- das häufige und aktive Netzwerken über Branchengrenzen hinaus

- den siebten Sinn für Probleme inklusive sofortigen Handelns, ehe die Probleme übermächtig werden und nur noch eine Reaktion statt einer Aktion erlauben
- die Sicht auf Hindernisse als Herausforderung für den eigenen Weg

Erst kürzlich fiel mir proaktives Verhalten bei einem der Geschäftsführer eines nicht umsonst schnell wachsenden Unternehmens aus einem recht spezialisierten Bereich der Medienbranche auf. In dieser Branche, die in den letzten Jahren aufgrund starker Konkurrenz aus anderen Bereichen stark gebeutelt war, konnten sich nur die innovativsten und proaktivsten auf dem Markt halten. Anlässlich eines Seminars zu einem Thema, das überhaupt nichts mit Proaktivität zu tun hatte, fragte er urplötzlich nach meiner Erfahrung bezüglich der Einbindung von Trendforschern in die Unternehmensentwicklung und Kundengewinnung. Er bezog seit einiger Zeit Newsletter von Trendforschern und hatte sich nicht nur bereits stark mit dem Thema auseinandergesetzt, sondern befand sich schon in der konkreten Umsetzung – nämlich Trendforscher mit seinen Kunden zusammenzubringen, um neue Ideen zu finden und zu verwirklichen.

Ein exzellentes Beispiel für nicht gelebte Proaktivität hingegen ist die deutsche Bundesfamilienministerin Kristina Schröder, die sich gegen die Frauenquote in der Wirtschaft ausspricht – lieber weiter vor sich „hindaddeln“ und mühsam versuchen, Kind, Karriere und Familie unter einen Hut zu bringen, anstatt eine, dazu noch auf dem Silbertablett servierte, neue Möglichkeit zu ergreifen und auszunutzen. Einem proaktiven Menschen wäre dies nicht passiert (einem Mann übrigens auch nicht).

Warum wir nicht proaktiv sind

In der Managementliteratur grassiert die Geschichte eines Frosches, der in heißes Wasser geworfen wird. Er versucht sofort alles, um der Situation zu entkommen und springt heraus. Ein anderer Frosch wird in lauwarmes Wasser gesetzt und die Temperatur dann langsam erhöht. Der Frosch macht keine Anstalten, aus dem Wasser zu entkommen, bis es zu spät ist. Die Moral von der Geschicht‘: nicht nur Frösche, sondern auch Menschen tendieren zu Bequemlichkeit – man muss den meisten von uns sprichwörtlich erst Feuer unter dem Hintern machen, bis wir uns bewegen und reagieren. Auch wenn die Geschichte nicht stimmt (alle Frösche springen aus dem Wasser,

wenn es ihnen irgendwann zu heiß wird), so macht sie doch deutlich, worum es in der Proaktivität geht: Tun Sie etwas!
Da charismatische Menschen sich weitaus früher als der Durchschnitt mit Chancen und Problemen befassen, haben sie immer eine bessere Lösung bereit. In der Wahrnehmung anderer Menschen erscheinen sie aufgrund ihrer Problemlösungsfähigkeiten und fast übernatürlich anmutenden Voraussicht als Menschen mit einer außergewöhnlichen Fähigkeit und Begabung. Oft wird ihnen sogar die Kontrolle über scheinbar unkontrollierbare Dinge zugeschrieben, ein Vorgang, der sie fast schon mit Magie in Verbindung bringt. Der Frosch, der sofort aus dem Wasser springt, wirkt auf den Betrachter proaktiv und klug, eben charismatisch, der zweite Frosch wirkt eher wie ein – Loser.

Lethargische Frösche – Ihr Vorteil

Die Tatsache, dass die meisten Menschen in Ihrer Umgebung reaktiv und nicht proaktiv veranlagt sind, ist Ihr großer Vorteil, denn es macht es leicht für Sie, in Ihrer proaktiven Rolle wahrgenommen zu werden. In der Konsequenz bedeutet es für Sie Folgendes:

1. Bleiben Sie niemals in Situationen, in denen Sie aus einer Not heraus nur noch reagieren können. Ihre Chancen, frei handeln und alle dazu notwendigen Ressourcen (mentaler oder anderer Art) ausschöpfen zu können, sind in solchen Momenten drastisch reduziert, unliebsame Begleiterscheinungen wie Angst und Vermeidungsverhalten vernebeln zudem Ihre Denkfähigkeit und Sie verlieren die Kontrolle. Bewegen Sie sich, bevor man Sie dazu zwingt.
2. Analysieren Sie ständig Ihr Umfeld auf Möglichkeiten, Trends, Probleme oder Chancen hin.
3. Im Unternehmen: Wenn Ihre Mitarbeiter unzufrieden sind, warten Sie nicht, bis das Team irgendwann explodiert oder die Leistung abfällt. Finden Sie den Grund heraus und stellen Sie ihn ab. Proaktiv können Sie dies feststellen, indem Sie regelmäßige Mitarbeitergespräche führen. Wenn Sie Probleme heraushören, sollten Sie diese nicht abtun nach dem Motto „Stell Dich nicht so an ..., es wird schon ..., da kann ich auch nichts dran ändern ...“, sondern hören Sie genau zu. Manchmal ist es nur eine Momentaufnahme, die Ihnen den richtigen Hinweis liefert.

4. Im Unternehmen: Ähnlich sieht es im Marketing und Vertrieb aus. Wenn Sie beim Kunden eine Beschwerde hören oder der Kunde sich etwas wünscht, das Sie und vielleicht auch Ihre Mitbewerber nicht realisieren können, lohnt es sich unbedingt, intensiver über diesen Wunsch nachzudenken – er könnte Ihr nächstes „Topselling – Produkt“ werden.

Selbstreflektion für Führungskräfte

„Ich erwarte mehr Eigeninitiative und Proaktivität von Ihnen“, ist ein Satz, den Millionen von Mitarbeitern zu hören bekommen, wenn es zu Bewertungsgesprächen kommt. Im Grunde genommen ist dies recht seltsam, denn im Normalfall ist Proaktivität ansteckend – proaktive Führungskräfte haben zumeist auch sehr proaktive Mitarbeiter. Proaktive Teams liegen immer weit vorne im Rennen, wenn es um Leistung und Innovationen geht. Wenn Ihr Team nicht proaktiv und eigeninitiativ agiert, sollten Sie sich fragen, warum dem so ist. Es liegt oft an Ihnen selbst. Fragen Sie sich, ob Sie genügend Spielraum für Ideen geben und Eigeninitiative belohnen. Leben Sie Proaktivität vor? Hat Ihr Team einmal schlechte Erfahrungen mit dem Thema Eigeninitiative gemacht? Wurden Fehler öffentlich und hart angeprangert und Ideen im Keim erstickt? Ganz gleich, was es ist – überprüfen Sie Ihre eigene Proaktivität und Ihr Verhalten Ihren Mitarbeitern gegenüber. Wenn Sie Eigeninitiative nicht fördern, sondern nur fordern, müssen Sie sich nicht wundern, dass Ihre Mitarbeiter lieber Abstand von jeglicher Initiative nehmen und dadurch weit davon entfernt sind, Ihnen auch nur einen Hauch von Charisma zuzuschreiben.

Stop – Proaktivität!

Der schottische Fußballtrainer Craig Brown bemerkte einmal zum Thema Charisma und Proaktivität: *Charisma kommt durch Resultate, und nicht umgekehrt.* Bei aller Proaktivität und Eigeninitiative: Charisma braucht Resultate, Erfolge und positive Ergebnisse. Hüten Sie sich davor, von Proaktivität und ausgeprägter Eigeninitiative in eine allgemeine Hektik ohne Ziel und konkrete Umsetzung zu verfallen. Es gibt Menschen, die viele Projekte auf einmal anfangen und keines davon zu Ende bringen – das darf Ihnen nicht passieren. Sie können nicht auf allen Hochzeiten tanzen, aber mithilfe Ihrer proaktiven Mitarbeiter auf vielen.

Spotlight – Proaktivität planen!

Proaktivität muss geplant sein. Planen Sie sich eine halbe Stunde pro Woche dafür ein, über Proaktivität nachzudenken und konkrete Ziele zu benennen.

Themenbereiche können sein:

- Mein Team
- Mein Produkt
- Meine Branche
- Meine Finanzen
- Meine Familie
- Mein Privatleben
- ...

Übung: Proaktivität planen

Nennen Sie drei Dinge, die Sie innerhalb dieser Woche proaktiv angehen werden.

1.
2.
3.

Für den Fall, dass Sie nun sagen, dass diese Dinge sowieso immer auf Ihrer Agenda stehen, möchte ich Ihnen widersprechen. Vielleicht stehen sie auf der Agenda oder einer To-Do-Liste, aber beschäftigen Sie sich wirklich eine halbe oder eine Stunde pro Woche konkret mit nichts anderem als proaktiven Handlungsmöglichkeiten? Wenn ja, gratuliere ich Ihnen – wenn nicht, beginnen Sie damit.

Einige Tipps, wie Sie proaktiv werden und bleiben:

- Werden und bleiben Sie neugierig – sprechen Sie nicht nur über sich, sondern fragen Sie andere nach ihrer Meinung, auch wenn es keine Experten sind. Erwarten Sie nicht, dass Ihnen jeder eine qualifizierte Antwort gibt, jedoch könnten unter zwanzig Antworten auch zwei sein, die sich lohnen.
- Netzwerken Sie mit Kollegen aus anderen Abteilungen. Es kann sein, dass diese Ihr potenzielles Problem schon lange gelöst haben.
- Lesen Sie Literatur, die sich nicht nur mit Ihrer Branche und dem Tagesgeschehen befasst, sondern Ihren Horizont erweitert. Dazu eigenen sich überregionale Tages-

zeitungen und Magazine, die sich nicht ausschließlich mit Ihrer Branche beschäftigen.

- Lernen Sie Projektmanagement für Ihren Eigengebrauch, damit Sie sich nicht verzetteln. Halten Sie die Regeln ein, sonst kommen Sie niemals zu Resultaten.
- Legen Sie sich ein Ideenbuch zu, in dem Sie neue Ideen eintragen und bearbeiten können. Da Ideen jedoch zumeist nicht dann kommen, wenn Sie mit einem Stift in der Hand am Schreibtisch sitzen, lohnt es sich, ein kleines Diktiergerät anzuschaffen, auf das Sie Ihre Ideen sprechen können – die besten Ideen kommen oft beim Autofahren, wo man zumindest eine Hand am Lenkrad haben sollte. Moderne Smartphones besitzen nicht nur den Facebook-Button, sondern auch eine Diktierfunktion – nutzen Sie sie.
- Suchen Sie aktiv nach beginnenden Problemen. Hören Sie zu, in der Familie, im Job, in der Branche. Wann immer Sie sich ertappen, dass Sie abwinken und etwas zu völligem Blödsinn erklären, sollten Sie hellhörig werden und noch einmal darüber nachdenken.
- Beobachten und analysieren Sie Neuerungen auf dem Markt, aber nicht erst, wenn sie schon Marktreife erlangt haben. Fragen Sie Freunde, Kollegen, Fremde, Mitarbeiter, junge, alte und überhaupt alle Menschen nach ihren Ideen und Erfahrungen mit ganz neuen Themen und Produkten, die noch nicht perfekt laufen.
- Besuchen Sie Trendworkshops, knüpfen Sie dort Kontakte und tauschen Sie sich aus.

Um Ihren Mitarbeitern die Chance für gelebte Proaktivität zu geben, gibt es eine Reihe von Möglichkeiten.

Tipps, wie Sie Mitarbeitern die Chance zu gelebter Proaktivität geben

- Gestalten und geben Sie Handlungsspielräume.
- Beginnen Sie bei kleinen Dingen.
- Delegieren Sie die Aufgabe, aber nicht den Weg dorthin.
- Lassen Sie Ihre Mitarbeiter selbst Entscheidungen treffen.
- Belohnen Sie Eigeninitiative.
- Gehen Sie konstruktiv mit Fehlern um – Eigeninitiative wird sonst im Keim erstickt.
- Sorgen Sie für Resultate bei sich selbst und bei Ihren Mitarbeitern.
- Überzeugen Sie auch die Geschäftsleitung, dass mehr Proaktivität zu einem besseren Unternehmensergebnis führt. Eigeninitiative muss belohnt werden durch Karrierechancen, durch Prämien, durch symbolische Vergütung (Mittagessen mit dem GF) oder auch das Einbeziehen in bestimmte Zirkel bzw. Clubs.

Persönliche Ausprägung – Proaktivität – 

Innere Einstellung – Ihr psychologisches Kapital

Erfolg ist nicht das, was du denkst, sondern wie du denkst.
Unbekannt

Sie erinnern sich sicher noch an Bruce Willis in den meisten seiner Actionrollen. Die Lippen fest zusammengepresst, hängende Schultern, ein besorgter Blick, ein Moment des Zögerns und der Unsicherheit ... Stop – das war ein anderer Film und ein anderer Hauptdarsteller. Bruce Willis war der mit dem entschlossenen Blick, der standfesten Haltung und dem zuversichtlichen Verhalten.
Ein Mensch kann nur ausstrahlen, was er auch von innen fühlt, sagen uns alle Ratgeber, die sich mit Persönlichkeit beschäftigen. Diese Aussage ist zum größten Teil absolut korrekt. Ich sage „zum größten Teil", weil die Aussage noch einer Ergänzung bedarf. Manchmal muss man Zuversicht, eine starke Persönlichkeit und damit Charisma auch *spielen* können – und zwar gut. Es gibt immer wieder Situationen, in denen wir uns nicht stark und mächtig fühlen, in denen uns Gefühle von Zweifel, innerer Ablehnung und Zögern Probleme bereiten, aber in denen wir stark *wirken* müssen, um anderen Menschen das Gefühl zu geben, dass ein Problem gelöst werden kann.
Eine ehemalige deutsche Bundesministerin berichtete mir in einem Workshop sehr intensiv von ihren Erfahrungen mit dieser Problematik. Sie war als amtierende Bundesministerin gezwungen, ein neues Gesetz zu verkünden, das gegen alles sprach, wofür sie in den letzten Jahren hart gekämpft und gestanden hatte. Bis kurz vor ihrem Auftritt war sie sich nicht sicher, ob sie es schaffen würde, vor die Presse und ihre Kollegen zu treten und die Sache mit Klasse und Haltung über die Bühne zu bringen. Minuten vor ihrem Auftritt jedoch besann sie sich auf ihre Stärken und legte eine überzeugende und souveräne Vorstellung hin. Die Stärke, die diese Politikerin in diesem Moment nutzte, ist eine Fähigkeit, die viele charismatische Menschen nicht nur in Krisensituationen äußerst effektiv einsetzen: die Nutzung ihres psy-

chologischen Kapitals[4], ihrer inneren Ressourcen. Im Wesentlichen lassen sich die gefragten Persönlichkeitseigenschaften auf zwei Kerncharakterstärken reduzieren: Optimismus und Resilienz.

Optimismus und Resilienz

Optimismus und Resilienz

Der Pessimist sagt: „Das Glas ist halbleer".
Der Optimist sagt: „... aber nicht mehr lange."

Optimismus hat herzlich wenig mit Haltungen wie „Immer positiv denken" zu tun. Optimismus bezeichnet eine persönliche Stärke, die auf den festen Glauben an die eigene Wirksamkeit baut, etwas schaffen und erschaffen zu können, und dazu beiträgt, die eigenen Ressourcen abrufbar zu halten. Eigene Erfolge werden mit internen, also der Person innewohnenden Fähigkeiten begründet und führen so zu einem Optimismus, der auf dem Glauben an die eigene Kraft beruht. Es ist wissenschaftlich nachgewiesen, dass negative Gefühlszustände und Katastrophendenken uns stark beeinträchtigen, indem sie unsere Gehirntätigkeit beträchtlich verlangsamen und damit unsere Kreativität stark reduzieren. Im Folgeschluss schränkt eine verlangsamte Funktion unseres Gehirns wiederum massiv unsere potenziellen

[4] Siehe auch Luthans: Psychological Capital – Developing the Human Competitive Edge. Oxford 2007.

Handlungsmöglichkeiten und Lösungsfindungen ein. Das Ergebnis ist ein hektisches, nervöses und zögerliches Verhalten, anstelle einer durch Optimismus angetriebenen Tatkraft, die auf dem festen Glauben an das eigene Können, die eigene Kraft und das eigene Wissen beruht und uns so die Stärke verleiht, die uns eine besondere Ausstrahlung schenkt.
Wie stark uns der Glaube an die eigene Kraft und Wirksamkeit beeinflussen kann, zeigt ein (mir nicht belegtes, aber erzähltes) Beispiel aus dem Sport. Christoph Daum, Trainer zahlreicher Bundesliga-Mannschaften (auch Erstligateams in der Türkei und Belgien) testete vor einem sehr entscheidenden Aufstiegsspiel seiner Mannschaft in die erste Liga per Laktattest den Fitnessgrad seiner Spieler. Er teilte die Ergebnisse den Spielern mit – um ein paar Zehntel positiv „korrigiert". Die Spieler glaubten, fit zu sein, rannten und kämpften und gewannen.
Resilienz spielt ebenso eine wesentliche Rolle in der inneren Einstellung. Das Glas ist nicht mehr lange halbleer – dies ist die Charakterstärke der *Resilienz*, die dafür steht, sich von Rückschlägen nicht beeinflussen zu lassen. Es bezeichnet die Fähigkeit, sich selbst in einer inneren Balance zu halten und aus Krisensituationen gestärkt hervorzugehen. Zu Resilienz gehören natürlich Optimismus, eine Akzeptanz der Situation, der Wille zur Gestaltung neuer Chancen und der Blick in die Zukunft. Besagte ehemalige Bundesministerin fasste die Stärke der Resilienz passend in einem simplen Satz zusammen: *„Man muss auch einmal verlieren können."*

Wie können Sie optimistisch und resilient mit Rückschlägen und schwierigen Situationen umgehen?

1. Machen Sie sich klar, dass es immer wieder Rückschläge in Ihrem Leben geben wird. Sie werden Fehler machen, Ihre Umwelt wird Fehler machen, Dinge werden nicht so laufen, wie Sie es gerne hätten. Murphy's Law (*what can go wrong, will go wrong*) wird Sie nicht verschonen, ganz gleich, wie gut Sie sind. Deshalb:
   - Lernen Sie aus jedem Rückschlag. Wenn Sie es nicht tun, wird es nur schlimmer.
   - Rückschläge sind keine Fehler – nur wertvolle Informationen. Gehen Sie dementsprechend damit um und analysieren Sie Ihre Rückschläge genau.

- Rückschläge werden sich so lange wiederholen, bis Sie Ihr Verhalten oder Ihre Taktik ändern. Planen Sie neues Verhalten und sehen Sie, was passiert. Als Scott und Amundson ihren Wettlauf zum Südpol begannen, ging Scott mit der gleichen Ausrüstung und Strategie los, mit der er schon Jahre zuvor gescheitert war. Unnötig zu bemerken, dass Amundson den Südpol fünf Wochen vor ihm erreichte und Scott diesen Fehler mit seinem Leben büßte.

2. Sie sind der Einzige, der definiert, was ein Rückschlag oder ein Fehler ist – und zwar für sich selbst. Wenn Sie eine wichtige Deadline verpassen, einen großen Auftrag nicht gewinnen oder einen öffentlichen Auftritt „in den Sand" setzen, werden Sie Gegenwind von anderen bekommen, das ist selbsterklärend. Wichtig ist, wie Sie diesen Rückschlag für sich interpretieren. Lädt er Sie dazu ein, es erneut und besser ausgerüstet zu versuchen oder verziehen Sie sich in ein stilles Kämmerlein und lecken Ihre Wunden?
   - Distanzieren Sie sich emotional von Ihrem Rückschlag. Leiten Sie Ihren Ärger oder Ihre Wut konstruktiv um, indem Sie neue Wege der Problemlösung beschreiten.
   - Lassen Sie sich nicht durch die Kritik von außen davon abhalten, Ihre Fehler gründlich zu analysieren und Ihre Strategie zu optimieren. Vier Schritte vorwärts und drei Schritte zurück sind immer noch ein Schritt vorwärts.
   - Der Boxer Mike Tyson bemerkte zum Thema Resilienz: „*Everybody has a plan until they get punched in the face*" – jeder hat einen Plan, bis er einen Schlag ins Gesicht bekommt. Machen Sie es wie Tyson: Die Welt möchte Stehaufmännchen sehen, die weitermachen, auch wenn es heftigen Gegenwind gibt.

3. Arbeiten Sie mit einer Fehlerquote. Ein innovatives amerikanisches Unternehmen gibt allen seinen Auszubildenden eine Quote von dreißig Fehlern, die sie machen dürfen. Sind die dreißig Fehler aufgebraucht, erhalten sie weitere dreißig Möglichkeiten, Fehler zu machen. Die einzige Bedingung: Sie müssen ihre Fehler analysieren und daraus lernen. Wenn Sie Ihr nächstes Projekt angehen, setzen Sie sich selbst eine Fehlerquote und erziehen Sie sich so zu mehr Optimismus und Resilienz. Denken Sie

daran: Optimismus und Resilienz präsentieren, wenn sie in einem Menschen zusammenkommen, ein Bild von Souveränität und Tatendrang – sie strahlen von innen nach außen.

Wie Sie Optimismus und Resilienz ausstrahlen

Wenn Sie Optimismus und Resilienz ausstrahlen, liegt die Wirkung auf andere auf der Hand. Ein Mensch, der mit Rückschlägen professionell umgehen kann, aus ihnen lernt und unablässig neue Wege sucht, wirkt anders als diejenigen, deren Markenzeichen geschäftiger Pessimismus oder Jammern auf hohem Niveau zu sein scheint. Die Helden unserer Lieblingskinofilme machen uns vor, wie es geht, nur machen wir es oft nicht nach – leider, denn die Optimisten und die „Resilienten" faszinieren Menschen, scheinen sie doch über geheimnisvolle Stärken zu verfügen, von denen jeder gerne ein Quäntchen abhaben möchte.
Um Optimismus und Resilienz leben zu können, ist ein gesunder Umgang mit den eigenen Stärken von großem Vorteil. Kennen Sie Ihre Stärken? Wissen Sie, warum Sie Erfolge erzielen? Was sind Ihre Schlüsselstrategien und Stärken, auf die Sie sich immer wieder verlassen können, wenn es hart auf hart kommt?

Übung: Stärken

Nennen Sie Ihre Top-3-Stärken und die dazugehörigen Strategien.

1.

2.

3.

Wenn Sie mehr als 20 Sekunden benötigt haben, um Ihre relevanten Stärken zu notieren, rate ich Ihnen, einen Stärkentest zu absolvieren und sich dann einige Tage mit dem Thema auseinanderzusetzen. Sie werden Ihre innere und äußere Ausstrahlung nur dann souverän ins Bild setzen können, wenn Sie genau wissen, worauf Sie sich verlassen können – bei sich selbst.

Beispiele:

- Ich bin ein Meister darin, andere argumentativ zu überzeugen.
- Ich besitze eine starke Durchsetzungskraft und erreiche meine Ziele.
- Ich verfüge über einen starken analytischen Geist, der es mir erlaubt, alle Situationen strukturiert und erfolgreich anzugehen.
- Ich besitze eine große Begeisterungsfähigkeit, die es mir leicht macht, andere mitzureißen.
- Ich bin dazu in der Lage, mir schnell und effektiv neue Strategien anzueignen und Veränderungen zu leben.

Haltung bewahren

Es gibt leider oft einen Unterschied zwischen resilient sein und resilient wirken. Andere müssen unsere Resilienz bemerken. Was dabei hilft, ist die Strategie der „*stiff upper lip*". Vielen bekannt aus dem britischen Sprachraum, bezeichnet es die typisch britische Haltung zu Katastrophen und Rückschlägen. Die Strategie der „*stiff upper lip*" ist

- Fehler/Problem (Situation) wahrnehmen,
- innere und äußere Haltung bewahren,
- einen kurzen Witz über die Situation einstreuen,
- innere Ressourcen aktivieren und
- kühl, analytisch und überlegt handeln.

Sehr gut können Sie diese Verhaltensweise noch in den alten James-Bond-Filmen mit Sean Connery beobachten. Connery bewahrt immer Haltung, selbst wenn es ihm gerade übel an Leib und Leben gehen soll und legt zumeist noch einen „coolen" Spruch als Zugabe darauf. In den neueren Bond-Filmen allerdings müssen wir uns leider mit einem weniger resilienten Exemplar herumschlagen – der neue Bond hat jegliche Haltung abgelegt und erscheint genauso verkrampft, unkontrolliert und emotional labil wie seine schwachen Widersacher. Von den Franzosen als *Contenance* bezeichnet und im deutschsprachigen Raum als *Haltung bewahren* bekannt, scheint diese Eigenschaft ziemlich aus der Mode geraten zu sein, sind doch die Fernsehshows voll mit Menschen, die genau das Gegenteil tun – vor laufenden Kameras zusammenbrechen, weinen, jammern und wehklagen. Auch in manchen Unternehmen sieht es nicht besser aus: entgleisende Gesichtszüge, wenn jemandem etwas nicht passt oder ein Problem auftaucht, wütende Reaktionen auf eine Diskussion, die man argumentativ verliert und unbeherrschte Aggression gegen andere sind an der Tagesordnung – eine Entwicklung, die Ihnen und Ihrem Charisma in die Hände spielt, denn Charisma und innere Haltung sind eng miteinander verbunden.

Der einfachste Weg für Sie, innere und äußere Haltung zu kontrollieren und einzuüben, ist die Selbst- und Fremdbeobachtung. Wenn Sie das nächste Mal in eine Situation geraten, in der Sie sich unsicher, aggressiv oder zögerlich fühlen, halten Sie einen Moment inne und beobachten Sie, welche Gedanken Ihnen gerade durch den Kopf gehen. Sind es negative Gedanken wie *„Den bringe ich um, das darf doch nicht wahr sein, oh mein Gott was mache ich bloß“*, schalten Sie diese sofort ab.

Das ist meist nicht so einfach, deshalb rate ich Ihnen, in solchen Situationen einen kleinen Trick anzuwenden. Korrigieren Sie immer zuerst Ihre Körpersprache, d. h. Ihre Körperhaltung, Ihre Mimik und Ihre Gestik. Stellen Sie sich fest hin, machen Sie einen freundlichen Gesichtsausdruck und sagen Sie mit ruhiger Stimme und ruhiger Gestik:

„Ja, das sehe ich, da haben wir ein Problem. Dann schlage ich vor, gehen wir es sofort gründlich an.“

Ihre Gedanken werden immer Ihrer Körpersprache folgen, d. h. wenn Sie körpersprachlich ruhig und souverän agieren, werden Sie es auch gedanklich tun, wie der Psychologe Paul Ekman in über 50 Jahren Forschung beeindruckend nachweist. Sollte es Ihnen schwerfallen, sich selbst zu beobachten, bitten Sie Kollegen und Freunde darum, Ihnen ein wohlwollendes, aber ehrliches Feedback zu geben. Besuchen Sie Seminare, in denen es um Körpersprache geht, und werden Sie ein Fan von Videoaufnahmen. Die Kamera verbirgt nichts und gibt Ihnen äußerst wertvolle Hinweise auf Ihre Ausstrahlung, in positiver als auch in zu optimierender Hinsicht.

Stop – Optimismus und Resilienz!

Optimismus und Resilienz sind zwei wundervolle Persönlichkeitsmerkmale, wenn sie dosiert und klug eingesetzt werden. Sie besitzen jedoch auch eine gefährliche Seite. Immer dann, wenn ein gesunder Optimismus in ein ungesundes „Immer positiv denken" umschlägt, besteht die große Gefahr, dass Sie problembehaftete Situationen und potenzielle Bedrohungen nicht mehr realistisch einschätzen können und schwere Fehler begehen. Ähnlich verhält es sich bei der Resilienz. „Immer wieder aufstehen" ist gut, nur sollten Sie hier immer überlegen, was Sie aus dem Rückschlag lernen können. Wenn Sie das Problem nach einem Rückschlag mit den gleichen Werkzeugen angehen wie zuvor, können Sie nur verlieren – nicht nur Ihr Charisma.

Spotlight – Optimismus und Resilienz!

- Überprüfen Sie täglich Ihre Einstellung zu Themen und Problemen.
- Stellen Sie sicher, dass Ihre Ausstrahlung immer optimistisch und souverän bleibt, verbal und nonverbal.
- Unterstützen Sie andere darin, ihren Optimismus wiederzufinden und zu leben Führen Sie in den kommenden Tagen ein Gespräch mit jemandem zum Thema Optimismus. Fragen Sie andere Menschen nach ihren Kernstärken, die sie zum Erfolg geführt haben.
- Lesen Sie die ein oder andere Autobiografie berühmter Menschen. Dort finden Sie oft Anregungen und Beispiele für Stärken, die auch Sie besitzen.
- Analysieren Sie die Resilienz Ihrer Mitarbeiter und sprechen Sie mit ihnen über Resilienz.
- Leben Sie Resilienz als Vorbild. Überlegen Sie, bei welchem Projekt Sie dies zeitnah umsetzen können.

Übungen: Optimismus und Resilienz

Nennen Sie drei veränderte Verhaltensweisen, mit denen Sie ab sofort Souveränität und Optimismus demonstrieren wollen.

1.
2.
3.

Analysieren Sie, wie Sie bisher mit Rückschlägen umgegangen sind. Notieren Sie positive und negative Verhaltensweisen.

1.

2.

3.

Schreiben Sie eine kleine Rede zu einem dieser beiden Themen:

„Im Leben geht es nicht nur darum, gute Karten zu haben, sondern auch darum, mit einem schlechten Blatt zu spielen." Louis Stevenson

„Erfahrung ist das, was du bekommst, wenn du nicht bekommst, was du möchtest. Lerne stetig." Ganamos

Stellen Sie sich vor, Sie würden diese Rede auf einer Bühne halten oder in einem Meeting darüber sprechen.

Persönliche Ausprägung
– Innere Einstellung –

Werden Sie berühmt – mit Kompetenz

Es fällt immer auf, wenn jemand über Dinge redet, die er versteht.
Helmut Käutner

Würden Sie einen Menschen bewundern, wenn er oder sie keine Ahnung davon hat, worüber er redet? Nein, mit sehr hoher Wahrscheinlichkeit nicht. Warum nicht? Weil wir von Menschen, die wir bewundern, von denen wir lernen wollen und zu denen wir aufblicken, erwarten, dass sie *besser* sind als wir. Gehen wir einen Schritt weiter. Was erwarten Sie von einem Menschen, den Sie als charismatisch einschätzen? Dass er oder sie *viel* besser ist als Sie selbst. Sie erwarten das Besondere, das absolute Expertentum, ganz gleich, ob Sie einen Vortrag über das Schreiben von Kriminalromanen besuchen oder ein Meeting über die neue Finanzstrategie des Unternehmens. Sie haben schon einiges über Expertentum unter dem Punkt „Persönliche Autorität" erfahren – was also ist der Unterschied zu dieser Unterstrategie „Kompetenz"? Ganz einfach: Expertentum und Expertenmacht beziehen sich auf die stilleren Charaktereigenschaften, auf das selbstlose Weitergeben von Informationen, um anderen damit einen echten Nutzen zu bieten. „Werden Sie berühmt mit Kompetenz" zielt darauf ab, Ihre Kompetenzen durch Ihr Expertentum in das rechte Licht zu rücken – durch brillante Inszenierung und viel Öffentlichkeit.

Fachkompetenz à la Steve Jobs

Je bekannter ein Mensch ist, umso eher sind wir bereit, ihn oder sie in die Nähe eines „Gurus" zu rücken, in die Nähe einer Person, die über magische Qualitäten verfügt und mit besonderen Begabungen und Kompetenzen ausgestattet ist. So schwören viele Menschen auf ihren Masseur oder Friseur, auf ihren Arzt, Finanzberater oder Diättrainer. Heidi Klum beispielsweise wird Kompetenz zugeschrieben, wenn es um die Modelwelt geht, Udo Walz besitzt Kompetenz in der Welt der Haarstylisten und Usain Bolt im 100-Meter-Lauf. In jeder Branche gibt es Stars, die ein ganz besonderes Gebiet besetzen. Wir nehmen von diesen Personen an, dass sie ihr Gebiet beherrschen, weil sie im Fernsehen auftreten, auf dem Cover eines Magazins prangen oder wir anderweitig von ihnen gehört haben. Diese angenommene große Fachkompetenz, die wir hier unterstellen, muss keinesfalls der Wahrheit entsprechen, aber wir glauben daran, weil die Medien nicht irren können (können sie schon, aber wir glauben es nicht). Und so hinterlassen die angekündigten und beworbenen Kompetenzen bei uns einen tiefen Eindruck und nicht nur das: Es ist die Kompetenz, die uns auf den ersten Blick entscheiden lässt, ob wir einem anderen Menschen Vertrauen schenken werden oder nicht. Werfen wir einen Blick auf die Werbung. Dr. X bewirbt mit seiner Fachkompetenz als Zahnarzt eine Zahncreme, Frau Dr. Y. als Ärztin für Dermatologie die neue Hautcreme. Von uns oft belächelt, beeinflussen uns diese Arten demonstrierter Fachkompetenz sehr wohl. Wir entwickeln unterschwellig ein Vertrauen, dass Zahncreme x und Creme y gut für uns ist. Was Menschen mit einem (öffentlich zugeschriebenen) großen Fachwissen charismatisch macht, ist die grandiose Inszenierung desselben. Werfen wir einen Blick auf den Apple-Gründer Steve Jobs. Jobs war ein Mensch mit einem ausgezeichneten Fachwissen, wie so viele andere es sind, unter anderem auch Sie. Was Jobs aber anders machte als diese vielen anderen und vielleicht auch Sie, ist Folgendes: Er behielt es nicht für sich. Er demonstrierte es vielfach, laut und öffentlich. Ständige Interviews, häufige Auftritte in den Medien, Ansprachen an Universitäten und viele andere öffentlichkeitswirksame Aktivitäten sorgten dafür, dass Jobs von einem großen Publikum nicht nur Fachkompetenz zugeschrieben wurde, sondern dass man ihn in die Nähe eines Genies rückte. Und genau das ist es, was Expertenmacht von Kompetenz unterscheidet – Werbung. Was wir daraus lernen können, ist eindeutig.

Demonstrieren Sie Ihr Fachwissen, wo Sie nur können

Wenn Sie Ihren Expertenstatus nicht schon durch eine ausgiebige Eigenwerbung und einen guten Ruf untermauert haben, ist es an der Zeit, es nun zu tun. Niemand wird Sie für charismatisch halten, nur weil Sie kompetent in der Fachmaterie sind. Überzeugen Sie Menschen davon, dass Sie aufgrund Ihrer besonderen Befähigung, Ihres besonderen Wissens und Ihrer besonderen Beziehungen Einfluss nehmen können – einen Einfluss, der allen zugutekommt und für den Sie bewundert werden.

Beispiele: Plattformen, um Ihr Wissen zu demonstrieren:

- Fachverbände
- Vereine
- Internetplattformen
- Printmedien

- Fernsehen
- Ihr Unternehmen (Präsentationen)
- Meetings
- Unternehmenszeitung
- Kundenzeitung
- Kundenbesuche
- Kollegenaustausch
- Veröffentlichungen
- Vorträge an Universitäten
- Teilnahme an Panel-Diskussionen

Bereiten Sie drei bis vier Themen auf, die Sie in Vortrags- und Präsentationsform bringen. Veröffentlichen Sie auf Internetplattformen Artikel, fragen Sie bei Zeitschriften an, ob Sie einen Fachartikel beisteuern können und nehmen Sie jede Möglichkeit an, einen Fachvortrag halten zu können. Stellen Sie eine eigene Website mit Ihren Fachthemen ins Internet. Rufen Sie bei Fernsehsendern an und bringen Sie Ihr Fachthema unter. Suchen Sie Möglichkeiten, jeden Tag ein wenig bekannter zu werden. Mit der Zeit bauen Sie sich einen Ruf auf, der Ihnen vorauseilen wird, und es ist genau dieser Ruf, der Ihnen die Zuschreibung von Charisma bringt. Wenn Sie zusätzlich noch in Ihre Präsentations- und Vortragsfähigkeit investieren, ist es nicht mehr weit zu Charisma.

Besuchen Sie Vorträge von Branchenkollegen, die ähnliche Themen bearbeiten, und lesen Sie deren Publikationen. Betrachten Sie sie nicht als Konkurrenten, sondern als Menschen, von denen Sie etwas Neues lernen können. Wenn Sie aufeinander treffen, netzwerken Sie, fragen Sie und tauschen Sie sich aus – Sie werden erstaunt sein, was aus solchen Synergien entstehen kann.

Beeindruckende Kompetenz durch Ihre Umgebung

Ihr Büro, Ihr Auftreten, Ihre Kleidung sagen viel darüber aus, wie kompetent Sie sind. Nicht immer jedoch können Sie sich Ihre Umgebung und Ihr Büro aussuchen. Ein Kunde aus der internationalen Beratungsbranche, der in ein anderes Land versetzt wurde, berichtete mir, dass er entsetzt war, als er die neue Filiale betrat. Anstatt einer riesigen, über mehrere Stockwerke gehenden Empfangshalle mit vielen Sitzgelegenheiten und exquisiten Kunstwerken betrat er ein kleines Rezeptionsbüro in einem engen Innenstadtgebäude. Mit kleinen Konferenzräumen und einem übersichtlichen Getränke- und Zeitschriftenangebot zehrte diese Ausstattung zu Beginn sichtlich an seiner eigenen Kompetenzwahrnehmung, bis er sich nach einiger Zeit wieder auf seine Stärken besann und erfolgreich (und charismatisch) weitermachte.

Selbstverständlich löst ein imposantes Gebäude-Exterieur als auch das Interieur eine Zuschreibung von Kompetenz bei Ihren Kunden aus und überträgt sich zu einem Teil auch auf Sie. Jedoch: Was zählt, ist Ihre Persönlichkeit und Ihre Kompetenz, und diese wird sich nicht verbessern oder verschlechtern, wenn Sie sich in einem anderen Gebäude befinden. Das gilt ebenso für Ihre private Wohnsituation, es muss nicht die Villa im schicksten Stadtteil sein. Beeinflussen Sie das, was Sie beeinflussen können, um Ihre Kompetenz äußerlich zu zeigen, indem Sie gute Kleidung tragen, die Macht des ersten Eindrucks pflegen, rhetorisch als auch inhaltlich brillieren und vor allen Dingen darauf achten, Ihre Kompetenz mediengerecht zu präsentieren.

Stop – Fachkompetenz!

Sie können andere nur effektiv und nachhaltig beeinflussen, wenn Sie selbst ganz genau wissen, worüber Sie reden. Versuchen Sie niemals, auf einem Ihnen unbekannten Terrain charismatisch zu wirken. Sie können nur versagen, es sei denn, Sie haben vorher Ihre Hausaufgaben gründlich gemacht. Sobald Sie erst einmal als Blender enttarnt werden, ist es auf ewig vorbei mit Ihrem Ruf. Auch eine „arrogante" Inszenierung Ihrer Fachkompetenz kann Ihnen sehr schaden. Niemand mag Menschen, die besserwisserisch, von oben herab und prahlerisch agieren.

Spotlight – Kompetenz!

- Betreiben Sie ein aktives Networking, um als erster von neuen Technologien, Standards und Marktbewegungen zu erfahren.
- Pflegen Sie Ihre Fähigkeit, schnell, effektiv und intelligent zu lernen.
- Betreiben Sie ein gutes Selbstmarketing über Internet, Zeitschriften und andere Medien – von anderen zitiert und erwähnt zu werden bringt einen guten Ruf.
- Wenn Sie Titel oder Amtsbezeichnungen haben, benutzen Sie sie. Es ist nicht peinlich, sondern zeigt Ihre Kompetenz.

- Zeigen Sie Flagge – haben Sie immer neueste Entwicklungen, Nachrichten und persönliche Meinungen zu Ihrem Thema bereit.
- Gehen Sie souverän mit eigenen Fehlern um und zeigen Sie niemals Unsicherheit oder Verlegenheit.

Persönliche Ausprägung – Kompetenz – 

Energie

Die Energie kann als Ursache für alle Veränderungen in der Welt angesehen werden.
Werner Heisenberg

Wir alle haben es schon erlebt. Wenn wir uns in der Gegenwart charismatischer Menschen befinden, spüren wir ihre Energie, körperlich und mental. Diese besondere Energie strahlt auf uns aus. Wir fühlen uns lebendiger, energiegeladener und vitaler. Als Barack Obama vor einigen Jahren in Berlin sprach, war seine Energie sogar über den Fernsehschirm zu spüren. Energieübertragung funktioniert aber auch umgekehrt, wie wir oft leidvoll erfahren. Wir nehmen im Meeting neben jemandem Platz, der zusammengesunken auf seinem Stuhl kauert, in sein Smartphone tippt und keinerlei Ausstrahlung besitzt. Wir bemerken sofort dessen offensichtlichen Mangel an Energie. Noch schlimmer wird es, wenn wir auf Personen treffen, die uns Energie rauben – ständiges Jammern und ein offen zur Schau getragener Sarkasmus wirken ebenso negativ wie eine Opferhaltung oder Lustlosigkeit. Wenn wir uns fragen, wen wir bevorzugen, die Energieräuber oder diejenigen Menschen, die unsere Energietanks wieder auffüllen, ist die Antwort klar. Menschen, die Energie im Überfluss besitzen, reißen uns mit.

Charismatisches Kraftwerk

Sie können andere Menschen durch Ihre persönliche Energie beeinflussen. Es gibt verschiedene Arten von Energie, die Sie nutzen können, um Ihre charismatische Wirkung zu unterstützen. Dazu gehören Ihre physische Energie, Ihre mentale Energie und Ihre psychische Energie.

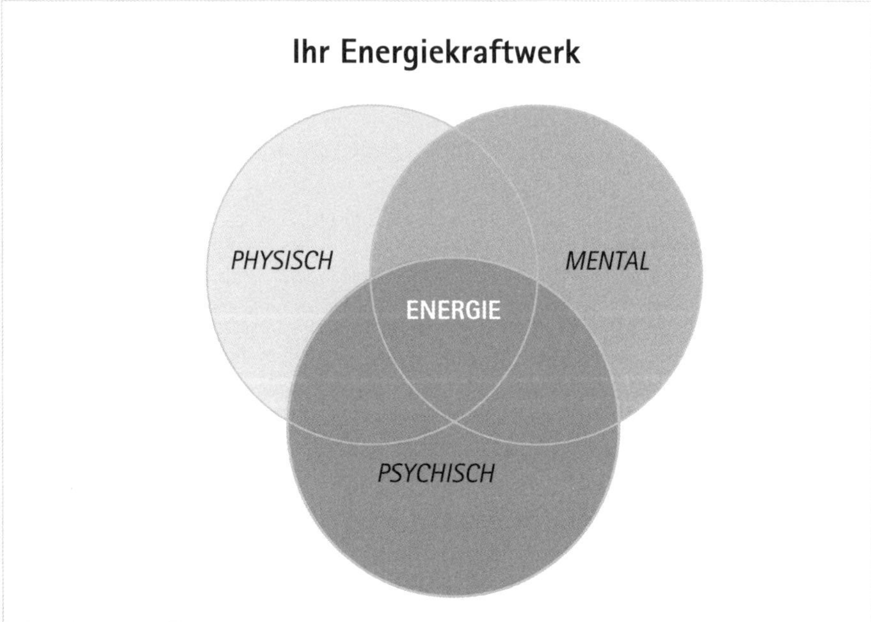

Ihr Energiekraftwerk

Physische Energie

Körperliche Energie entsteht aus dem Gefühl heraus, dass Sie sich wohl in Ihrer Haut fühlen. Einmal umgekehrt ausgedrückt, wenn Sie sich nicht wohl fühlen, sind Sie nicht in der Lage, Energie auszustrahlen. Menschen, die angeblich nur fünf Stunden Schlaf benötigen, erscheinen früher oder später nicht nur unglaubwürdig, sondern auch energielos, sei es weil ihre Aussage nicht stimmt oder weil sie sich mit dunklen Ringen unter den Augen an ihren Arbeitsplatz schleppen. Beides ist Charisma mehr als abträglich. Ein gesundes körperliches Energiemanagement ist die Grundlage jeglichen Charisma, denn Charisma ist zu einem nicht unwesentlichen Teil auf körperliche Energie angewiesen. Nun ist dies ein Buch über Charisma und nicht über körperliche Fitness, insofern überlasse ich es Ihnen und Ihrem gesunden Menschenverstand, wie Sie im Detail mit Ihrer physischen Energie umgehen. Als Faustregel jedoch gilt: ausreichend Schlaf, eine gute Ernährung und viel Bewegung sind die Grundelemente, genau wie eine gute Körperhaltung und Körperspannung. Stellen Sie sich zweimal am Tag bewusst aufrecht hin,

gehen Sie einige Schritte auf und ab und atmen Sie tief bis in den Bauch durch, bevor Sie anderen Menschen gegenübertreten. Achten Sie auf eine dauerhafte gute Körperspannung. Ein Bild mit hängenden Schultern und Kopf prägt sich bei anderen negativ ein.
Inszenieren Sie Ihre physische Fitness in Meetings. Richten Sie sich auf, setzen Sie sich gerade hin und halten Sie den Kopf mit gutem Blickkontakt oben. Ein ständiges Tippen auf Ihrem Blackberry trägt nicht dazu bei, Ihren charismatischen Ausdruck zu unterstützen, sondern erweckt eher den Eindruck, dass Sie völlig überlastet sind oder schlechte Mitarbeiter haben, die nicht in der Lage sind, sich zu kümmern. „Fleezen" Sie sich keinesfalls in Ihren Stuhl – mangelnde Manieren wirken allenfalls kindisch und arrogant, aber nicht charismatisch, ganz abgesehen davon, dass Ihnen dabei Ihre gesamte Dynamik und jegliche Beeinflussungsmöglichkeit abhandenkommt. Auch hier kann ich nicht oft genug sagen: Viele Menschen zeigen genau das Gegenteil – hier ist Ihre Chance, sich positiv abzugrenzen.

Mentale Energie
Problemlösungen finden, innovativ und kreativ denken, Kompetenz und Expertentum auf ungewöhnliche neue Arten einsetzen – das ist die mentale Energie des Charismas. Charismatische Menschen faszinieren durch ihre innovativen und fortschrittlichen Ideen. Ihre mentale Energie beruht auf der Qualität der Ideen, die sie präsentieren und auf der Art und Weise, wie sie sie präsentieren. Oftmals sind es ruhige und besonnene Menschen, die auf den ersten Blick gar nicht dynamisch wirken, die diese ungeheure mentale Energie besitzen.
Beeinflussen Sie die Qualität Ihrer Ideen, indem Sie lernen, querzudenken. Kreativworkshops, ein Besuch in der Oper oder Literatur aus völlig anderen Geschäftsbereichen als dem eigenen fördern Ihre Fähigkeit, anders zu denken und Verknüpfungen herzustellen, die andere nicht sehen.
Die Art und Weise, wie Sie Ihre Ideen präsentieren, spielt hier neben der physischen Energie eine Rolle. Ein Blatt Papier, auf dem Sie Ihre Idee festgehalten haben, eine Power-Point-Präsentation – sehen wir der Realität ins Gesicht: Nichts ist alltäglicher! Gestalten und inszenieren Sie Ihre Ideen – und manchmal ist die Verpackung einfach ein großer Teil der Inszenierung. Ein Senior Consultant eines großen PR-Unternehmens machte es auf einer Kundenpräsentation in der Pharmabranche vor. Er packte vier Reagenzgläser aus und platzierte sie gut sichtbar auf dem Präsentationspult. Neben die

Reagenzgläser stellte er einen Krug mit einer blauen Flüssigkeit. Er begann seine Präsentation mit den Worten: „Was kann klassische Printwerbung für Sie tun?", und während er erklärte, füllte er eines der Gläser zu einem Drittel mit der blauen Flüssigkeit (blaue Flüssigkeit in der Farbe des Kundenlogos). Dann fuhr er fort: „Was kann Marketing für Sie tun?" und füllte das zweite Glas zu einem Drittel. Sie können es sich denken, nach einem kurzen Exkurs in den Vertrieb kam er zum dritten Reagenzglas mit der Frage: „Was kann PR für Sie tun?" Am Ende der Präsentation schüttete er den Inhalt aller drei Reagenzgläser in das vierte Reagenzglas, das nun zu einhundert Prozent gefüllt war und schloss seine Präsentation mit den Worten: „Und das ist es, was wir für Sie tun können." Unnötig zu erwähnen, dass er die Herzen der Kunden im Sturm eroberte.

Fachkompetenz gepaart mit in Szene gesetzter mentaler und physischer Energie kann unwiderstehlich sein. Wenn Sie also Ihre nächste Präsentation oder einen Auftritt in einem Meeting planen, inszenieren Sie Ihre Ideen sorgfältig – auf jeder Energieebene. Es muss nicht so aufwändig sein wie die eben beschriebene Kundenpräsentation, jedoch ist ein wenig Show unabdingbar, um Ihren Gedanken den richtigen Rahmen zu geben.

Übungen

Sie waren am Vorabend in der Oper. Ziehen Sie einen Vergleich zwischen Ihrem Thema und dem Thema Oper.

Sie haben am Abend ein Fußballspiel gesehen. Erklären Sie Ihren Plan anhand des Vorgehens einer erfolgreichen Fußballmannschaft.

Ihre Ideen

1.

2.

3.

Es ist äußerst hilfreich, wenn Sie neben Ihrer Stimme, Ihrer Rhetorik, Ihrer Körpersprache und Ihren guten Ideen noch das ein oder andere künstlerische Handwerk beherrschen. Einen Cartoon zeichnen, schnell mit einer Matrix am Flipchart punkten, ein Ad-hoc-Brainstorming mit guter Struktur – alle zusätzlichen Fähigkeiten tragen dazu bei, Ihre mentale Energie in das richtige Licht zu setzen.

Psychische Energie

Charismatische Menschen erzeugen Wirkung durch ihren Enthusiasmus, ihre innere Ruhe und ihre Angstfreiheit. Ihre Art, psychische Energie zu zeigen, wirkt ansteckend und lässt andere Menschen Vertrauen fassen und Begeisterung erleben. Sie wissen es bereits: Psychische Energie entsteht aus einem professionellen Gefühlsmanagement. Wenn Sie Ärger, Frustrationen oder Angst ungefiltert auf sich wirken lassen, ist Ihr Energiehaushalt schnell am Ende. Sind Sie hingegen dazu in der Lage, jederzeit positive und ressourcenreiche Gefühle wie Freude, Begeisterung und Ruhe abrufen zu können, haben Sie Ihre Gefühle gut im Griff – sich selbst und Ihr Publikum ebenfalls. Lernen Sie, sich quasi auf Knopfdruck in einen positiven ressourcenreichen Zustand zu versetzen. Sobald Sie das Gefühl haben, dass Ängste oder Zögerlichkeit Ihr Tun bestimmen, sollten Sie wachsam werden. Ziehen Sie sich in solchen Momenten kurz zurück, um Ihre Energietanks in schwierigen Momenten wieder aufzuladen. Eine ausgezeichnete Methode, sich schnell wieder psychische Energie zu beschaffen, ist die Schubladen-Methode.

Die Schubladenmethode

Halten Sie einen Moment inne und rufen Sie sich Ihre Ängste und Bedenken ins Gedächtnis. Machen Sie eine schriftliche oder mentale Notiz, um sich zu gegebener Zeit mit den Problemen zu beschäftigen und legen Sie die Notiz in einem imaginären großen Schrank mit vielen kleinen Schubladen ab. Richten Sie sich auf, boxen Sie mit beiden Händen in die Luft oder ballen Sie sie kurz zur Faust (das können Sie in jedem Meeting tun). Gehen Sie nun geistig dorthin zurück, wo Ihre Entscheidung und Ihre Energie erwartet werden und kümmern Sie sich um das Problem, wenn es an der Reihe ist – nämlich dann, wenn Sie sich mit ihm beschäftigen wollen.

Energie – und wie Sie sie am besten verschwenden

Die meisten Menschen nutzen ihre Energie, um die „Ich muss"-Dinge in ihrem Leben zu erledigen.

„Ich muss erst dies machen, dann muss ich das machen, das sitzt mir im Nacken, ich kann erst dynamisch und entspannt agieren, wenn ...", so lauten die Ausreden, die große Teile der menschlichen Energie fressen. Große Teile Ihrer psychischen Energie gehen verloren, wenn Sie sich in Vermeidungsverhalten, Abwehrverhalten oder Zwangssituationen befinden – oder dem, was Sie dafür halten. Die meiste Energie verlieren Sie in Veränderungssituationen, aber auch Situationen mit großem Routinefaktor sind klassische Energiefresser. Als charismatischer Mensch können Sie es sich jedoch nicht leisten, Energie zu verlieren und der Diktatur des „Müssens" zu folgen, denn sie braucht Ihre mentalen und psychischen Ressourcen völlig auf und resultiert in Müdigkeit, Hilflosigkeit, Hoffnungslosigkeit und Ablehnungsgefühlen. Die Lösung: Kämpfen Sie nicht gegen Veränderung an (sie passiert in den meisten Fällen sowieso), sondern nutzen Sie diese aktiv für sich. Entdecken Sie durch Lernen neue Welten, gehen Sie an neue Situationen heran, indem Sie sie aufmerksam wahrnehmen und für sich definieren, was Sie daraus lernen und für sich nutzen können.

> Laden Sie Ihre Energiebatterie auf: Definieren Sie das „Ich muss" in ein „Ich will!" um. *Wollen ist pure Energie!*

Übung: Energiebatterie

Finden Sie drei Situationen, in denen Sie ein **Müssen** in ein **Wollen** umdenken können.

1. Von		in	
2. Von		in	
3. Von		in	

Stop – Zu viel an Energie!

Die Gefahr besteht nicht nur darin, zu wenig Energie auszustrahlen. Auch ein Zuviel an Energie kann eine äußerst demotivierende und negative Wirkung auf andere haben. Je nach Kulturkreis und Branchen wird ein Zuviel als Hektik und unnötige Betriebsamkeit ausgelegt. Schlimmer wird es noch, wenn das Publikum oder Ihre Mitarbeiter den Eindruck gewinnen, dass Druck auf sie ausgeübt wird oder werden soll. Charisma lebt von der Freiwilligkeit und dem ausdrücklichen Wunsch anderer Menschen, sich einer Meinung, einer Idee oder einem Ziel anzuschließen.

Spotlight – Energiehaushalt!

Verteilen Sie Ihre Energie so, dass Sie niemals in den Bereich des Energiemangels oder gar des Burnouts oder des Kurzschlusses kommen. Planen Sie bis ins Detail, in was, wen und wann Sie Ihre kostbare Energie investieren. Dazu gehört vor allem die Fähigkeit, Entscheidungen treffen zu können – die Sie zwar nach reiflicher Überlegung, aber trotzdem schnell treffen sollten. Ein ständiges hin und her Überlegen und Zögern ist die Verschwendung kostbarer Energie, genau wie das sinnlose Grübeln über schon getroffene Entscheidungen. Überprüfen Sie Ihren Energiehaushalt:

Niedriger Energiehaushalt

- Wenn Sie Aufgaben in Angriff nehmen, sehen Sie zuallererst die Probleme.
- Aufgaben, die problembeladen erscheinen, schieben Sie gerne und oft auf.
- Sie reagieren schnell mit Frustration, wenn Dinge nicht so laufen, wie Sie es sich vorgestellt haben.

- Kleine Randprobleme geraten schnell in den Hauptfokus und regen Sie auf.
- Sie kümmern sich erst um Ihre Gesundheit, wenn Sie ein Problem damit haben.
- Möglichkeiten und Chancen definieren Sie darüber, wie viel Einsatz Sie selbst zeigen müssen, um die Aufgabe zu erledigen.
- Den Tag zu überleben und einfach hinter sich zu bringen, gehört zu Ihren großen Zielen.

Hoher Energielevel

- Jeder Moment des Tages besteht aus Konzentration und Aktion – mit gesunden Pausen.
- Sie stellen sich allen Schwierigkeiten, denn Sie wissen, dass Sie über genügend Kraft und Reserven verfügen, um erfolgreich zu sein.
- Sie befinden sich in einer guten körperlichen Verfassung und tragen jeden Tag dazu bei, dass es so bleibt.
- Möglichkeiten und Chancen bewerten Sie nicht anhand der zu erbringenden Leistung, sondern aufgrund des zu erwartenden Resultats.
- Sie sind fest davon überzeugt, dass das Leben viel Gutes für Sie bereit hält und Sie es nur sehen und in Angriff nehmen müssen.

Energiegeladene Mitmenschen

Energie kann nicht verloren gehen. Wenn Sie Energie ausstrahlen, wirkt sie ansteckend auf andere Menschen. Fördern Sie die Umverteilung der Energienutzung aktiv bei Ihren Mitarbeitern, indem Sie nicht nur selbst einen hohen Energielevel vorleben, sondern aktiv zeigen, was es bedeutet, die eigene Energie richtig einzusetzen.

In Unternehmen: Schaffen Sie eine Umgebung, in der Ihre Mitarbeiter Energie gezielt verwalten und neu gewinnen können. Dazu gehört ein ausgewogenes Management der Herausforderungen und Probleme, denen Sie Ihre Mitarbeiter aussetzen. Aufgaben, die Potenziale fordern und fördern, aber nicht überfordern, sind bestens dazu geeignet, den positiven Umgang mit dem eigenen Energielevel zu erlernen. Sorgen Sie dafür, dass Sie wissen, wo jeder Ihrer Mitarbeiter persönlich steht und über welche Art der Energie er verfügt.

Persönliche Ausprägung – Energie –

Leidenschaft

Begeisterung ist der Motor, Verbissenheit die Bremse.
Rudolf Gametowitsch Nurejew

Das Streben nach dem Anderen

Was uns an allen charismatischen Menschen auffällt, ist ihr ständiges Streben nach etwas – nach Exzellenz, nach Wahrheit, nach Neuartigkeit, nach Trends, nach Wissen, nach Werten, nach Veränderungen, nach Resultaten, und, und, und ... .Wir könnten die Liste endlos fortführen. Fest steht, dass charismatische Charaktere niemals mit dem Status quo, dem momentanen Zustand, zufrieden sind – und wenn sie es sind, dann ist es nicht von Dauer. Sie sind ständig auf dem Weg, etwas Neues zu schaffen, etwas dazuzulernen und Bestehendes zu verbessern. Etwas so zu machen wie immer, statisches Denken und eine konventionelle Art und Weise des Herangehens an Dinge sind ihnen unerträglich. Die Dinge so hinzunehmen wie sie sind, ist ihnen fremd.

Es ist diese Eigenschaft, die manche auch Leidenschaft nennen, die Sie für sich analysieren und überdenken müssen. Besitzen Sie diese innere Unzufriedenheit mit den Dingen oder einem Ding dieser Welt? Treibt diese Unzufriedenheit Sie an, diese Dinge verändern zu wollen? Das Streben nach dem Anderen, dem Besseren ist der Motivator, der Ihr Charisma am Leben hält, der Ihnen die Kraft gibt, sich durchzusetzen und Erfolg zu haben. So wenig leidenschaftlich es auch klingen mag – wenn Sie eine Leidenschaft verfolgen, sollten Sie einen Plan zur Umsetzung machen. Leidenschaft ohne Ziel und Plan ist ein Hobby und nicht mehr, und keinesfalls dazu geeignet, andere mitzureißen und zu begeistern. Der britische Multimillionär Sir Richard Branson ist ein ausgezeichnetes Beispiel für Leidenschaft, für das Streben nach Neuem, nach dem Anderen – und für Pläne. Sprechen wir erst gar nicht von seinen Ballonfahrten oder seinem neuesten Projekt, dem Moonshuttle, mit dem er Touristen auf den Mond und zurück fliegen möchte. Bleiben wir bei seinen anderen Unternehmen. Branson gründete eine Mobilfunkgesellschaft, eine Airline, er besaß ein Plattenlabel, eine Cola- und Wodkamarke, eine Gesundheitsbank und vieles mehr. Nicht alle seiner Vorhaben klappten, wodurch sich Branson nicht beirren ließ, es aufs Neue versuchte und fast immer gewann. Worauf Branson immer höchsten Wert legte, war ein konkretes Ziel, ein realistischer Plan, gute Leute und eine motivierende Idee.

Im Sinne von Branson vorab einige Tipps:

- Um Ihr Ziel zu erreichen, müssen Sie den Weg dorthin genau definieren. Lassen Sie sich niemals einfach so dahintreiben.
- Wählen Sie die richtigen Menschen aus, die Sie auf dem Weg zur Zielerreichung begleiten sollen. Je mehr Menschen Sie involvieren und begeistern können, umso wahrscheinlicher wird Ihr Erfolg.
- Wählen Sie die Mittel aus, die Ihnen zur Verfügung stehen und finden Sie gegebenenfalls andere Mittel und Wege.
- Überprüfen Sie Ihre eigenen Charaktereigenschaften daraufhin, ob Sie selbst dazu geeignet sind, den Weg zu gehen oder ob Sie sich für Ihre eigenen Schwachstellen jemanden mit ins Boot holen.
- Überprüfen Sie Ihr Ziel auf Erreichbarkeit.
- Machen Sie einen exzellenten Plan.
- Zeigen Sie eine immens hohe innere Motivation und einen ausgeprägten Mut zum Risiko.

Ein exzellentes Beispiel für das geplante und zielorientierte Umsetzen einer Leidenschaft ist der deutsche Obstsaftproduzent Peter van Nahmen, den Sie in einem späteren Kapitel genauer kennenlernen werden. Van Nahmens Leidenschaft – Fruchtsäfte – führten ihn dazu, innerhalb weniger Jahre aus dem Nichts die bekannteste Premium-Saftkelterei Deutschlands zu formen. Ziel, Plan, ein guter Überblick über die eigenen Stärken, Fachkompetenz und Mut zum Risiko waren die Zutaten seines Erfolgs.

Ziel erreicht – was nun?

Die meisten Menschen fallen nach der Zielerreichung in die tägliche Routine zurück. Das neue Verhalten, die neuen Ideen sind integriert und nun geht man wieder zum gemütlichen Teil über. Das darf Ihnen nicht passieren. Wenn Sie den gewünschten Endzustand erreicht haben, muss es weitergehen. Verbesserungen, Innovationen, neue Ideen, neue Entdeckungen und auch neue oder alte kritische Stimmen Ihrer Weggefährten müssen Sie täglich umtreiben und von Ihnen verlangen, sie in die Realität umzusetzen. Eine der größten Gefahren für Ihr Charisma besteht darin, irgendwann zur Tagesordnung überzugehen.

Ein kritisches Wort zu Leidenschaften ...

Charisma wird in einem Atemzug mit dem Begriff der Leidenschaft genannt. Meist wird Aurelius Augustinus bemüht: *„In dir muss brennen, was du in anderen entzünden willst.“* Es ist richtig, dass Sie Ihr Thema, Ihr Anliegen mit Leidenschaft verfolgen und dass Sie anderen mit Begeisterung vermitteln können, warum das Thema so bedeutsam nicht nur für Sie, sondern für alle ist. Wir benötigen Leidenschaft, um uns selbst zu inspirieren und zu motivieren, um Hindernisse überwinden zu können, um uns weiterentwickeln zu können, um unsere Arbeit gerne zu verrichten. Leidenschaft schlägt aber allzu oft um in Besessenheit. Der kanadische Psychologe Robert Vallerand sieht zwei Arten von Leidenschaft.

„Harmonious Passion“, harmonische Leidenschaft, bezeichnet die Begeisterung, die Sie für eine Sache empfinden. Harmonious Passion befindet sich immer in einem harmonischen Verhältnis zu Ihren anderen Lebensbereichen. Sie lieben Ihre Arbeit, sitzen öfter auch einmal länger im Büro, aber Sie können sich auch von Ihrem neuesten Lieblingsprojekt trennen und sich mit anderen Dingen des Lebens beschäftigen, wie Familie, Freunde, Sport und was immer Ihnen sonst noch Freude bereitet oder zu Ihren Aufgaben gehört. Anders verhält es sich mit der zweiten Art von Leidenschaft, der „Obsessive Passion“, der Obsession. Wenn Sie an nichts anderes mehr denken können als an Ihr Projekt, wenn auch bei einem Opernbesuch nur eines durch Ihren Kopf wandert, wenn andere Bereiche des Lebens unter dieser Leidenschaft leiden und es zu Konflikten kommt, dann handelt es sich um eine äußerst ungesunde und gefährliche Form der Leidenschaft, die mit Charisma nichts mehr zu tun hat. Das große Problem ist nicht nur die eigene Abhängigkeit vom Gelingen des Projekts, sondern der völlige Realitätsverlust, der damit einhergeht. Obsessive Leidenschaft fordert schnell ihren Tribut. Die exzessive Beschäftigung mit dem wichtigen Thema wird von anderen als befremdlich wahrgenommen, Versuche, andere zu überzeugen, schlagen aufgrund einer verzweifelten Verbissenheit immer schneller fehl, Glaubwürdigkeit geht verloren und damit jegliche Chance auf eine charismatische Wirkung. Stellen Sie sicher, dass Ihr Thema, Ihre Idee, Ihre Passion niemals in den Bereich des Obsessiven abgleitet, denn der Einzige, der nach einiger Zeit noch brennt, sind Sie – und zwar lichterloh.

Stop – Leidenschaft!

Zu viel Leidenschaft kann Ihnen genauso das Genick brechen wie zu wenig Leidenschaft. Ein Zuviel stempelt Sie schnell als Eiferer ab, der egoistische Ziele verfolgt und über Leichen geht. Ein Zuwenig lässt Sie als Zauderer, Zweifler und absolutes Mittelmaß erscheinen. Finden Sie das richtige Maß.

Spotlight – Leidenschaft!

Finden Sie Ihre persönliche Leidenschaft – und stellen Sie sicher, dass sie auch die Leidenschaft anderer Menschen ist oder werden kann.

Übung: Leidenschaft

Notieren Sie fünf Themen, die Ihnen sehr wichtig sind und für die Sie Zeit, Kraft und Lernbereitschaft investieren wollen:

1.
2.
3.
4.
5.

Persönliche Ausprägung – Leidenschaft –

Zusammenfassung

Persönliche Autorität, Positionsmacht, die innere Einstellung, Ihre Kompetenz, Ihre Energie und Ihre Begeisterung sind verantwortlich für den Eindruck, den Sie als Persönlichkeit hinterlassen. Vernachlässigen Sie niemals eine dieser Komponenten, denn sie bilden Ihr psychologisches Kapital, in das Sie investieren müssen und hoffentlich auch wollen, um Ihr Charismapotenzial voll zur Geltung zu bringen.

Strategie 2: Man muss Menschen mögen

It takes two to tango.
Al Hoffman and Dick Manning

Man muss Menschen mögen. Charisma braucht Publikum, es braucht gute Beziehungen und ein genuines Interesse an anderen Menschen. Der Song „It takes two to tango“ von Al Hoffman und Dick Manning, am schönsten intoniert von Louis Armstrong, drückt aus, worum es sich bei Charisma dreht. „Hören” wir einen Moment hinein:

Hey Baby, how about this dance?
Why? 'cause it takes two to do this dance.
Takes two to tango,
two to tango,
two to really get the feeling of romance.
Let's do the tango,
do the tango,
do the dance of love.
You can sail on a ship by yourself,
take a nap or a nip by yourself.
You can get into debt on your own,
there's a lot of things that you can do alone.
But ...
Takes two to tango, two to tango.

Es gehören zwei dazu, um einen Tango tanzen zu können: Die Fähigkeit, mit anderen Menschen in eine ganz *besondere*, persönliche Verbindung zu treten, eine *romance* der ganz besonderen Art einzugehen, wie es im obigen Lied heißt, ist eine der Grundvoraussetzungen für Charisma. In der Psychologie auch als „Beziehungsphänomen“ bekannt, setzt Charisma auf eine authentische, verantwortliche und gleichzeitig begeisternde Kommunikation, die andere Menschen dazu veranlasst, Ihnen zu folgen, sich von Ihnen inspirieren, motivieren, schlichtweg, sich von Ihnen beeinflussen zu lassen. Stellen Sie sich also auf den Beginn einer Lovestory ein – mit Ihrem Publikum.

Eine Warnung vorab: Blender & Co.

Oft sind wir enttäuscht, wenn wir Personen nach einer beeindruckenden Rede hinter den Kulissen kennenlernen, wo sie so gar nicht dem Bild zu entsprechen scheinen, das sie soeben auf der Bühne abgegeben haben. Wir sind ent-täuscht, d. h. die Täuschung, der wir vorher unterlegen waren, ist nun nicht mehr vorhanden. Diese Enttäuschung rührt daher, dass wir während der Präsentation durchaus das Gefühl hatten, dass die Person dort oben nicht nur sich selbst präsentiert, sondern sich wirklich für uns und unsere Anliegen interessiert. Sie will nur unser Bestes, hat sie uns glaubhaft versichert. Gut eingeübt und perfekt in Szene gesetzt hat sie uns eine wünschenswerte Zukunft gemalt und das ein oder andere Versprechen gemacht. Nun streben wir dem Ausgang zu und da ist sie, die Person unserer Träume mit dem unglaublichen Charisma. Aber was ist passiert? Ihr Charisma scheint wie weggeblasen, der Mensch, der eben noch so strahlte, wirkt auf einmal wie ein eingebildeter, egoistischer Gockel.

Echtes Interesse: Man muss Menschen mögen

Man muss Menschen mögen, heißt es, und genau hier liegt der sprichwörtliche Hase im Pfeffer. Blender mögen nur sich selbst und ihre Idee – andere sind für sie pures Menschenmaterial, das nach Belieben und zur persönlichen Gewinnmaximierung manipuliert werden kann. Glücklicherweise enttarnen die meisten von uns diese Egomanen schnell – die Natur hat uns mit einer wunderbaren Sache ausgestattet, die Intuition heißt und die uns unbewusst erkennen lässt, dass mit manchen Menschen etwas „nicht stimmt". Anders formuliert, wir entdecken Unehrlichkeit anhand von verbalen und nonverbalen Signalen – vielleicht nicht auf der Bühne, aber in persönlichen Gesprächen und Situationen. Um die Sache auf den Punkt zu bringen: Wenn Sie andere Menschen nicht mögen, sie nicht wertschätzen können und ihnen nicht vertrauen wollen, sollten Sie die Finger von dem Streben nach Charisma lassen, denn in diesem Fall wäre es reine Zeitverschwendung.

Priorität: Beziehungen zu Menschen

People Skills, auf Deutsch mit Sozialkompetenz bezeichnet – die Fähigkeit, effektiv und authentisch mit anderen Menschen eine Beziehung aufbauen zu können und diese auch aufrechtzuerhalten, ist nicht für sich alleine Charisma zuzuordnen. Viele Menschen verfügen über ganz großartige Fähigkeiten im Umgang mit anderen. Sie schaffen es, innerhalb von Minuten „Rapport" aufzubauen oder eine gute „Chemie“ herzustellen. Viele sind ausgezeichnete Führungskräfte, die ihre Hausaufgaben gemacht haben und ihre Mitarbeiter mit Verve und Zutrauen führen, jede/r auf seine oder ihre Art. Was charismatische Menschen jedoch besonders macht, ist das Zusammenspiel ihrer Führungs- und Beeinflussungstechniken, die ich Ihnen in diesem Kapitel vorstellen möchte.

Charisma mit Potenzialerkennung

Vor über hundert Jahren dinierte eine junge Dame sowohl mit Benjamin Gladstone als auch mit Benjamin Disraeli, beides britische Politiker. Nach ihrem Eindruck befragt, erklärte sie, warum sie Benjamin Disraeli als weitaus beeindruckender empfand: „*When I dined with Mr. Gladstone, I felt as though he was the smartest man in England. But when I dined with Mr. Disraeli, I felt as though I was the smartest woman in England.*”

Making Stars

Was Benjamin Disraeli bei der uns nicht namentlich bekannten Dame anwendet, ist eine der Hauptbeeinflussungsstrategie des Charismas: *Making Stars*, das bedeutet, andere Menschen zu „Stars“ zu machen, ihnen zu vermitteln, dass sie und ihre Meinung wichtig sind und zählen, dass sie interessant und voller Potenzial sind. Charismatische Menschen stellen immer sich und ihr Anliegen in den Mittelpunkt, aber sie lassen genauso viel Raum für andere Menschen mit ihren Potenzialen, und genau darin liegt ihr Geheimnis.

Diese Strategie hat nichts mit platten Strategien wie Schmeicheln oder nach dem Mund Reden gemein. In dem Moment, in dem Sie es schaffen, anderen Menschen das Gefühl zu geben, etwas Sinnvolles und Außerordentliches zu einer Problemlösung, einem Ziel oder einer Herausforderung beitragen zu können, haben Sie es geschafft – Sie haben diese Menschen für sich gewonnen!. Diese besondere Art, mit anderen umzugehen, beruht darauf, dass Sie sich auf die Potenziale dieser Menschen konzentrieren.

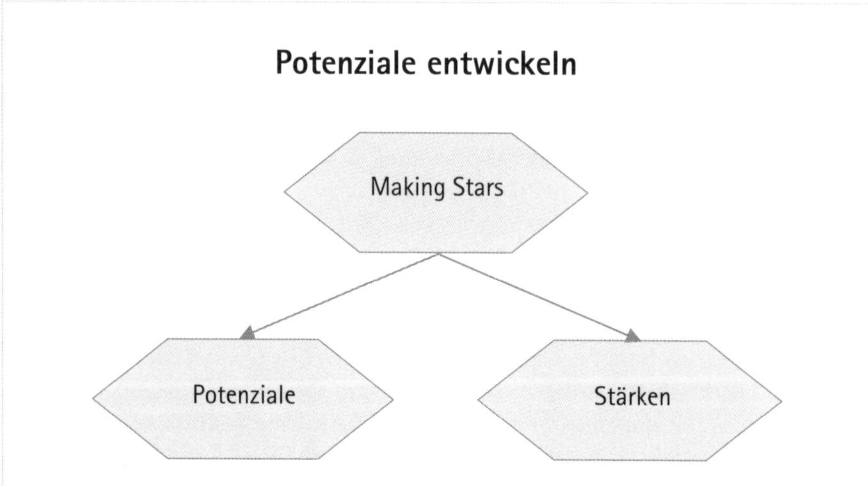

Potenziale entwickeln

Potenzial oder Stärke, das ist die Frage!

Die Stärken und Potenziale eines Menschen unterscheiden sich ganz wesentlich voneinander. Viele Menschen kennen ihre Stärken (auch wenn sie sie teilweise nicht benennen können) und setzen sie tagtäglich am Arbeitsplatz ein. Das Problem ist: Im Laufe der Zeit macht sich Routine breit. Das, was vormals Spaß gemacht hat und tagtäglich für Begeisterung und kleine Erfolge gesorgt hat, ist irgendwann zum Alltag geworden. Die eigenen Stärken begeistern nicht mehr. Sie werden oft zu Belastungen für die eigene Person, da sie immer und immer wieder eingesetzt werden und nichts Neues mehr passiert. Was Menschen bewegt und motiviert, sind nicht ihre lang bekannten Stärken und deren Einsatz, sondern ihre unbekannten oder ungenutzten Potenziale – und was sie besonders daran begeistert, ist, dass diese Potenziale von jemand anderem entdeckt und gefördert werden.

Sie wissen bereits, dass charismatische Menschen begierige, vorurteilsfreie Lerner sind, die andere um ihre Meinung bitten und zuhören können – nun ist es an der Zeit, dass Sie diese Fähigkeit der Potenzialentdeckung bei anderen Menschen auch gewinnbringend für sich selbst einsetzen.

Weiße Ritter

Was genau ist Potenzial, und was passiert, wenn Sie es anzapfen? Potenziale sind noch nicht abgerufene und untrainierte Stärken, die in jedem von uns schlummern. Sie sind das, was jeder Mensch gerne an sich weiter entwickeln möchte, sie sind das, von dem jeder Mensch sich wünscht, dass andere es erkennen und fördern. Potenziale sind so etwas wie schlafende Prinzessinnen, die sich wünschen, dass ein „white knight in shining armour", ein weißer Ritter in der glänzenden Rüstung aus dem Nichts auftaucht und ihr Leben verändert.

Was passiert, psychologisch gesehen, wenn Sie einem anderen Menschen eine eigene, spannende und bedeutungsvolle Meinung und ein ungenutztes Potenzial unterstellen und die Potenzialprinzessinnen wecken? Sie erzeugen Motivation, Sie erzeugen ein Erfolgserlebnis, Sie erzeugen Stolz, Sie erzeugen Begeisterung, Sie beeindrucken. Sie werden in den Augen der anderen zu einem weißen Ritter, denn Ihnen wird die Urheberschaft dieser positiven und inspirierenden Gefühle zugeschrieben. Diese Strategie können Sie sofort in die Tat umsetzen.

Beispiele: Fragen in Gesprächen

- „Was meinst Du/meinen Sie dazu?"
- „Was ist Ihre ganz persönliche Meinung dazu?"
- „Es interessiert mich sehr, was Du darüber denkst/Sie darüber denken, auch wenn es nicht Dein/Ihr Fachgebiet ist."
- „Was denkst Du/Sie über xxx, das ist ja Dein/Ihr Fachgebiet ..."
- „Wie würdest Du/würden Sie die Sache angehen?"

Lassen Sie die Meinung der anderen gelten und stellen Sie sie nicht infrage – sonst steigen Sie in eine Diskussion ein, die nichts mehr mit „Making Stars" zu tun hat. Greifen Sie die Meinung und Punkte des Anderen auf und fragen Sie nach:

Beispiel: Tiefergehende Frage im Gespräch

- „Das ist interessant, so habe ich das noch nicht betrachtet. Wie würden Sie das weiterverfolgen? Was wäre das Resultat?"

Für den privaten als auch für den beruflichen Bereich geeignet, verlangt dieses Verhalten Ihnen vor allem eines ab: dass Sie verantwortungsvoll, ethisch und positiv mit anderen Menschen und ihren Eigenheiten umgehen und ein echtes Interesse an ihrer Meinung und ihrer persönlicher Entwicklung besitzen. Schmeichelei und ein nicht authentisches Verhalten tragen dazu bei, dass Sie Ihren guten Ruf schnell verlieren.

Wer kann was? Stars im Team

Nichts begeistert Menschen stärker als ihr eigener Fortschritt.
Klaus Doppler

Um (Mitarbeiter)potenziale heben zu können, eignen sich Beobachtung und persönliche Gespräche. Im Alltag mag Ihnen vielleicht oft die Zeit fehlen, sich intensiver mit den Potenzialen Ihrer Mitarbeiter zu beschäftigen. Was Führungskräften im Allgemeinen auffällt, sind leider nur die Fehler, die passieren. Denken Sie um und beobachten Sie Ihre Mitarbeiter in Meetings, beim Kunden, im Umgang mit anderen. Notieren Sie sich positive, effektive Verhaltensweisen, von denen Sie glauben, dass sie weiterentwickelt werden sollten. Falls Sie diese Zeit wirklich nicht haben, weil Sie vielleicht in einem anderen Büro sitzen, führen Sie persönliche Gespräche, in denen Sie danach fragen, was Ihre Mitarbeiter gerne tun möchten, auch wenn sie die nötigen Skills noch nicht beherrschen. Versäumen Sie es im Nachhinein auf gar keinen Fall, Gelegenheiten zu finden, in denen Sie Ihre Mitarbeiter potenzialgerecht einsetzen können. Charisma lebt von Taten, nicht vom Reden. Zögern Sie nicht, in einem persönlichen Gespräch zu fragen, ob der Mitarbeiter sich dazu in der Lage sieht, an einem Projekt in einer Funktion mitzuarbeiten, die bisher nicht sein absolutes Fachgebiet war, wo Sie aber Potenziale bei ihm oder ihr sehen. Wenn Sie ein „Ja“ bekommen, klären Sie die Rahmenbedingungen – der Umgang mit Fehlern oder das Setzen von Milestones – und sagen Ihre Unterstützung zu.

Beipiel-Formulierungen

- „Ich habe beobachtet, dass Sie sich beim Kunden sehr gut argumentativ in Szene gesetzt haben – ich weiß, dass Sie im Back Office arbeiten und nur ab und an als Vertretung mit zum Kunden gehen – aber könnten Sie sich vorstellen ...?"

- „Der Abteilungsleiter Finanzen war ziemlich beindruckt von Deinem letzten Report – ich frage mich, ob wir Deine Fähigkeiten in dem Bereich nicht noch ausbauen können. Was ist Deine Meinung?"
- „Ich würde gerne Ihre ganz persönliche Meinung zu dem Thema hören. Ich weiß, dass es nicht Ihr Fachgebiet ist, aber ..."
- Meiden Sie Formulierungen, die nicht ehrlich gemeint sind oder Druck ausüben, à la: „Komm, ich weiß Du kannst es", „Streng Dich an und Du wirst es schaffen", „Du wolltest es doch, dann mach es auch".

Yes, you can

Wenn Ihr Mitarbeiter einwilligt, einen oder mehrere Schritte in Richtung Potenzialentwicklung zu tun, ist es an Ihnen, ihm Ihr Vertrauen auszusprechen und klar zu stellen, dass Sie zuversichtlich sind, dass die Aufgabe gelöst wird. Üben Sie keinesfalls Druck aus und hüten Sie sich vor Allgemeinfloskeln wie „Na dann mal los, mal sehen, was rauskommt“ oder ähnlich sinnlosen Aussagen. Bieten Sie Ihre Unterstützung an. Formulieren Sie Ihre Ermutigung und Zuversicht, indem Sie auf vorhergegangene Erfolge zurückblicken und Ihr Vertrauen darin äußern, dass die bereits erworbenen Fähigkeiten und Fertigkeiten der Mitarbeiter sie darin unterstützen werden, eine gute Leistung zu erbringen. Sorgen Sie dafür, dass Ihre Mitarbeiter ein Erfolgserlebnis einfahren können. Es ist Ihre Verantwortung, Mitarbeiter erfolgreich zu machen – Sie erinnern sich: It takes two to tango und Erfolg hat immer zwei Väter (oder Mütter). Wenn Sie *Making Stars* erfolgreich einsetzen, erreichen Sie damit, dass

- das Commitment steigt,
- die Freude an der Arbeit zurückkehrt,
- die Kompetenzen der Mitarbeiter sich wie von selbst erweitern und verbessern,
- Motivation und Initiative Einzug halten,
- Zuversicht und Optimismus den Alltag beherrschen und
- Sie als Verursacher der Potenzialerweiterung und der Motivation ein Stückchen mehr Charisma attestiert bekommen.

Zum Abschluss noch einmal Benjamin Disraeli: *Sprich zu den Menschen über sie selbst, und sie werden dir stundenlang zuhören.*

Stop – Potenziale!

Die Konzentration auf Potenziale kann negative Folgen haben, wenn Sie andere über- oder unterschätzen. Wenn Sie beginnen, Mitarbeiter nach ihren Potenzialen zu fragen und einzusetzen, sollten Sie sehr genau darauf achten, dass Sie einen konstruktiven Umgang mit Fehlern pflegen, denn diese werden passieren. Wählen Sie Projekte so aus, dass sie auf jeden Fall erfolgreich sein werden. Auch eine Unterforderung hat negative Folgen – Ihre Mitarbeiter schreiten hochmotiviert und begeistert zur Tat, nur um festzustellen, dass die Aufgabe keine wirkliche Herausforderung ist. So zerstören Sie mehr, als Sie gewinnen.

Spotlight – Potenzial

- Fragen Sie Mitarbeiter nach ihren ungenutzten Potenzialen.
- Setzen Sie Mitarbeiter gemäß ihrer Potenziale ein.
- Vergessen Sie die Stärken nicht.

Übung: Potenzial

Sprechen Sie mit drei Personen aus Ihrem Umfeld über ihre ungenutzten Potenziale. Fragen Sie nach, was passieren muss, damit sie diese einsetzen können.

1.

2.

3.

Persönliche Ausprägung – Potenzial –

Empowerment

Surround yourself with the best people you can find,
delegate authority and don't interfere.
Ronald Reagan

Empowerment – die große Schwester der Delegation

Für viele Charismaforscher ist Empowerment die Nr. 1 Strategie des Charismas. In einen Satz gefasst bedeutet Empowerment, die eigene Macht und Verantwortung über und für Aufgaben, Kompetenzen und Ressourcen mit anderen (Mitarbeitern, Team, Partnern) zu teilen. Das klingt auf den ersten Blick nicht sonderlich charismatisch – *Betroffene zu Beteiligten machen* haben wir schon oft gehört. Dennoch ist die Strategie äußerst erfolgreich, denn sie setzt an einem wunden Punkt unserer menschlichen Psyche an – dem Verhältnis von Macht und Ohnmacht. Es gibt wenig Gefühle, die uns Menschen so sehr leiden lassen wie das Gefühl der Ohnmacht, das Gefühl, nichts bewirken zu können, egal wie hart wir arbeiten oder wie sehr wir uns einsetzen. Unsere eigenen Stärken erscheinen uns sinnlos, wir fühlen uns als Opfer, ganz gleich, ob es sich um den Job oder unser Privatleben handelt. Empowerment steuert diesem Gefühl entgegen, denn es dient dazu, die Ohnmacht zu beseitigen und Menschen aus der Opferrolle wieder in die Gestalterrolle zu führen. Ich selbst konnte die Macht des Empowerment hautnah erleben, als ich in den 1980ern für die Hotelgruppe Intercontinental Hotels in den USA tätig war. Intercontinental gehörte damals zu SAS, der skandinavischen Fluggesellschaft, deren charismatischer Frontmann Jan Carlzon ein großer Verfechter des Empowerment war. Carlzon verlangte von jedem Mitarbeiter, Verantwortung für sich selbst und sein Tun zu übernehmen, und er machte es zu einer Art Gesetz für Führungskräfte, den eigenen Mitarbeitern den Raum und die Eigenverantwortung zur Gestaltung eines sinnvollen und erfüllenden Arbeitslebens zu geben. Eine Strategie bestand darin, dass alle Führungskräfte gemeinsam mit ihrem jeweiligen Team Ziele für das kommende Jahr definierten – die Ziele wurden von den Teammitgliedern entwickelt, genau wie die Maßnahmen, die zur Zielerreichung führten sollten und eine persönliche Verantwortung eines jeden beinhalteten als auch eine Teamverantwortung. Mein Team wählte damals das Ziel „Respekt im Umgang mit anderen" für sich aus. Respekt im Umgang mit den Kunden, in der Kommunikation mit den Kollegen, messbar gemacht durch Bewertungen von Kunden und Kollegen, wurde zu einem regelrechten Mantra im Team. Das Team stellte eigene Regeln zum Umgang mit anderen und auch für den Umgang miteinander auf, vereinbarte monatliche Treffen zum Thema, um die Erfolge und den Zielkurs zu überprüfen, die Teamkollegen begannen, sich bei schwierigen Gesprächen gegenseitig zu unterstützen und zu coachen. Nach einem Jahr war es soweit: Auf der Mitarbeiterjahresversammlung stellten alle Teams ihr Ziel vor und berichteten über den Weg zur Zielerreichung (oder auch darüber, warum sie ihr Ziel nicht erreicht hatten). Mein Team gewann einen Preis für die phänomenale Umsetzung seines Ziels – vier Tage im Schwesterhotel auf Hawaii inklusive Flug.

Wenn man Empowerment in ein deutsches Wort fassen müsste, kommt wohl der Begriff der Eigenverantwortung am nächsten. Eigenverantwortung für selbstgewählte Ziele und den Raum, diese auch in völliger Eigenverantwortung verfolgen und erreichen zu können, löst eine ungeheure Motivation aus. Die Menschen, die anderen diese Eigenverantwortung übertragen und auch die Fehler zulassen, die innerhalb solcher Prozesse entstehen, haben meist charismatische Züge, denn ihnen wird gedankt, dass sie anderen die Möglichkeit zu Stolz, Erfolg und einem sinnerfüllten Projekt geben.

Empowerment spielt auch in mancher Hollywood-Serie eine Rolle, so besonders beim A-Team. Es gibt kaum eine Folge, in der das Team um Hannibal die bösen Buben alleine zur Strecke bringt. Die Betroffenen, die unter einer ausweglosen Situation und einer empfundenen Ohnmacht leiden, werden vom A-Team selbst mit eingespannt und tragen mit ihren Stärken und Potenzialen zum Gesamterfolg bei. Wenn das A-Team geht, hinterlässt es das Gefühl, dass die Betroffenen nun stark genug sind, um sich selbst helfen zu können. Der Hintergrund ist folgender: Durch die Übertragung von Kompetenzen, Verantwortung und Macht versetzen Sie andere einerseits in die Lage, ihre Erfahrung, ihre Lernbereitschaft und ihre Stärken einsetzen zu können, auf der anderen Seite beteiligen Sie sie an einem großen Ganzen, an einer Aufgabe, die nur durch Teamplay und durch die Ausnutzung der eigenen Potenziale zu erreichen ist. Psychologisch gesehen kreieren Sie so durch Empowerment bei anderen das Gefühl, dass *sie* die Kontrolle über ihr Leben und ihren Job besitzen, und es gibt wenig Dinge im Leben eines Menschen, die eine größere Rolle spielen als ein hoher Grad an Selbstbestimmtheit. Ganz gleich, ob Sie Ihrer gerade volljährig gewordenen Tochter die Studentenwohnung nur ein paar Meter von Ihrem eigenen Haus

entfernt finanzieren und ihr so die Möglichkeit geben, die volle Kontrolle und Verantwortung über ihr Leben zu haben, oder ob Sie Ihrem Team die Verantwortung über eine neue PR-Kampagne übertragen – Selbstbestimmtheit, Handlungsspielraum und Eigenverantwortung sind die Zauberworte, die ungeahnte Kräfte freisetzen.
Sir Richard Branson, der britische Selfmademillionär, ist ein Musterbeispiel für den erfolgreichen Einsatz der Empowermenttechnik. Sobald eines seiner Teams die magische Zahl 20 überschreitet, gliedert er es als eigenes Unternehmen aus. Das Team erhält ein eigenes Büro (auf einem Londoner Hausboot oder in einem kleinen eigenen Bürotrakt weit weg von den anderen) und die volle Verantwortung für Gewinn und Verlust, natürlich mit voller Unterstützung Bransons, der zudem eine ausgezeichnete Fehlerkultur pflegt. Es gibt aber nicht nur diese Art des Empowerment, wie wir im Folgenden sehen werden.

Empowerment mal drei

Um Empowerment in Ihrem Team oder Unternehmen umzusetzen, bieten sich drei Arten des Empowerment an.

1. Empowermentstrategie: Echte Werte
2. Empowermentstrategie: Eliminierung von D's (Demotivatoren)
3. Empowermentstrategie: Erstklassige Erfolge

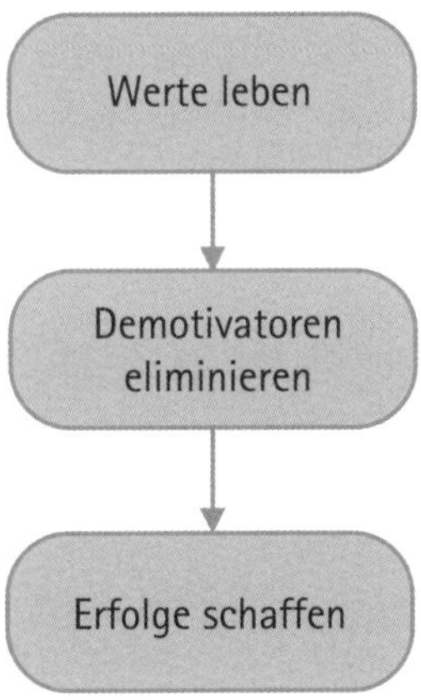

Empowerment

Empowerment durch echte Werte

Empowerment kann auch durch die indirekte Übertragung von Verantwortung erfolgen. Ein gutes Beispiel dafür ist Anita Roddick, die Begründerin des Kosmetikkonzerns Body Shop. Roddick besaß das Ziel, die Welt ein wenig besser machen zu wollen und andere (ihre Mitarbeiter und ihre Kunden) dabei zu involvieren. Als eines der wenigen Kosmetikunternehmen der Welt verweigerte sie sich Tierversuchen und unterstützte Initiativen in armen Ländern der Welt, indem sie dort die Inhaltsstoffe ihrer Produkte anbauen ließ. Für ihre Mitarbeiter als auch für ihre Kunden war es einfach, sich mit ihren Werten, mit Roddick selbst als auch den Produkten zu identifizieren. Ihre Motivation stammte aus der Möglichkeit, durch ihre Arbeit oder den Kauf des Produkts mithelfen zu können, Ressourcen zu schonen und andere Menschen zu unterstützen. Sie konnten durch ihre Arbeit an etwas teilhaben, das größer war als sie selbst – Roddick gab ihnen die Macht, die Welt verändern zu können, indem sie Roddicks Produkte verkauften bzw. kauften.

Nun sind wir persönlich nicht immer dazu in der Lage, die strategische Ausrichtung und die Werte unseres Unternehmens zu ändern, es sei denn, wir sind die Gründer oder die Geschäftsführer desselben. Sie können diese Art von Empowerment jedoch auch im Kleinen umsetzen, indem Sie sich gemeinsam mit Ihrem Team bestimmten Werten verpflichten, die alle für erstrebenswert halten, z. B. dem Wert *Respekt* oder dem Wert *Wissen teilen*. Ihr Ziel kann sein, durch die Einhaltung dieser Werte das beste Team in Ihrer Branche zu werden oder ein besonders schwieriges Projekt erfolgreich abzuschließen, denn es ist wissenschaftlich nachgewiesen, dass ein positiver respektvoller Umgang im Team die Leistung um ein Vielfaches erhöht.

Die Vorgehensweise ist immer die gleiche:

- Wählen Sie einen Wert oder ein Ziel aus, den/das die meisten teilen.
- Sprechen Sie mit allen über diesen Wert/das Ziel.
- Beschließen Sie gemeinsam Maßnahmen, wie das Ziel zu erreichen/der Wert zu leben ist. Dabei bestimmt Ihr Team, wie die Maßnahmen aussehen und übernimmt die volle Verantwortung dafür.
- Stellen Sie sicher, dass jeder Mitarbeiter bereit ist, die Verantwortung und die daraus resultierende Macht auch anzunehmen und für sich selbst sinnvoll zu nutzen.

Folgende Ansprache zu einem werteorientierten Umgang miteinander konnte ich vor kurzem in einem Meeting erleben. Die Teamleiterin stellte sich vor ihr 14-köpfiges Team und kam zur Sache:

> „Ich möchte zum Ende des Meetings noch zu einem ganz besonderen Punkt kommen. Wir alle haben uns in den vergangenen Monaten darüber beklagt, dass der Umgangston im Team sehr rau geworden ist. Wir bemerken es im harschen Umgangston miteinander, wir sehen keine fröhlichen Gesichter mehr, wir scheinen keine Freude mehr an unserer Arbeit und diesem Team zu haben. Ihr alle möchtet, dass es anders wird, so wie früher, das habt Ihr mir in Einzelgesprächen gesagt und auch durch Eure Bemerkungen kundgetan. Ihr habt mir gesagt, dass Euch ein guter Ton und eine gute Stimmung wichtig sind. Nun frage ich mich: Was haben wir früher richtig gemacht und was machen wir heute falsch? Manche von Euch sagen, dass es die steigende Arbeitsbelastung ist. Sicher beeinflusst uns das. Aber sollen wir es zulassen, dass etwas von außen uns, unser Team, unseren Zusammenhalt und unsere Leistung beeinflusst? Ich sage nein, denn ich glaube fest daran, dass wir die Herrscher dieses Teams sind und nicht Dinge, die von außen an uns herangetragen werden. Es liegt an uns, unseren Umgangston zu verändern und unsere gute Stimmung wiederzufinden. Mein Motto ab heute heißt: Spaß haben bei der Arbeit und einen guten Umgang mit allen pflegen. Wie sieht Eure Entscheidung aus? Spaß oder Krampf? Wenn Ihr Euch für Spaß entscheidet, dann schlage ich vor, legen wir sofort los und definieren nun gemeinsam, wie wir zu unserer vorherigen Form zurückfinden."

Empowerment durch Minimierung von Demotivatoren

Eine weitere Möglichkeit des Empowerment ist die Abschaffung von allem, was Ohnmacht und Resignation entstehen lässt. Verändern Sie alles, was Ihr Team von außen, aus dem Umfeld heraus, demotiviert. Dazu zählen alle Situationen und Umstände, die zu einer gefühlten oder tatsächlichen Machtlosigkeit der Mitarbeiter führen. Einige klassische Situationen sind:

Beispiele: Demotivatoren

- Ungerechtigkeiten (ungleiche Arbeitsverteilung, Bevorzugung)
- Übergriffe von außen (andere Teamleiter oder Vorgesetzte greifen ins Teamgeschehen ein)
- mangelnde Anerkennung durch Vorgesetzte
- wenig Verfügungsmacht über Ressourcen
- sinnlose bürokratische Vorschriften
- Routineaufgaben ohne Lernpotenzial
- stark hierarchische Organisationsstruktur (kein Zugang zur Chefetage oder anderen Vorgesetzten)

Wenn Sie solche Situationen auflösen, schaffen Sie sich einen charismatischen Bonus. Daher gilt:

- Überprüfen Sie die Arbeitsbelastungen der Einzelnen.
- Überprüfen Sie, ob Sie selbst Mitarbeiter bevorzugen, wenn es um besonders attraktive Aufgaben oder Urlaub etc. geht und schaffen Sie ein Gleichgewicht.
- Berichten Sie Ihren Vorgesetzten von den guten Leistungen Ihres Teams und bitten Sie sie, dies auch gelegentlich vor dem Team zu äußern.

Ab und zu lohnt sich ein Kampf gegen die Bürokratie, den Sie aber gewinnen sollten. Indem Sie Ihr Team verteidigen und Demotivatoren sukzessive abschaffen, erreichen Sie die Anerkennung, die Sie benötigen, um – in Kombination mit anderen Strategien und Techniken – eine charismatische Aura für sich zu schaffen.

Empowerment durch Erfolgserlebnisse

Dies ist die wohl effektivste und am schnellsten umzusetzende Art und Weise, Empowerment strategisch einzusetzen. Ihre Aufgabe dabei ist: Erfolgserlebnisse schaffen! Erfolgserlebnisse erzeugen das Gefühl der Selbstwirksamkeit. Selbstwirksamkeit ist eine unserer stärksten Motivatoren, denn sie gibt uns Kraft, Energie, Selbstbewusstsein und Selbstwertgefühl.

> *Selbstwirksamkeit* ist die starke persönliche Überzeugung, dass man in einer herausfordernden oder kritischen Situation über die individuellen Stärken und geeigneten Methoden verfügt, um diese Situation lösen zu können, und ist immer begleitet von starken Gefühlen der Begeisterung und der Motivation.

Empowerment durch Erfolgserlebnisse setzt vor allen Dingen voraus, dass Sie die Stärken Ihrer einzelnen Mitarbeiter kennen. Niemand wird auf einem Gebiet erfolgreich sein, wenn er keine Ahnung von der Materie hat und ihm die Methoden oder die Ressourcen fehlen. Es ist Ihre Aufgabe, dafür zu sorgen, dass Sie Ihre Mitarbeiter gemäß ihrer Stärken einsetzen, aber auch Potenziale mit einbinden. Nichts ist langweiliger als Routinearbeiten, denken Sie immer daran. Routineaufgaben müssen erledigt werden, aber nicht immer von derselben Person auf dieselbe Art und Weise. Beginnen Sie mit kleineren Aufgaben, um die Selbstwirksamkeit langsam und stetig aufzubauen. Sie fördern Erfolgserlebnisse bei Ihren Mitarbeitern, indem Sie

- ihnen neue, aber erreichbare Ziele setzen,
- ihnen zeitgleich fachspezifische Trainings (Fachkompetenz, Führungskompetenz, Projektleitungskompetenzen etc.) zukommen lassen,
- eine langsame Steigerung der Verantwortung mit einem daraus resultierenden *Erfolgserlebnis* als Ziel ins Auge fassen,
- ihnen ein ehrliches und motivierendes Feedback zukommen lassen,
- ihnen die Möglichkeit geben, ihre Erfolge selbst vor der Geschäftsleitung zu präsentieren,
- Werbung für Ihr Team machen, wo es nur geht,
- Erfolge mit dem Team feiern,
- eine konstruktive Fehlerkultur betreiben,
- Ihre persönliche Unterstützung zusagen.

Empowerment und Charisma

Ihnen selbst wird durch die Technik des Empowerment wiederum ein Stück Charisma zugeschrieben, denn Sie drücken Ihre Wertschätzung und Vertrauen in andere aus, Sie sind der Grund dafür, dass andere nicht mehr einer willkürlichen Aufteilung der Aufgaben unterworfen sind, sondern Stolz empfinden, an etwas mitarbeiten zu können. Sie sind der Grund dafür, dass alle anderen ihre Kompetenzen und Stärken einsetzen können, Sie sind der Grund dafür, dass ein Team nun wirklich als Team arbeitet und die einzelnen nicht nur sinnentleerte Teilaufgaben übernehmen. Sie haben anderen Macht gegeben und die Ohnmacht der Willkür beseitigt. Das wird Ihnen tausendfach gedankt.

Stop – Empowerment!

Empowerment ist in manchen Unternehmen Managementstrategie und nicht unbedingt mit Charisma verbunden. Empowerment ist ein machtvolles Tool und es verlangt einen starken Charakter. Eine Führungskraft, die den Machtverlust fürchtet, die die Abgabe von Macht als temporäre und willkürliche Handlung vollzieht und nach wie vor streng autoritär führt, wird weder dem Instrument Empowerment gerecht noch ihrer Aufgabe als Führungskraft.

Spotlight – Bauen Sie eine Empowerment-Kultur auf!

- Betonen Sie Werte – sie stellen eine Richtlinie für jeden dar.
- Legen Sie Wert auf Commitment, auf Zusammenarbeit und auf gemeinsame Ziele.
- Entwickeln Sie eine Kultur, in der jede/r Einzelne sowie das Team stolz auf seine/ihre Leistung ist/sind.
- Fördern Sie Problemlösungen aus dem Team.
- Schlagen Sie Ihre Mitarbeiter für Beförderungen vor und berichten Sie HR über die Skills Ihrer Mitarbeiter.
- Legen Sie Wert darauf, dass Ihr Team immer ein Ohr am Markt hat und neueste Entwicklungen zeitnah erfährt.
- Gestalten Sie Kundenkontakte für Ihr Team.
- Gestalten Sie die tägliche Arbeit:
  - Fördern Sie die Entwicklung von neuen Fertigkeiten, indem Sie nicht nur Spezialisten an bestimmten Aufträgen und Aufgaben arbeiten lassen.
  - Fördern Sie die selbstbestimmte Arbeit des Einzelnen und des Teams.
  - Gemeinsam entwerfen und dann gemeinsam ausführen motiviert – sorgen Sie dafür, dass es Möglichkeiten gibt, die nicht nur mit einem der beiden Vorgänge zu tun haben.
  - Übergeben Sie die Verantwortung für Qualität an Ihre Mitarbeiter.

Übung

Überprüfen Sie Ihre eigene Einstellung auf folgende Aussagen hin.	Ja	Nein
1. Meine Mitarbeiter sind ein wertvoller Bestandteil des Unternehmens.	☐	☐
2. Meine Mitarbeiter sind einzigartig, talentiert und besitzen ein großes Potenzial.	☐	☐
3. Meine Mitarbeiter sind stolz auf ihre Leistung.	☐	☐
4. Meine Mitarbeiter wollen für ihre Leistungen anerkannt werden und über einen Teil ihres Arbeitsbereichs selbst entscheiden.	☐	☐
5. Meine Mitarbeiter wollen an Entscheidungen teilhaben und zum Unternehmenserfolg beitragen.	☐	☐

Persönliche Ausprägung – Empowerment –

Die Macht des Wir-Gefühls

Elf Freunde müsst ihr sein.
Sammy Drechsel

Ob George Clooney und Brad Pitt mit ihrem Team in Ocean's Eleven, Richard Bransons Erfolgsteams bei Virgin, die Entwicklerteams in vielen Bereichen der neuen Medien, die Gruppe, die zusammen zehn Kilo abspecken möchte oder die Fußballnationalmannschaft – Gruppenzugehörigkeit und ein Wir-Gefühl begeistern uns Menschen. „Einer für alle, alle für einen", lautet der Schlachtruf der drei Musketiere in Alexandre Dumas gleichlautendem Roman. Ob aus Spieltrieb wie im Fußball, Geldmangel wie in vielen kriminellen Vereinigungen, Unzufriedenheit wie in vielen Umbruchländern dieser Welt oder ob aufgrund lokaler Belange wie im Rodenkirchener Unternehmerinnenstammtisch aus dem Kölner Süden oder einer guten Sache wegen bei temporären Aktionen: es gibt immer ein Ziel und einen Anführer oder einen Initiator, der Gruppen zusammenbringt und zusammenhält, und das nicht nur im Film. Dieser Initiator besitzt manchmal, Sie ahnen es schon, charismatische Züge, und zwar immer dann, wenn die Gruppe ein starkes Wir-Gefühl verbindet.

Und tatsächlich ist es wissenschaftlich belegt, dass charismatische Menschen mit einer bemerkenswerten Leichtigkeit ein Wir-Gefühl in Gruppen herstellen können, sei es in einem Vereinsteam, einem Unternehmensteam oder bei einem Vortrag mit einer großen Gruppe völlig unbekannter Menschen.
Das Wir-Gefühl, die gemeinsame Identität, gemeinsame Ziele sind grundlegend für motivierte und inspirierte Zuhörer. Wenn Sie Ihr gesamtes Publikum davon überzeugt haben, dass Sie und Ihr Anliegen gut – besser – am besten sind, und alle Ihre Meinung teilen, verfügen Sie über einen sehr starken Hebel – den Hebel der Gruppe als Meinungsmacher. Psychologisch gesehen färbt die Meinung der Mehrheit immer auf andere ab, und zwar so stark, dass diese bereit sind, ihre eigene Wahrnehmung zu Gunsten der Mehrheit zu verändern. Die Gruppenmeinung zählt und die eigene Wahrnehmung wird korrigiert, sprich: Wenn die Mehrheit eine Sache erstrebenswert findet, so schließen sich die meisten anderen der Meinung an, denn die Gruppe kann nicht irren.
Eine weitere psychologische Gegebenheit kommt dazu. Wir alle sind gerne Teil von etwas, wir lieben es „dazuzugehören". Ob Millionärsmesse, Club Med, unser lokaler Fußballverein oder unser Team im Büro – gemeinsame Ziele, gemeinsame Identität bieten Sicherheit und Orientierung. Im psychologischen Fachjargon auch „kollektive Identität" genannt, ist das Wir-Gefühl ein äußerst potentes Mittel, um Menschen zu bewegen und zu beeinflussen.

Exkurs: Die Gruppenidentität

Sie erlauben mir an dieser Stelle einen kleinen Exkurs in das Thema der Gruppenidentität. Gemeinsame Identität bedeutet, dass Individuen ein Zugehörigkeitsgefühl zu einer bestimmten Gruppe, einem Team, einem Unternehmen oder auch zu einer Idee entwickeln. So wie wir alle zu einer Kultur und einem Land gehören und mit den dazugehörigen Menschen eine kollektive Identität teilen, gehören wir auch zu kleineren Gruppen, mit denen wir die Normen, Werte, Ansichten und Regeln teilen. Dies sind Teams an unserem Arbeitsplatz, vielleicht das Sportteam, der Fußballclub, die Familie oder die Freundesclique. Geteilte Identitäten entstehen, wenn wir uns einer Gruppe aufgrund ihrer Herkunft (Familie, gleicher Ort), ihrer Werte (z. B. Hilfsbereitschaft, Loyalität) oder Normen (z. B. wir machen erst Pause, wenn der Job erledigt ist) zugehörig fühlen.

Die Normen und Werte werden zumeist in der Gruppe „ausgehandelt“, woraufhin sich alle Mitglieder verpflichten, die Werte zu verteidigen und sich entsprechend zu verhalten. Die Teamwerte vermitteln Zugehörigkeit, Geborgenheit und Sicherheit. Vor allem können sie einen unglaublichen Stolz, besonders im Erfolgsfall, vermitteln, wie alle Deutschen bei der letzten Fußball-WM im eigenen Land feststellen konnten. Charismatische Menschen nutzen diese kollektiven Identitäten strategisch, um ihr Charisma zu vergrößern, indem sie sich figurativ gesprochen als Trainer eines erfolgreichen Teams verkaufen, das es bis zur Spitze schaffen wird, wenn alle zusammenhalten und hart im Team arbeiten. Führungskräfte und Teams, die es nicht schaffen, eine Gruppenzusammengehörigkeit herzustellen, sind schnell erledigt. So erinnern Sie sich wahrscheinlich an das Nationalteam der Franzosen bei der letzten Fußball-WM. Der nicht sonderlich beliebte französische Nationalcoach Domenech wird von einem seiner Spieler wüst beschimpft und schickt ihn daraufhin nach Hause. Jemand aus dem verbleibenden Team plaudert den angeblichen Wortlaut der Beschimpfung an die Presse aus. Alle sind empört – die Spieler über den Maulwurf in ihren Reihen, die französische Nation über den Inhalt der Beschimpfung. Das Team ist darüber so zerstritten, dass es das nächste Training boykottiert.

Die Reaktion der Nation: Sie boykottiert das Nationalteam und wünscht ihm, dass es schon in der Vorrunde ausscheidet. *Mon Dieu, les Bleus* titeln die Zeitungen. Der Streit im französischen Team wird zur nationalen Sache erklärt und zieht selbst in Politikerkreisen seine Runden, als einige Journalseiten erklären, dass das Versagen des Wir-Gefühls im Fußballnationalteam das Ende der Ära Sarkozy bedeute.

Im Folgenden finden Sie fünf Schritte, die es Ihnen erleichtern, das Wir-Gefühl in Gruppen zu erzeugen und zu steigern, zum einen als Vortragender vor einer großen Gruppe, zum anderen in Unternehmensteams.

Wir-Gefühl: Publikum + Problem + Lösung = Charisma

Um eine charismatische Wirkung via Wir-Gefühl in einer großen Gruppe von Menschen auslösen zu können, etwa bei einem Vortrag, benötigen Sie folgende Zutaten:

1. ein Problem oder eine Krise
2. ein Ziel, das einfach, schön und nützlich ist
3. ein Publikum, das das Ziel für erstrebenswert hält
4. ein Lösungsweg, der hart sein wird (Durchhaltevermögen, Stärke und Persönlichkeit fordert oder viel Geld kostet)
5. eine Entscheidung, die getroffen werden muss, nämlich die Annahme eines Angebotes (das Angebot einer tatkräftigen Unterstützung durch den Vortragenden und seine außergewöhnlichen Fähigkeiten und Fachkenntnisse)

Beispiel: Übergewicht

Ein gemeinsames „Luxusproblem" in der westlichen Welt ist das Problem der lästigen Pfunde auf der Waage. Jeder Redner, der dieses Thema einigermaßen humorvoll thematisiert und sein Produkt (vielleicht ein Training, ein Buch oder eine Beratung) als Lösungsweg anbietet, kann auf das Zusammengehörigkeitsgefühl seines Publikums zählen. Sehen wir uns die Zutatenliste an:

1. Das gemeinsame Problem ist ein zu hohes Gewicht.
2. Das Ziel ist (nicht ein niedrigeres Gewicht, sondern) Schönheit, Vitalität und Attraktivität.
3. Das Publikum möchte schön und attraktiv sein (das attraktive Ziel).
4. Der Weg dorthin wird hart – mehr Sport, weniger essen.
5. Die Entscheidung wird jetzt getroffen – das Buch des Vortragenden kaufen oder der Besuch eines seiner Seminare.

Wenn Sie den Auftritt dieses Redners nun alleine an Ihrem Fernsehbildschirm verfolgen, würden Sie vielleicht ein Programm weiterschalten oder sich halbherzig vornehmen, etwas mehr Sport zu treiben. Sie erleben den Auftritt aber zusammen mit anderen Menschen in einer großen Gruppe, und Sie alle kennen den Effekt. Wissende Blicke schweifen von einem zum anderen, zustimmendes Gemurmel und Lachen machen die Runde, jeder ist betroffen oder kennt jemanden, der betroffen ist, und schon ist es da, das Wir-Gefühl. Sie können jetzt nicht zur Fernbedienung greifen und umschalten, denn hier stehen 500 andere, Ihnen gänzlich fremde Menschen, die alle das Gleiche denken und fühlen – und kaufen. 500 Menschen können nicht irren, sagt Ihr Gehirn. Wir erleben ein Gruppengefühl, die Psychologie der

Masse wirkt, und schon treffen wir die Entscheidung. Das Wir-Gefühl hat gesiegt, denn es gibt Ihnen Sicherheit und Orientierung bezüglich Ihrer Entscheidung.

Das Charisma des Erfolgs – ein wenig Anstrengung muss sein

Ein äußerst wichtiger Aspekt ist der *Weg* zum Ziel. Er lautet: durchhalten, an sich arbeiten, sich an Regeln halten und dann endlich den ersehnten Erfolg einfahren. Psychologisch gesehen ist es so, dass wir Erfolge nur wirklich genießen können, wenn wir zuvor hart daran gearbeitet haben. Stellen Sie sich vor, der Redner hätte eine Wunderpille offeriert, die eine automatische Gewichtsabnahme zur Folge hätte. Vielleicht hätten Sie sie gekauft, aber Sie hätten keinen Spaß dabei gehabt, denn ein wenig „leiden" muss sein, und es ist umso schöner, wenn wir gemeinsam leiden können. Eine Pille einnehmen ist keine Heldentat, schon gar nicht vor anderen Menschen, und fällt somit als Alternative auf Platz zwei zurück oder ganz weg. Eine gemeinsame Anstrengung aber, die von Erfolg gekrönt sein kann, ist für die meisten von uns einer der größten Motivatoren.

Wir-Gefühl in Teams

Ähnlich verhält es sich in kleineren Gruppen und Teams. Es gibt immer Situationen, Probleme und Krisen, die ein Team zusammenschweißen können. Leider wird es in Unternehmen oft versäumt, ein Problem oder eine Krise als zusammenschweißende Herausforderung zu thematisieren. Hier ist meist eine Vorgehensweise zu beobachten, die das Problem zu einem lästigen Etwas degradiert oder zu einer lebensbedrohlichen Krise dramatisiert. Die Lösung des Problems wird unter Druck und Zwang gefordert, jeder zieht den Kopf ein und hofft, dass es ihn oder sie nicht trifft. Uncharismatischer geht es kaum, ist doch das Vorhandensein eines Problems eine der besten Möglichkeiten, ein echtes Team bei der Arbeit zu sehen – auf dem Weg zum gemeinsamen Erfolg. Werfen wir einen Blick auf unsere Struktur anhand eines fiktiven Beispiels:

Beispiel:

Das **Problem** ist: Kunde Kobold AG droht abzuspringen, wenn sich die Qualität nicht verbessert.

Das **Ziel** ist: Kobold und der Welt zu zeigen, dass WIR es können, denn wir sind kreativ, stark, innovativ, selbstbewusst und können aus Fehlern lernen.

Wir haben Kobold vor fünf Jahren überzeugen können, zu uns zu wechseln und werden es auch jetzt wieder schaffen, indem wir uns auf alte Stärken besinnen und neue Potenziale nutzen.
Das **Publikum** (Wir, die Mitarbeiter) möchte gerne innovativ, stark, kreativ und überzeugend sein.
Der **Weg** dorthin wird **hart**: Überstunden, neue Strategie, Fehlersuche.
Die **Entscheidung** wird jetzt getroffen.

Fragen Sie das Team: Lassen wir uns darauf ein, es gemeinsam zu schaffen, unter Führung unseres Vorgesetzten, der schon viele solcher Projekte gerettet hat und der uns zutraut, den erstrebten Erfolg auch einzufahren? Wenn Sie hier ein Ja bekommen, war es das. Betonen Sie immer wieder die Stärken Ihres Teams, seien Sie stolz und drücken Sie dies auch mit Lob aus. Kampfgeist, Motivation und Engagement tun ihr Übriges.

David gegen Goliath

Natürlich gibt es weitere Strategien, um kollektive Identitäten zu schaffen. Sie alle kennen die Geschichte von David und Goliath. Der junge David tötet den riesengroßen übermächtigen Krieger Goliath mithilfe einer Steinschleuder. Ein ungleicher Kampf, den unerwartetermaßen die Partei gewinnt, die eigentlich keine Chance hatte. Ein prominentes Beispiel für dieses Vorgehen ist Steve Jobs, als er das Spiel „Apple gegen den Rest der Welt" inszenierte. In einer Rede verglich er das Apple-Team mit dem Industrieriesen IBM und beförderte das Wir-Gefühl durch den Vergleich David gegen Goliath, oder anders gesagt: „Leute, eigentlich haben wir keine Chance, also nutzen wir sie." Die Motivation, die aus dieser Rede hervorging, war ungeheuer, denn Jobs förderte nicht nur den Gruppenzusammenhalt, sondern verlangte im gleichen Atemzug sehr viel von seinen Teams. Er betonte, dass ein ganz besonderes Verhalten nötig ist, um die gemeinsamen Ziele zu erreichen, ein Verhalten, das in keiner Arbeitsplatzbeschreibung steht und alles abverlangt. Gleichzeitig ließ Jobs keine Gelegenheit aus, seinem Team zu vermitteln, dass es besser, stärker, innovativer und geschickter war als Teams vergleichbarer Hersteller. Das Ergebnis kennen Sie.
Ein deutsches Beispiel ist die Geschichte des Produkts Bionade. Die ehemaligen Besitzer Kowalsky und Leipold lehnten ein Übernahmeangebot von Coca Cola ab und spielten eine Weile sehr erfolgreich das David-gegen-

Goliath-Spiel gegen Coca Cola. So gab es viele Kunden, die aus Prinzip Bionade tranken und nicht, weil es ihnen so extrem gut schmeckte.

Lasst Taten sprechen!

„*Der Worte sind genug gewechselt, lasst mich auch endlich Taten sehn*“ dichtete schon Johann Wolfgang von Goethe. Sie können das Wir-Gefühl so oft beschwören wie Sie wollen: Wenn Sie keine Taten folgen lassen, ist alles umsonst. Deshalb: Stärken Sie den Teamgeist, wo Sie nur können, indem Sie ihre Mitarbeiter aktiv einbinden.

- Lassen Sie Ihr Team/alle Mitarbeiter an Unternehmensveranstaltungen teilnehmen.
- Wenn Sie Kundenveranstaltungen durchführen, lassen Sie auch das Team, das sonst den Stahl schneidet oder die Textilien zusammennäht, eine kleine Besuchergruppe führen.
- Laden Sie den Kunden ein, Ihr gesamtes Team kennenzulernen.
- Veranstalten Sie regelmäßig Teamevents – ein wenig Spaß muss sein.
- Bilden Sie alle Teammitglieder in Teamwork, Gruppendynamik und Moderation aus. Gemeinsame Kompetenzen und Wissen schweißen zusammen.

Ein perfektes Beispiel aus der Praxis ist Zaki Mustafa von Serengeti Eyewear. Er lud zu seinen jährlichen Vertriebstagungen nicht nur die Vertriebler ein, sondern das gesamte Unternehmen und stellte damit klar, dass auch die Reinigungskraft oder der Mann aus der Verpackungsabteilung einen wichtigen Beitrag für das Unternehmen leisten und sie somit auch ein erfolgreicher Teil des Vertriebsteams sind.

Woran Sie ein Wir-Team erkennen

Teams mit einer gemeinsamen Identität sind leicht zu erkennen durch:

- *Altruismus* (jeder hilft jedem bei der Aufgabenbewältigung)
- *Aufmerksamkeit und Interesse* (Interesse und Engagement für die gemeinsamen Aufgaben)
- *Einhalten* der vereinbarten Teamregeln und Normen

- *konstruktiver* Umgang mit Konflikten und Problemen
- *Höflichkeit* im Umgang miteinander
- *Sportsgeist* (auch nicht ideale Umstände werden ohne Jammern hingenommen und angegangen)

Stop – Wir-Team!

- Vorsicht vor *Wir-Gefühlsduselei*! Wenn Sie im Vortrag zu dick auftragen und ein „Wir" ansprechen, das kein „Wir" ist (falsches Thema, falsches Publikum, falscher Typ für den Vortrag), lösen Sie Reaktanz aus (einen Widerstand auf äußere oder innere Einschränkungen). Gestalten Sie daher den „Wir-Club" so spannend und aufregend, dass jeder dabei sein möchte, und zwar freiwillig.
- In Unternehmensteams besteht dazu die Gefahr, dass sich das Team zu wohl miteinander fühlt und zur Kaffeekränzchentruppe verkommt. Legen Sie deutlichen Wert auf eine gute Leistung, damit es nicht soweit kommt.

Spotlight – Wir-Team!

Die Strategie sieht auf den ersten Blick relativ simpel aus, ist aber in der Umsetzung nicht ohne Herausforderung, denn sie verlangt eine Vorlaufzeit, in welcher oft und überzeugend kommuniziert werden muss, wie einzigartig das Team oder die Organisation ist. Das bedeutet, dass Sie im Vorfeld immer wieder auf Potenziale und Stärken zu sprechen kommen:

- Sprechen Sie immer wieder die Stärken des Teams an.
- Betonen Sie, was die gemeinsamen Stärken für das Team bedeuten – Erfolg!
- Stellen Sie klar, dass sich das Team dadurch von anderen abhebt.
- Werfen Sie die Stärken und Leistungen des Teams in die Waagschale gegen die Herausforderungen.
- Zeigen Sie allen durch *Taten*, dass sie ein wichtiger Bestandteil des Teams sind.

Übung: Wir-Team

Planen Sie jetzt 2 Aktionen, die dem Team beweisen, wie wichtig es ist.

1. Aktion:

2. Aktion:

Persönliche Ausprägung – Wir sind Wir –

Networking

Tun Sie gelegentlich etwas, womit Sie weniger oder gar nichts verdienen. Es zahlt sich aus.
Oliver Hassencamp

Was kann ich für dich tun?

Xing und Facebook, Business Clubs, After Work Networking Parties: Netzwerken ist in aller Munde. *Wer kann was für mich tun und wem kann ich was verkaufen*, scheint manchmal der einzige Beweggrund für die Jagd nach Kontakten zu sein. Dagegen ist auch nichts einzuwenden, denn so funktioniert Wirtschaft. Auch charismatische Menschen suchen und verfügen über eine Vielzahl von Kontakten. Anders jedoch als die uns allen bekannten Adressenjäger à la *Je mehr je besser* sind sie erst in zweiter Linie an einem geschäftlichen oder persönlichen Nutzen für sich selbst orientiert. An erster

Stelle steht etwas anderes, was Sie schon kennen: Welchen Nutzen können Sie anderen bieten?
Vor einigen Jahren hatte ich auf einer Veranstaltung die Gelegenheit, einige Zeit mit Tony Blair, dem früheren britischen Premierminister, zu sprechen. Blair zauberte in diesem Gespräch eine ganze Handvoll von Ideen für meinen Geschäftsbereich aus dem Handgelenk und empfahl mir zwei Geschäftspartner, mit denen ich noch heute in regem Austausch stehe. Mein Nutzen: 100 Prozent – Blairs Nutzen: wahrscheinlich gleich Null, bis auf die Tatsache, dass ich ihn bis heute aufgrund seines echten Interesses und seiner Bereitwilligkeit, Kontakte weiterzugeben, bewundere. Ganz ähnlich macht es ein Freund von mir, der in jedem Gespräch fragt, was er für mich tun kann, und es ehrlich meint, indem er Kontakte vermittelt, mich empfiehlt und auf irgendeine Art und Weise immer zu wissen scheint, was ich gerade benötige oder woran ich arbeite – unnötig zu erwähnen, dass er bei mir einen charismatischen Status genießt, da er zudem auch noch über eine ganze Reihe weiterer charismatischer Verhaltensweisen verfügt.

Der Zusatznutzen

Im Networking geht es also um den Zusatznutzen, den Sie jemandem bieten können. Wie muss der Nutzen, den Sie anderen bieten, aussehen? Dazu lohnt sich ein kurzer Exkurs in die Geschichte des Netzwerkens.

Exkurs: Geschichte des Netzwerkens

Blicken wir in die Antike, so gab es dort durchaus auch ohne Facebook & Co. Netzwerker. Zumeist waren es Handlungsreisende, die nicht nur Waren holten und brachten, sondern auch Nachrichten beförderten, den Wissensaustausch inspirierten, Karrieren in Gang setzten, andere Sichtweisen um die Welt brachten. Sie waren Meister des Selbstmarketings und der Beziehungsstiftung, indem sie sich persönlich einbrachten, zuhörten, empfahlen und zusammenbrachten.

Die größten Netzwerker waren, wie kann es anders sein, die Politiker. So gab es zuhauf militärische und wirtschaftliche Verbündete, wie etwa den attischen Bund, eine Seebundgründung 478/77 v. Chr., die das Ziel hatte, die Perser künftig von der Ägäis mit ihren griechisch besiedelten Inseln und Randzonen fernzuhalten und wichtige Seehandelswege zu schützen.

Aber auch später gab es eifrige Netzwerker, so etwa die Zünfte im Mittelalter, die religiösen Orden, die Freimaurer, die Hanse, Sigmund Freud und seine Psychologischen Mittwochsgesellschaften, bis hin zu den Clubs der Briten und den heutigen Clubs, so etwa der Lions Club. Alle diese Clubs und Bünde hatten bzw. haben etwas gemeinsam: ein gemeinsames Ziel und einen gemeinsamen Zweck – und genau dies ist der Punkt, der herkömmliches Netzwerken von charismatischem Netzwerken unterscheidet.

Charismatisches Netzwerken hat demnach zwei Grundlagen:

1. Persönliche Kommunikation (im Gegensatz zu Tausend anonymen Kontakten auf Xing oder Facebook)
2. Sinnstiftende Gruppenbildung (im Gegensatz zu Treffen, die kein gemeinsames Ziel haben, sondern nur dem „Spaß" dienen)

Im Einzelnen heißt das:

- **Verbündete:** Suchen Sie sich Verbündete für Ihre Ideen, nicht nur ein stummes Publikum. Verbündete heißt, dass Sie andere aktiv an Ideen mitarbeiten und mitdenken lassen und nicht nur Ihr eigenes Wissen in den Vordergrund stellen. Wenn Sie einen Vortrag halten, beenden Sie ihn, indem Sie ein Diskussionsforum im Internet dazu anbieten oder noch 15 Minuten in Kleingruppen zu dem Thema arbeiten lassen. Der Nutzen für andere: Erkenntnis, Wissen, Austausch.
- **Clubs:** Laden Sie andere dazu ein, Ihrem Club oder Ihrem Arbeitskreis beizutreten. Hier geht es um persönliche Kommunikation, nicht um virtuelle Kommunikation – besuchen Sie „Real-life"-Veranstaltungen (damit meine ich, dass Sie körperlich anwesend sind, nicht nur via einer Videotechnik) oder bieten Sie diese an. Der Nutzen für andere: Austausch, neue Kontakte, gute Gespräche, Spaß.
- **Persönliche Beziehungen:** Geben Sie anderen Menschen authentisches und wertvolles persönliches Feedback. Damit ist nicht Schönreden oder negatives Kritisieren gemeint. Helfen Sie anderen Menschen dadurch, dass Sie ihnen ein konstruktives, wohlmeinendes Feedback geben (positiv, wenn nötig aber auch konstruktiv negativ), das ganz persönlich gestaltet ist. So teilte mir eine Dame nach einem meiner Vorträge mit, dass

ihr ein Punkt besonders wichtig erschien und sie ihn gerne noch einmal kurz mit mir diskutieren wolle – für mich das wertvolle Feedback, diesem Punkt demnächst ein wenig mehr Raum zu geben. Durch diese Mühe, die Sie sich machen, schaffen Sie bei anderen das Gefühl, dass Sie sich ganz persönlich für sie interessieren. Sie erzeugen ein Gefühl der Inspiration, wenn Sie einen Menschen darauf aufmerksam machen, was Ihnen gerade besonders gut gefallen hat oder Sie beeindruckt hat. Achten Sie darauf, diese Beziehung auch aufrechtzuerhalten, indem Sie sich regelmäßig treffen und austauschen – nichts ist desillusionierender als ein Kontakt, der sehr persönlich beginnt und dann nicht gepflegt wird. Der Nutzen für andere: Motivation und Anerkennung.

- **Wertvolle Informationen:** Geben Sie wertvolle Informationen weiter, beispielsweise darüber, wie Probleme in Ihrem Unternehmen angegangen werden oder was Sie auf Ihrem letzten Seminar gelernt haben. Lassen Sie einen Austausch zu und bedanken Sie sich auch für Informationen und Ideen, die Sie von anderen bekommen. Heben Sie auch andere Sichtweisen außer der eigenen hervor. Der Nutzen für andere: Erfahrungsaustausch, neue Ideen.
- **Kontakte und Referenzen:** Wenn Sie einem Menschen gut zugehört haben, fällt Ihnen vielleicht ein anderer Mensch ein, der ein gewinnbringender Kontakt für diese Person sein kann. Stellen Sie beide einander vor – und tun Sie dies persönlich! Es gibt viele soziale Netzwerke im Internet, über die man diese Vorstellungen vornehmen kann und glauben Sie mir: Es gibt nichts Unpersönlicheres. Organisieren Sie ein Treffen, an dem beide Personen anwesend sind, und wenn dies nicht funktioniert, machen Sie einen Termin für die beiden aus. Sie sollten sich allerdings vorher sicher sein, dass beide auch wirklich einen Anknüpfungspunkt haben, sonst schaden Sie sich eher, als dass Sie einen Nutzen daraus ziehen, von den beiden anderen ganz zu schweigen. Behalten Sie die Führung als dritte Person in diesen neuen Zweierkontakten. Ähnlich sieht es mit Referenzen aus: Geben Sie Referenzen, wenn Sie jemand überzeugt – aber auch nur dann! Der Nutzen für andere: Neue Kontakte, Geschäft.

Fassen wir kurz zusammen: Sie können anderen nutzen, indem Sie ihnen gute Kontakte vermitteln, ehrliche Referenzen geben, Informationen über die Branche verschaffen oder Zutritt zu einem exklusiven Kreis gewähren. Zum einen demonstrieren Sie damit Macht und Kompetenz, zum anderen erarbeiten Sie sich auch einen Gefallen, den der andere gerne irgendwann einlösen wird, wenn Sie es benötigen – vielleicht nicht nur für sich selbst, sondern für einen anderen, dem Sie helfen wollen.

Vorsicht mit dem Nutzen!

Allerdings ist auch dieser „Nutzen" mit Vorsicht zu genießen. Viele Seminare und Guides, die Ihnen einen Einblick in die Geheimnisse des sozialen Netzwerkens versprechen, empfehlen Ihnen ebenfalls, zuerst einmal selbst etwas zu liefern (einen Nutzen, ein Geschenk), sei es eine Information oder einen Kontakt. Das System kennen wir alle: es ist eine uralte Verkäuferregel. Gib dem anderen etwas und verpflichte ihn so, Dir auch etwas zu geben. Hand auf's Herz – wie viele E-Mails oder Nachrichten über soziale Netzwerke erreichen Sie täglich, in denen Ihnen angeblich wichtige Informationen oder Buchinhalte als Gratis-Download angepriesen werden, den selbstverständlich nur Sie als auserwählte Person erhalten? Verkäuferisch gut gemacht, denn wir alle lieben „Gratis" und „Exklusiv" und fühlen uns als geniale Schnäppchenjäger, auch wenn uns Binsenwahrheiten verkauft werden. Oft sind die Ratschläge, wenn wir genau hinsehen, auch bei tausenden anderen Anbietern „gratis" zu erhalten und nicht wirklich hilfreich, da sie so allgemein gehalten sind, dass sich selbst Ihr Haustier damit durch's Leben schlagen kann. Im Charisma geht es darum, einen echten Nutzen bieten zu können, einen individuellen Nutzen, und den müssen Sie erst einmal mühevoll recherchieren. Vielen ist dies zu mühsam – deshalb möchte ich an dieser Stelle noch einmal kurz auf die populärsten Hinderungsgründe des Netzwerkens eingehen.

Was uns am Netzwerken hindert

Netzwerken wird oft als lästige Pflicht angesehen und somit auch allzu oft auf relativ anonymes und liebloses Netzwerken im Internet reduziert. Charisma aber lebt von persönlichen Begegnungen und das heißt: Sie müssen sich bewegen. Ausreden gibt es genügend. Die populärsten Ausreden habe ich hier für Sie zusammengefasst. Sollten Sie sich in einer der folgenden Aussagen wiedererkennen, ist es höchste Zeit, Ihre Einstellung zum Netzwerken zu verändern.

1. Ich habe keine Zeit zum Networking. Wann soll ich das denn noch machen?

Nehmen wir das Wort Networking einmal auseinander, so heißt es Net*work* und nicht Nett *zuhause*. Sie haben natürlich recht: Sie haben einen langen Arbeitstag hinter sich, Sie kommen abends spät nach Hause und sind müde ... und dann noch zum Networking? Fest steht: Netzwerken gehört in Ihren Zeitplan, mit mindestens drei Stunden in der Woche. Hier ist es an jedem, für sich selbst zu entscheiden, wo und wie man netzwerken möchte, ob am Arbeitsplatz, danach in der Bar oder auf Veranstaltungen bzw. in Clubs. Die Hauptsache ist: Tun Sie es.

Gelegenheiten des Netzwerkens gibt es viele. Nicht nur im Unternehmen bieten sich ausreichend Möglichkeiten wie etwa das Gespräch in der Mittagspause, in oder nach einem Meeting oder Fachgespräch, auf einer Präsentation. Auch Kundenbesuche, die Mitgliedschaft im örtlichen Spendenausschuss, in der Fachgruppe für Ingenieure oder in einer Theatergruppe bringen Kontakte und Bekanntheitsgrad. Je besser Sie Ihre Kontakte kennen und aufrechterhalten, umso hilfreicher wird dies später sein. Denken Sie daran, Sie benötigen diese Kontakte nicht nur als Publikum, sondern auch als Unterstützer. Sie bauen sich potenzielle Beziehungen sowie eine Grundsympathie auf, die später zu Charisma werden kann. Bewegen Sie sich unter Menschen, so oft Sie können. Sprechen Sie mit jedem, angefangen von der Verkäuferin in der Bäckerei bis hin zum Firmenchef. Finden Sie heraus, was sie bewegt, und schreiben Sie es auf. Je mehr Menschen Sie kennenlernen, umso schwieriger wird es, alles im Kopf zu behalten. Sammeln Sie Ideen, Bedürfnisse, Wünsche, Träume, Ziele und ignorieren Sie dabei jegliche Hierarchiestufen.

2. Beste Freunde oder: Ich netzwerke nur mit Menschen, die mir sympathisch sind

Dass sich so kein Netzwerk vergrößern lässt, ist uns allen klar. Wie viele Menschen sind uns wirklich sympathisch? Und warum muss jeder, mit dem wir netzwerken, gleich unser bester Freund werden? Psychologisch gesehen liegt dem unsere Angst zugrunde, von anderen nicht gemocht zu werden, und so bilden wir „Sympathiegruppen“. Mit dem Charisma verhält es sich aber so, dass die Menschen nicht Sie lieben müssen, sondern Ihre Idee. Trennen Sie sich von der Vorstellung, dass alle Sie mögen müssen (obwohl es die Sache zugegebenermaßen vereinfachen kann).

3. Netzwerken ist mir zu langwierig
Dass es ab und zu einige Jahre dauern kann, bis Sie einen Kontakt nutzen können, ist ganz normal und selbstverständlich. Wenn Sie diese Geduld und das Interesse für andere Menschen nicht aufbringen können, ist Charisma nichts für Sie.

4. Das Dagobert-Duck-Syndrom
„Es ist mir zu teuer, in professionellen Netzwerken zu sein" ist eine häufige Antwort auf die Frage nach Netzwerkaktivitäten. Sicherlich sind manche Netzwerke kostenpflichtig, jedoch sollte es Sie nicht davon abhalten, sich dort zu engagieren. Oft allerdings trägt es sich genauso zu wie mit der Mitgliedschaft in einem Fitnessclub. Wir zahlen und gehen selten oder niemals hin, bringen uns nicht ein und stellen keine aktiven Kontakte her. Denken Sie um! Bieten Sie sich und Ihr Thema an. Engagieren Sie sich, indem Sie Aufgaben und Posten übernehmen, Wissen einbringen, Neuigkeiten austauschen. Welche Zeitschrift wird eingestellt, welcher Managementguru ist gerade Top ... – die Möglichkeiten sind unzählig. Sprechen Sie über sich. Was an meiner Arbeit, an meinen Ergebnissen, an meinen Erfolgen ist berichtenswert? Sprechen Sie über andere und fragen Sie nach, wer von der Arbeit der anderen erfahren sollte. Bereiten Sie sich auf Business-Events mithilfe von Xing, Linkedin und Co. vor. Wo arbeiten die anderen, was tun sie, was haben wir gemeinsam, wie sieht mein Profil aus? Was können Sie bieten, wen können Sie um etwas bitten oder wen wollen Sie kennenlernen?

Stop – Netzwerken!

Sind Sie ein Visitenkartensammler? Im Büro schnell ins System eingegeben und dann mit Werbung für die nächsten Veranstaltungen herausgeschickt, bringt Ihnen diese Vorgehensweise sicherlich den ein oder anderen Kunden – aber sie nimmt Ihnen das Charisma. Denken Sie um und pflegen Sie Kontakte, indem Sie auch in Kontakt bleiben. Ihr Netzwerken sollte niemals zu einer reinen Kontaktsammlung geraten. Reine Adressensammler, die andere nur mit ihrer Werbung zumüllen und nichts anderes zu bieten haben, wirken unsympathisch und berechnend.

Spotlight – Netzwerken!

- Binden Sie andere Menschen an sich, indem Sie die Fähigkeit des Zuhörens üben.
- Fragen Sie andere Menschen, was sie denken.
- Besuchen Sie Veranstaltungen, auf denen Sie neue Netzwerke bilden können.
- Pflegen Sie Ihre Kontakte.
- Planen Sie selbst Veranstaltungen, zu denen Sie Ihre Kontakte einladen.
- Bieten Sie anderen Wissen.
- Stellen Sie fest, inwieweit Sie Ihren Kontakten nützlich sein können, ohne eine Gegenleistung zu fordern. Oft ist es so, dass Sie keine Gegenleistung bekommen – was Sie nicht daran hindern sollte, trotzdem weiter zu netzwerken.
- Sehen Sie über den Tellerrand und netzwerken Sie auch mit Menschen, die aus anderen Branchen kommen.
- Reservieren Sie drei Stunden in der Woche für Kontaktpflege.
- Planen Sie Ihre Kontakte: Wen möchten Sie wann kennenlernen?
- Bieten Sie Ihren Kontakten etwas an – z. B. Feedback.
- Teilen Sie Ihre Zeit auf zwischen Neukontakten und bestehenden Kontakten.
- Treten Sie Ausschüssen und Fachgruppen bei.
- Präsentieren Sie sich, so oft Sie Gelegenheit dazu haben.
- Unterstützen Sie andere darin, sich zu präsentieren.

Persönliche Ausprägung – Netzwerken –

Zusammenfassung

Charisma benötigt Publikum – und damit Menschen, seien es Mitarbeiter, Freunde, Bekannte oder Kollegen oder ein anonymes Publikum. Natürlich können Sie ein Publikum beeindrucken, ohne mit ihm in eine persönliche Verbindung zu treten. Ob Sie damit Charisma erzeugen, ist eine andere Frage, denn Charisma baut auf persönliche Beziehungen. Das Schaffen eines Wir-Gefühls, ein gutes Networking, Empowerment und Potenzialanalyse fördern eine positive, wertschätzende und auf Dauer nachhaltige Verbindung zwischen Ihnen, Ihrem Publikum und damit Ihrem Charisma.

Strategie 3: Maximale Ausstrahlung

Wer den höchsten Rang in einer Gruppe von Menschen und Tieren hat, ist leicht zu erkennen. Es ist immer derjenige, der am meisten angeschaut wird. Daher kommt auch das Wort Ansehen.
Irenäus Eibl-Eibesfeldt

Kleopatra bezirzte ihren Marcus Antonius durch Aussehen und Pomp, die Redner im antiken Griechenland bestachen durch ihre ausgefeilte Rhetorik, Erzähler wie Scheherazade aus Tausendundeiner Nacht und Autoren wie Paul Coelho durch ihre Geschichten. Was sie alle aufweisen, ist ein starker Charakter, exzellentes Fachwissen und ein sensationell guter Umgang mit anderen Menschen. Was sie mit diesen Fähigkeiten bewerkstelligen, ist einfach: sie nutzen sie, um eine optimale Ausstrahlung herzustellen.
Sie gewinnen Ihre persönliche Ausstrahlung zu einem sehr großen Teil aus dem Bild, das Sie für andere abgeben. Dazu gehören Ihre Rhetorik, Ihre Argumentation, Ihre Körpersprache, Ihre Stimme, Ihr Aussehen, Ihre Kleidung. Sie sind der Hauptakteur, der auf der Bühne des Charismas spielt. Falls Sie es bisher noch nicht sind, beginnen Sie jetzt damit, ein brillanter Darsteller zu werden. Erst durch die eindrückliche Wahrnehmung und öffentliche Demonstration eines starken Charakters, einer vertrauenswürdigen und attraktiven Persönlichkeit und eines positiv besetzten aktiven Ziels glaubt Ihr Publikum, dass es sich bei Ihnen und Ihrem Thema um etwas ganz Besonderes handelt. Also: rauf auf die Bühne!

Der charismatische Auftritt

Gute Redner gibt es viele, attraktive Menschen auch. In Teilen bedienen sie sich Strategien, die auch in charismatischen Auftritten oft eingesetzt werden. Begeisternde Rhetorik und ein hohes Maß an körpersprachlicher Eloquenz alleine jedoch sind Eintagsfliegen und werden Ihnen kein dauerhaftes Charisma einbringen, wenn Sie die anderen Strategien nicht beherrschen. Jedoch: Ihr Auftritt ist ein Muss für jegliches Charisma.
Werfen wir einen Blick auf die Forschung. Die Charismaforscher Bass, Conger und Kanungo wollten wissen, warum sich charismatische Redner so sehr von anderen Sprechern unterscheiden. Sie untersuchten die Rhetorik charismatischer Führungskräfte und stellten eine Reihe von interessanten Gemeinsamkeiten fest. Es gibt so etwas wie eine Chiffre der charismatischen

Rhetorik. Der Aufbau, die genutzten rhetorischen Mittel sowie die Inszenierung der Rede oder des Gesagten ließen und lassen sich erfolgreich auch von nichtcharismatischen Menschen kopieren. Einige der Gemeinsamkeiten waren

- viele aktivierende Verben,
- eine besonders intensive Körpersprache und Mimik,
- bedeutsame Pausen,
- Wiederholungen und einfache Slogans und
- stimmliche Mittel der Überzeugung.

Ein exzellentes Beispiel für den gekonnten Einsatz charismatischer Rhetorik ist der amerikanische Präsident Barack Obama – über dessen Charisma man zwar geteilter Meinung sein kann, sicherlich aber nicht über seinen Einsatz brillanter Rhetorik. Er arbeitet extensiv mit der Pausentechnik, sein „*Yes, we can*“ als Slogan und Wiederholung ist millionenfach kopiert, seine Nutzung aktiver Verben legendär, ganz zu schweigen von seiner beeindruckend kraftvollen Stimme. Er stellt mit Abstand das beste Beispiel für die extensive Nutzung charismatischer Sprachmuster dar – über seine unglaubliche Wirkung auf andere muss an dieser Stelle nichts mehr gesagt werden.

Die Basics der Beredsamkeit

Beredsamkeit ist Logik in Flammen.
Lyman Beecher

Um charismatische Sprachmuster und ihre Inhalte gekonnt einsetzen zu können, sollten Sie einige rhetorische Basics beherrschen. Falls Sie nun an dieser Stelle die Augen verdrehen und erklären: *Kenn ich*, möchte ich Ihnen Folgendes sagen: *Kenn ich* heißt noch lange nicht *kann ich* und *kann ich* heißt noch lange nicht *tu ich*. Exzellente und professionelle Redner beschäftigen eine ganze Heerschar von Spezialisten, die nichts anderes tun, als an ihren Basics zu feilen. In diesem Sinne:

- **Sprechen Sie langsam(er) und deutlich**

Eine eilig und gehetzt wirkende Ansprache, gleich ob im persönlichen Gespräch oder im Vortrag, hat nur eine Wirkung: nämlich den anderen klar zu machen, dass Sie sich keine Zeit für sie nehmen werden und wollen. Achten Sie jedoch darauf, dass Sie nicht zu langsam sprechen – Sie sollten eine gute sprachliche Geschwindigkeit einhalten, um Zuversicht, Selbstbewusstsein, Vertrauen und Eloquenz auszustrahlen. Üben Sie Ihre Aussprache, denn nichts ist uncharismatischer als jemand, der seine Sätze vor sich hin nuschelt.

- **Benutzen Sie nur kurze Sätze**

Bandwurmsätze lassen sich schlecht betonen, sie lassen sich schlecht inszenieren und sie töten jegliche Begeisterung. Wer mag sich schon für etwas begeistern, wenn er gerade mit der Entschlüsselung der grammatikalischen Verschachtelung kämpft?

- **Cool, Calm & Collected**

Die drei großen C's drücken nicht nur eine innere und äußere Haltung aus, sondern haben auch eine Konsequenz für Ihre Rhetorik. Sprechen Sie mit ruhiger Stimme, intonieren Sie harmonisch und lassen Sie sich niemals dazu hinreißen, sprachliche Unsicherheiten oder Nervosität zu zeigen. Dazu gehören unsachliche Angriffe auf andere, eine erhöhte Stimmlage oder auch zu schnelle und impulsive Antworten. Machen Sie kurze Sprechpausen, um die Bedeutung des gerade Gesagten zu betonen. Besonders gut eignen sich sogenannte Mikropausen von einer Sekunde, die Sie nutzen, um einerseits schlagkräftiger zu wirken und andererseits Luft in Ihre Lungen zu lassen (am Ende dieser Einheit finden Sie eine Übung zu Pausen).

- **Dynamisch**

Bei aller Relaxtheit – Charisma benötigt Energie. Stecken Sie all diese Energie in Ihre Wortwahl. Nutzen Sie ausschließlich aktivierende Verben: „Lassen Sie uns“, „Beginnen wir“, und vermeiden Sie passive Formulierungen ohne persönlichen Bezug à la „man müsste“. Nutzen Sie Verben und Begriffe, die Energie repräsentieren und Durchhaltefähigkeit implizieren.

Beispiele: Energiegeladene Verben und Begriffe

- Kraft
- Macht
- schaffen
- anpacken
- jetzt
- handeln
- Initiative ergreifen
- wirklich wollen

- **Intonation und Lautstärke**

Passen Sie Ihre Stimme an die Bedeutung dessen an, was Sie sagen – auch über stimmliche Mittel lässt sich Begeisterung und Dynamik vermitteln. Sie können leiser werden, Ihre Stimme heben und senken, Sie können bestimmte Worte oder Passagen betonen. Vor allen Dingen können Sie auch lauter werden, was für die Zuhörer bedeutet: Jetzt wird es kraftvoll. Wenn Sie die Zeit haben, besuchen Sie unbedingt ein Stimmtraining, die Investition lohnt sich!

- **Denkpause**

Warten Sie ein paar Sekunden, bevor Sie auf eine Frage antworten oder bevor Sie zu einem neuen Punkt übergehen. Sie erwecken so den Eindruck, dass Sie über das, was Sie gerade sagen wollen, noch einen Moment nachdenken. So werten Sie Ihren Gesprächspartner auf, indem Sie ihm signalisieren, dass seine Frage wichtig und gut genug war, um noch einen Moment darüber nachzudenken.

- **Danken**

Bedanken Sie sich bei Ihren Gesprächspartnern. Danken Sie ihnen dafür, dass sie sich die Zeit genommen haben, sich auf diese intensive Weise mit dem Thema zu beschäftigen, danken Sie ihnen für Antworten und Vorschläge, die beweisen, dass sie viel Zeit und Mühe in das Projekt gesteckt haben, danken Sie ihnen für die Voraussicht, mit der sie Ihr Thema angehen.

- **Mit den Worten des Anderen sprechen**

Hören Sie genau darauf, was die am meisten genutzten Begriffe Ihrer Gesprächspartner sind. Nehmen Sie diese sprachlich auf und benutzen Sie sie in genau der gleichen Form. So gelangen Sie ins Unterbewusstsein Ihres Gesprächspartners. Sie signalisieren auf der Gefühlsebene, dass Sie bereit sind, sich in die Welt des Anderen zu begeben und zu verstehen, was wirklich wichtig für ihn oder sie ist. Vielleicht spricht Ihr Gesprächspartner von „Effizienz“, vielleicht nennt er seine Mitarbeiter „meine Leute“. Bauen Sie diese Begriffe mit in das Gespräch oder den Vortrag ein.

- **Schweigen**

Bevor Sie etwas sagen, auf der Bühne oder in einem Meeting, sollten Sie eine „Schweigeminute“ einlegen, wobei die Minute eher rhetorisch gemeint ist und nicht sechzig Sekunden dauern sollte. Das Schweigen dient dazu, Ihre Dominanz zu unterstreichen. Beginnen Sie niemals zu sprechen, wenn das Publikum noch tuschelt und nicht ganz bei Ihnen ist. Sobald es ruhig geworden ist, sitzen oder stehen Sie noch einen Moment, ca. fünf bis zehn Sekunden, und blicken in den Raum und die Augen der anderen. Beginnen Sie erst dann mit Ihrem Vortrag oder Ihrem Beitrag. In Meetings können Sie dieses Mittel wunderbar einsetzen, indem Sie sich zu Wort melden, schweigen, kurz in die Runde blicken und erst dann beginnen. Lehnen Sie sich zurück und vermeiden Sie es, sich hektisch über das Thema oder den vorhergegangenen Kommentar zu ereifern. Bleiben Sie hingegen dynamisch bei Ihrer Wortwahl und wählen Sie kurze Sätze.

- **Emotional bewegen**

Stellen Sie eine emotionale Nähe her, indem Sie emotionale Begriffe und sogenannte „Wir-Formulierungen“ nutzen. Die Nutzung emotionaler Begriffe aktiviert bei anderen Menschen das Unterbewusstsein und lässt in Folge Engagement entstehen, Wir-Formulierungen erzeugen die schon beschriebene gemeinsame Identität, die Sie benötigen, um Akzeptanz und Begeisterung zu erreichen. Emotionale Begriffe können Sie positiv (ein schönes Ziel) oder negativ (eine schlimme Bedrohung) nutzen. Beides dient dazu, im Kopf Ihres Gegenübers ein Bild entstehen zu lassen, das zum Handeln motiviert.

Beispiele für emotionale Begriffe/Sätze

- „Ich möchte Ihnen ein ganz *herzliches* Dankeschön aussprechen für Ihre *großartige* Leistung". (Die Begriffe *herzlich* und *großartig* erwecken positive Gefühle)
- „Was mich ganz besonders an XY fasziniert hat, war ihre/seine fast schon *magisch* anmutende Fähigkeit, das absolute Vertrauen anderer Menschen zu gewinnen." (Sie teilen mit Ihren Zuhörern, was Sie *fasziniert* hat, nicht etwa nur etwas, das Ihnen *gefallen* hat. Ähnlich sieht es mit dem Begriff *magisch* aus, der sehr viel mehr aussagt als *beeindruckend*)
- „Ich kann nur eines dazu sagen: *Sensationell!*" (Sie wecken Begeisterung durch die Alleinstellung eines stark emotionalen Begriffs)
- „Ich möchte nichts beschönigen. Uns geht es schlecht. Sehr schlecht. Viele würden sagen, dass keine Hoffnung mehr besteht. Ich sage: Wir haben es in der Vergangenheit geschafft, und wir schaffen es jetzt. Zusammen. Wir alle. Gemeinsam." (Sie erzeugen Besorgnis, aber auch Optimismus)
- „Würden Sie ein Flugzeug besteigen, das nicht zu einhundert Prozent sicher ist? Nein, natürlich nicht. Die Konsequenz für unsere Produkte ist ..." (Sie erzeugen ein Bild im Kopf der anderen, das bedrohlich wirkt)
- „Seien wir ehrlich. Unsere Leistung in den letzten Monaten war katastrophal." (Sie erzeugen eine Bedrohung durch die Kombination der Begriffe *ehrlich* und *katastrophal*)
- „Noch sind unsere Umsätze auf einem guten Niveau ..." (Sie erzeugen unterschwellig eine Bedrohung durch den Begriff *noch*)

Die Wirkung ist immens und tritt ein, weil Sie mit diesen emotional positiv bzw. negativ aufgeladenen Sätzen eine Nähe zu Ihren Zuhörern herstellen. Sie lassen sie an Ihren Gefühlen teilhaben und sprechen das aus, was andere vielleicht nur ansatzweise fühlen, aber nicht wagen auszusprechen. In der Kombination mit Wir-Formulierungen wirken emotionale Äußerungen besonders eindrucksvoll, da sie implizieren, dass alle Anwesenden an diesen Gefühlen teilhaben.

Beispiele: Wir-Formulierungen

- „Machen wir uns nichts vor ..."
- „Wir alle wissen ..."

- „Wir alle, die wir heute anwesend sind, haben für die Lösung hart gearbeitet und ich bin stolz, ja unglaublich stolz darauf, dass wir ..."
- „Ich bin überzeugt, dass wir ..."

Eine schöne Übung zu mehr Emotion im Vortrag ist die *Wortwolke*, die ich bei einem Kollegen von mir, dem Bonner Trainer und Coach Robert Kötter, praxisnah erleben konnte:

Übung: Wortwolke

1. Nehmen Sie den zentralen Begriff Ihres Vortrags und schreiben Sie ihn hier in die Mitte der Zeile (z. B. das Wort „Veränderung").

2. Beginnen Sie nun, Adjektive und Verben zu suchen, die zu dem Wort passen (z. B. implementieren, steuern, aufregend, nützlich). Finden Sie ca. zehn Worte.

3. Planen Sie einen fünfminütigen Vortrag, in den Sie diese Worte immer wieder mit einbeziehen.

Der Hintergrund der Übung ist folgender: Kognitiv konzentrieren sich Ihre Zuhörer auf die Substantive, mit denen Sie arbeiten, aber unbewusst, also emotional, auf die Adjektive und Verben. In der Psychologie auch als Priming-Effekt bekannt, ist dies Ihre Chance, emotional zu punkten.

- **Distanz**

Nähe ist gut. Auf der einen Seite möchte das Publikum fühlen, was Sie zu sagen haben und die Nähe zu Ihnen spüren, aber auf der anderen Seite möchte es auch die Distanz wahren, die notwendig ist, um Sie weiterhin bewundern zu können. Stellen Sie daher immer klar, dass Sie zwar ein gemeinsames Ziel, Bedürfnisse und Gefühle mit Ihren Zuhörern und Gesprächspartnern teilen, aber trotzdem einen höheren Status als Ihre Zuhörer besitzen. Setzen Sie Ihre persönliche Autorität und Ihre Positionsmacht ein, um die nötige Distanz zu erzielen und zu bewahren. Brillieren Sie über die Demonstration Ihres exzellenten Fachwissens. Nutzen Sie körpersprachliche Dominanzgesten wie die Faust, den Zeigefinger sowie eine breite Gestik, die sich aber niemals gegen Ihre Zuhörer richten sollte. Des Weiteren gibt es verbale Mittel, die sich gut eignen, um Ihre persönliche Autorität in den Vordergrund zu stellen, wie Äußerungen zu Ihrem festen und unveränderlichen Standpunkt:

Beispiele: Verbale Distanz

- „Und deshalb sage ich ..."
- „Ich bleibe dabei ..."
- „Meine Damen und Herren, wahr ist ..."
- „Wir wissen alle ..."
- „Fakt ist ..."
- „Es mag jetzt hart klingen, aber die Wahrheit ist ..."

Achten Sie darauf, zwischen Nähe und Distanz zu wechseln. Gespräche oder eine Rede, die nur Nähe vermitteln, zerstören Ihre Aura des Besonderen. Umgekehrt lässt eine reine Demonstration von Distanz Begeisterung erst gar nicht entstehen. Ein gutes Beispiel für den Wechsel zwischen Nähe und Distanz ist Barack Obamas Auftritt anlässlich einer Fundraisingveranstaltung im Apollo Theater im Januar 2012. Er singt eine Zeile aus einem Lied von Al Greene *„Let's stay together“*, er flirtet mit dem Publikum, aber er lässt gleichzeitig keinen Zweifel dran, dass er der Präsident der Vereinigten Staaten ist – durch Mimik und Körpersprache. Obama singt *„I`m“*, pausiert, blickt in die Menge und singt weiter *„so in love with you“*, während er zwar noch lächelt und ins Publikum blickt, aber zeitgleich ordentlich und konzentriert ein Stück Papier faltet und so körpersprachlich zu einem ernsteren Thema übergeht.

- **Fragen stellen**

Halten Sie sich in persönlichen Gesprächen an den Grundsatz: 80/20. Achtzig Prozent Redeanteil für Ihren Gesprächspartner, zwanzig Prozent für Sie selbst. Bitten Sie andere um ihre Meinung, ihre Ideen, ihre Vorschläge. Es ist die einfachste Art und Weise, andere zu begeistern, denn nichts motiviert andere Menschen so sehr wie die Möglichkeit, Handlungsspielraum zu erhalten und die eigene Meinung einbringen zu können. Selbst ein Vortrag eignet sich für Fragen. Stellen Sie sie einfach rhetorisch.

Beispiel: Rhetorische Frage

„... und genau das ist die Frage, meine Damen und Herren, die wir beantworten müssen und werden, nicht wahr?"

Treten Sie immer in einen Dialog ein. Charisma beruht auf dem Austausch von Meinungen. Akzeptieren Sie die Meinungen anderer, werden Sie respektiert. Fördern Sie die Meinungen anderer, werden Sie geliebt – und können beeinflussen.

- **Humor**

Ein wenig Humor gehört zu Charisma dazu, denn humorvolle Menschen sind beliebt und gelten als Sympathieträger. Gemeint ist hier ein feinsinniger Humor, der andere nicht verletzt. Erzählen Sie keine schlechten Witze, geben Sie keine schenkelklopfenden Anekdoten zum Besten, sondern nutzen Sie Situationen, in denen nicht alles wie am Schnürchen klappt. Die Technik klemmt, der Veranstalter kommt zu spät, Sie haben sich Kaffee über Ihr Kleid oder Ihr Jackett gegossen – dies sind Anlässe, die Sie bewusst nutzen können, um Ihren Sinn für Humor zu zeigen. Wenn es um die Sache geht, Ihr Thema, sollten Sie den Humor gänzlich beiseitelassen. Wenn Sie ernst genommen werden möchten, sollten Sie alles unterlassen, das Sie unsicher, lächerlich oder einfach nur dumm wirken lässt.

Stop – Basics Beredsamkeit!

Es gibt nur eine Todsünde in der Rhetorik: schlechte Vorbereitung. Oder, wie es ein Schild vor einem Boxclub in New York, einhundert Meter entfernt von Ground Zero, ein wenig poetischer ausdrückt: *The will to win is important. The will to prepare is vital.*

Spotlight – Basics Beredsamkeit!

Es gibt nur einen Spotlight-Tipp: üben, üben, üben – bis Sie die Basics beherrschen.

Übung zu Pausen

Die folgende Übung stammt von dem Stimmtrainer Anno Lauten, der mit dieser einfachen Übung innerhalb von Minuten erstaunliche Veränderungen in der Stimme seiner Seminarteilnehmer bewirkt.

Lesen Sie den folgenden Text wirklich laut vor, indem Sie übungshalber hinter **jedem** Komma und Punkt und Bindewort eine kleine Pause von etwa einer Sekunde einlegen (wichtig ist das Lösen der Sprechspannung in der Atemmuskulatur). Blicken Sie am Ende eines jeden Satzes Ihr Publikum an, halten den Blick eine Atembewegung lang und lesen dann weiter. Nutzen Sie dynamisch Ihre gesamte Intonation mit Höhen und Tiefen der Stimme und Sprechgeschwindigkeit.

James Thurber

Der Fuchs und der Rabe

Der Anblick eines Raben, der auf einem Baum saß, und der Geruch des Käses, den er im Schnabel hatte, erregte die Aufmerksamkeit eines Fuchses.

„Wenn Du ebenso schön singst, wie du aussiehst", sagte er, „dann bist du der beste Sänger, den ich je erspäht und gewittert habe."

Der Fuchs hatte irgendwo gelesen – und nicht nur einmal, sondern bei den verschiedensten Dichtern –, dass ein Rabe mit Käse im Schnabel sofort den Käse fallen lässt und zu singen beginnt, wenn man seine Stimme lobt. Für diesen besonderen Fall und diesen besonderen Raben traf das jedoch nicht zu.

„Man nennt dich schlau, man nennt dich verrückt", sagte der Rabe, nachdem er den Käse vorsichtig mit den Krallen seines rechten Fußes aus dem Schnabel genommen hatte. „Aber mir scheint, du bist zu allem Überfluss auch noch kurzsichtig. Singvögel tragen bunte Hüte und farbenprächtige Jacken und helle Westen, und von ihnen gehen zwölf aufs Dutzend. Ich dagegen trage Schwarz und bin absolut einmalig."

„Ganz gewiss bist du einmalig" erwiderte der Fuchs, der zwar schlau, aber weder verrückt noch kurzsichtig war. „Bei näherer Betrachtung erkenne ich in dir den berühmtesten und talentiertesten aller Vögel, und ich würde dich gar zu gern von dir erzählen hören. Leider bin ich hungrig und kann mich daher nicht länger hier aufhalten."

„Bleib doch ein Weilchen", bat der Rabe. „Ich gebe dir auch von meinem Essen ab." Damit warf er dem listigen Fuchs den Löwenanteil vom Käse zu und fing an, von sich zu erzählen.

„Ich bin der Held vieler Märchen und Sagen", prahlte er, „und ich gelte als Vogel der Weisheit. Ich bin der Pionier der Luftfahrt, ich bin der größte Kartograph. Und was das Wichtigste ist, alle Wissenschaftler und Gelehrten, Ingenieure und Mathematiker wissen, dass meine Fluglinie die kürzeste Entfernung zwischen zwei Punkten ist. Zwischen beliebigen zwei Punkten", fügte er stolz hinzu.

„Oh, zweifellos zwischen allen Punkten", sagte der Fuchs höflich. „Und vielen Dank für das Opfer, das du gebracht, indem du mir den Löwenanteil vermacht."

Gesättigt lief er davon, während der hungrige Rabe einsam und verlassen auf dem Baum zurück blieb.

Quelle: http://www.hekaya.de/fabeln/autoren/thurber.html

Persönliche Ausprägung
– Basics Beredsamkeit –

Perfekte Körpersprache

Was jemand denkt, merkt man weniger an seinen Ansichten als an seinem Verhalten.
Isaac Bashevis Singer

Es ist viel über Körpersprache geschrieben worden. Vor dem Körper verschränkte Arme soll Ablehnung implizieren, ein gesenkter Kopf Unterwerfung bedeuten. Fakt ist: Die Art und Weise, wie wir sitzen, stehen und unsere Mimik und Gestik einsetzen, sagt viel über uns aus und ist ein Glaubwürdigkeitsfaktor ersten Ranges. Leider ist es so, dass die meisten Menschen Schwierigkeiten haben, sich selbst zu beobachten und zu beurteilen, wenn es um die der eigenen Persönlichkeit angemessene und gleichzeitig höchst ausdrucksvolle Körpersprache geht. Körpersprache ist jedoch eine der effektivsten Verbündeten des Charismas und somit Grund genug, sich intensiver mit der eigenen äußeren Haltung zu befassen.

Vorträge und Präsentationen – Nervös?

Die ersten Male vor Ihrer Rede werden Sie vielleicht ganz besonders nervös sein. Das macht nichts, denn Nervosität ist ein gutes Zeichen dafür, dass Sie gleich während Ihres Auftritts genug Körperspannung mitbringen, um zu beeindrucken, aber auch über genügend feine Sensoren verfügen, um das Publikum mitsamt der herrschenden Stimmung einschätzen zu können. Sind Sie allerdings zu nervös, geraten Sie aus der Balance – und das darf Ihnen nicht passieren. Bekommen Sie Ihre Energiebilanz physisch, psychisch und mental in den Griff!

Sobald Sie eine zu starke Spannung und einen daraus resultierenden Energieverlust bemerken (Herzklopfen, feuchte Hände, Verspannungen, Magenprobleme und innere Unruhe), müssen Sie gegensteuern.

Klassische Gegenmittel bei starken Spannungen

- Regulierung der Atmung (tiefe Bauchatmung oder schnelles Hecheln)
- Stimmübungen (summen Sie den Buchstaben Ssssss wie eine Biene, hoch und wieder hinunter)
- Selbstsuggestionen (ich bin ruhig und entspannt)
- sportliche Aktivität (Kniebeugen, Hüpfen)

Weitere Mittel zur Entspannung können Sie sich in einschlägigen Fachkursen aneignen. Fragen Sie sich bei extremer Nervosität, woher sie kommt. Wenn Sie fest von Ihrer Idee und Ihrem Anliegen überzeugt sind, gibt es keinen Grund, extrem nervös zu sein. Sollte dies Ihr Schwachpunkt sein, ist es als erste Lektion vor allen anderen wichtig zu lernen, wie Sie sich und Ihren Energiehaushalt wieder in Balance bringen können, und das in allen Situationen. Gehen Sie zum Stimmtraining, zur Meditation, zum Sport.

Zeigen Sie Status!

Charisma geht immer mit einem hohen Status einher. Ob dieser aus Positionsmacht oder aus persönlicher Autorität stammt, ist relativ gleichgültig, denn es kommt vorrangig darauf an, anderen den eigenen Status durch die Körpersprache mitzuteilen. Die amerikanische Kommunikationsforscherin Deborah Gruenfeld zeigt, dass die nonverbalen Signale von Personen mit einem hohen sozialen Status sich elementar von denen eines niedrigen Status unterscheiden.

- Hochrangige Personen
  - nehmen körpersprachlich gesehen viel Raum ein,
  - agieren mit weiten Gesten,
  - sitzen breitbeinig,
  - sehen ihren Gesprächspartnern fest und lange in die Augen.
- Personen mit einem niedrigen Status
  - lächeln oft,
  - wenden den Blick ab,
  - sitzen mit eng an den Körper gepressten Armen und
  - überkreuzten Beinen.

Gruenfelds Untersuchungen zeigen, dass Menschen unbewusst Personen mit einer hochrangigen, also dominanten Körpersprache bevorzugen, nicht nur wenn es um Charisma geht. Wenn Sie also eine charismatische Wirkung herstellen wollen, bleibt Ihnen keine Wahl. Sie müssen sich die Körpersprache einer sozial hochrangigen Person aneignen.

Körperhaltung und Bewegung

Bei fast allen charismatischen Menschen lässt sich eine „geerdete" Körperhaltung feststellen. Stehen Sie mit beiden Beinen nicht nur figurativ fest auf dem Boden, sondern tun Sie es auch tatsächlich. Strahlen Sie durch Ihren festen Stand Zuversicht, Stärke und Selbstbewusstsein aus. Wenn Sie sich in einem Vortrag auf der Bühne hin und her bewegen, so geschieht dies in Form eines langsamen Gehens, das Gesicht immer dem Publikum zugewandt. Üben Sie eine souveräne Körperhaltung vor dem Publikum, indem Sie

- sich breit hinstellen, beide Füße nebeneinander schulterbreit stellen und die Knie nicht ganz durchdrücken (sonst kommen Sie in eine statische Haltung),
- Ihre Schultern ein wenig zurück nehmen, so dass Ihr Brustkorb sich leicht nach außen wölbt,
- kontrollieren, dass Sie Ihre Schultern nicht nach oben ziehen und
- den Kopf leicht anheben und das Kinn gleichzeitig ein wenig zur Brust ziehen und dem Bauch genug Raum zum Atmen geben.

Üben Sie nun ein souveränes hin und her Gehen, indem Sie langsam über eine imaginäre Bühne schreiten, sich in einem Meeting von der einen Seite des Flipcharts zur anderen bewegen. Das Publikum muss Sie immer sehen können, vor allem Ihr Gesicht. Wenn Sie Bewegung in Ihr Thema bringen wollen, gehen Sie los. Bevor Sie einen wichtigen Punkt ins Spiel bringen, bleiben Sie stehen und wenden sich ganz zum Publikum hin. Üben Sie dies vor dem Spiegel und mit der Kamera, so oft Sie können.

Gestik

Gestik ist ein vieldiskutiertes Thema. In vielen Fällen als kulturell bedingt angesehen könnte man denken, dass es in unterschiedlichen Ländern einen ganz unterschiedlichen Gebrauch von Gestik gibt. Das ist sicherlich richtig, jedoch lässt sich kulturübergreifend festhalten, dass charismatische Menschen eine ganz bestimmte Art der Gestik gemeinsam haben: Sie benutzen die sogenannte „weite Gestik“.

- Die Arme liegen nie eng am Körper an, sondern befinden sich immer in einer weiteren Bewegung weg vom Körper.
- Ausgeführte Armbewegungen sind langsam und breit, sie wirken ruhig und kraftvoll.
- Nutzen Sie Ihre Hand oder beide Hände, um wichtige Aspekte zu betonen, indem Sie die Faust ballen, den Zeigefinger heben.
- Zählen Sie die Punkte Ihres Statements an Ihren Fingern ab (erstens, zweitens, drittens ...).

Gestik dient immer der Untermalung einer gleichzeitigen stimmlichen Veränderung wie etwa Lautstärke, Intensität oder Intonation. *Was tun mit den Händen?* ist die häufigste Frage in Körperspracheseminaren. Die Antwort lautet: *Benutzen.* Wenn Sie noch ungeübt in der Nutzung Ihrer Arme und Hände sind, beginnen Sie ganz einfach damit, dass Sie die Hände leicht vor den Körper bringen, so dass die Fingerspitzen beider Hände sich berühren und beide Hände oberhalb Ihres Bauchnabels liegen. Dies ist der Ausgangspunkt jeder Gestik. Achten Sie darauf, dass

- Sie die Hände immer offen halten, wenn Sie argumentieren und um Zustimmung bitten, denn so signalisieren Sie Offenheit und Ehrlichkeit,

- Sie die Hände zur Faust ballen, wenn Sie über etwas sprechen, das mit Angriff oder Kampf zu tun hat,
- Sie den Zeigefinger hochheben, wenn Sie um Aufmerksamkeit für einen Punkt bitten oder vor etwas warnen wollen,
- Sie eine Hand angewinkelt zu einer Art Schild benutzen, um ein „Nein" oder „Stop" zu verdeutlichen,
- Sie eine deutliche Rundbewegung mit Ihren Armen vollziehen, wenn Sie über „Wir" sprechen,
- Sie einen Zeigefinger kurz vor den Mund legen, um Nachdenklichkeit auszudrücken und um dann mit einer Lösung zu brillieren.

Robert Kötter zeigt, wie es geht:

Offenheit

direkte Ansprache

Aufmerksamkeit

Mimik

Vor allem Ihre Mimik entscheidet darüber, ob andere Menschen Sie als authentisch und begeisternd empfinden oder nicht. Wichtig dabei sind zuallererst Ihre Augen. Charismatischen Menschen wird nachgesagt, eine magnetische Anziehungskraft alleine durch ihre Augen auszuüben, was daran liegt, dass sie sehr stark mit Augenkontakt arbeiten und ihn als Dominanzinstrument nutzen.

- **Augenkontakt**

Lassen Sie Ihren Augenkontakt nur selten abreißen und beherzigen Sie einen kleinen Trick: Sie halten den Augenkontakt immer eine Sekunde länger, als es sozial angemessen ist. Üben Sie diese kleine Sekunde gründlich, denn es sind nur einige Millisekunden, die zwischen Dominanz und Freak entscheiden. Wenn Sie es richtig machen, ist es nicht nur Ihre persönliche Autorität, die besser zur Geltung kommt. Sie signalisieren auch eine hohe Aufmerksamkeit, was Ihr Gegenüber zu schätzen weiß. In einer Gruppe oder bei einem Vortrag lassen Sie die Augen von einer Person zur anderen wandern und verweilen pro Person für circa drei Sekunden. Dann gehen Sie weiter, bleiben dabei aber nicht in der Sitzreihenfolge. Springen Sie mit den Augen auf die andere Seite und sehen Sie dort jemanden für drei Sekunden an, während Sie weitersprechen. So kommen Ihre Botschaften persönlicher an und erwecken einen souveränen Eindruck. Frauen tendieren dazu, Augenkontakt öfter abreißen zu lassen. Leider signalisiert dies den Zuhörern Unsicherheit und einen niedrigen sozialen Status mit wenig Selbstbewusstsein, also genau das, was Sie nicht auslösen möchten.

- **Augenmuskeln**

Arbeiten Sie vor allem mit allen Augenmuskeln, gleich ob Sie lachen oder drohen. Ein halbherziges Lächeln mit nur leicht hochgezogenen Mundwinkeln unter völliger Vernachlässigung der Augenmuskulatur lässt Ihr Gegenüber glauben, dass es Ihnen nicht ernst ist. Ihre Augen und die Umgebung der Augen sind der Spiegel der Seele, sagt man, also sorgen Sie dafür, dass Ihre Augen die Seele zeigt, die Sie vorhaben zu zeigen. Üben Sie vor dem Spiegel und filmen Sie sich selbst – nur so können Sie feststellen, wie oft Sie echte und falsche (sozial erzwungene) Augenbewegungen an den Tag legen. Nutzen Sie auch Ihre Augenbrauen. Durch Ihre Augenbrauen drücken Sie Emotionen aus, es macht einen großen Unterschied für Ihr Publikum, ob Sie Ihre Brauen in Abscheu, Begeisterung oder Überraschung hochziehen. Beziehen Sie sie auf jeden Fall mit in Ihre Übungen ein. Zwingen Sie sich dazu, jeden Tag ein wenig mehr zu üben und rechnen Sie damit, dass es anstrengend wird. Je mehr Sie üben, umso mehr wird es zur Routine und somit leichter für Sie.

Übungen:

Üben Sie, mit Ihren Augen folgende Gefühle auszudrücken:

- Anerkennung
- Freundlichkeit
- Stolz
- Begeisterung
- Tatkraft
- Kampfgeist

In Zeiten von Botox & Co. ist das Problem mangender Mimik leider nicht mehr nur ein Luxusproblem der Filmindustrie, sondern auch im täglichen Unternehmensleben angekommen. Die selbst verursachten partiellen Gesichtslähmungen ersticken jegliche charismatische Ausdrucksmöglichkeit. Überlegen Sie daher gut, ob Sie Ausdruck gegen Jugendlichkeit tauschen möchten.

- **Lachen und Lächeln**

Ein herzliches Lachen wirkt ansteckend, freundlich und sympathisch. Setzen Sie dieses Medium dosiert ein. Niemand blickt zu einem ständig strahlenden Sunnyboy oder Sunnygirl auf, und das ist es, was das Publikum von Ihnen will: zu Ihnen aufblicken können. Lächeln oder lachen Sie zu oft, entwickelt sich schnell eine kumpelhafte Sympathie oder ein Eindruck, den Sie schwer wieder loswerden, nämlich den des Rangniederen. Insbesondere gilt dies für Frauen. Frauen, die häufig lächeln oder lachen, werden als sozial rangniedrig eingestuft, wie die Duisburger Sozialpsychologin Nicole Krämer zeigt. Frauen versuchen mit Lächeln oder Lachen zu beschwichtigen, Männer lächeln, um zu beeindrucken und wahrhaftig die „Zähne“, also Dominanz zu zeigen. Das Fazit: Männer – zeigen Sie ab und zu die Zähne. Für Frauen – arbeiten Sie mit den Augen und lächeln Sie seltener als Ihre Artgenossinnen. Sie müssen nicht gleich wie Larry Hagman in der Fernsehserie „Dallas“ lächeln lernen, aber ein wenig mehr Aggressivität darf sein, auch in einem Lächeln.

Sofortige Präsenz

The minute you walked in the joint,
I could see you were a man of distinction.
A real big spender

Diese Zeile aus einem Lied der Souldiva Shirley Bassey macht deutlich, was die Macht des ersten Eindrucks bewirkt. Was spielt sich ab, wenn wir einen Raum betreten, uns für einen Vortrag auf die Bühne begeben oder uns zu einem Meeting mit unserem Team im Konferenzraum hinsetzen? Es ist der berühmte erste Eindruck, für den es angeblich keine zweite Chance gibt. Ich kann Sie an dieser Stelle beruhigen und gleichzeitig beunruhigen, denn es gibt die zweite Chance. Die ersten fünfzehn Minuten nach dem ersten Eindruck sind ausschlaggebend dafür, ob Sie in den Augen des Publikums als charismatisch gelten oder als relativ durchschnittlicher Beitragsgeber eingestuft werden. Sollten Sie es bis dann nicht geschafft haben, wird es sehr schwer, um nicht zu sagen unmöglich, das Ruder noch herumzureißen.
Körpergröße, Aussehen und Kleidung spielen hier eine große Rolle, jedoch kann selbst das bestmögliche Zusammentreffen der drei Faktoren keine Präsenz hervorrufen, wenn Sie es versäumen, eine kleine Präsenzchoreografie einzustreuen.

- Bleiben Sie stehen.
- Werfen Sie einen Blick in den ganzen Raum und lassen Sie Ihren Blick schweifen.
- Drehen Sie Ihren Kopf langsam und blicken Sie zuerst in die Ferne.
- Beginnen Sie nun, einzelne Personen anzusehen und lächeln Sie sie ganz kurz an oder nicken Sie ihnen kurz zu.
- Gehen Sie erst jetzt weiter und halten Sie Ihren Blick auf andere, neue Personen gerichtet.
- Halten Sie sich sehr gerade.
- Suchen Sie die Mitte des Raumes auf, bleiben Sie niemals am Rand stehen.

Üben Sie diese Präsenzauftritte. Cafés, Restaurants, öffentliche Gebäude, Büro, der Bus ... – Sie können überall üben. Es dauert seine Zeit, bis Sie den Präsenzauftritt vor jedem Publikum beherrschen.

Aufstehen und in Erinnerung bleiben

Sprechen Sie immer im Stehen, auch wenn eine Meetingsituation Sie verleitet, für Ihren Vortrag sitzen zu bleiben. Sie wollen gesehen werden und Dominanz ausstrahlen. Das funktioniert nur, wenn Sie vor der Gruppe Ihrer Zuhörer stehen, auf diese herab blicken und den Raum für sich in Beschlag nehmen. Nur aus dieser Position heraus können Sie mühelos Augenkontakt mit allen halten. Ein weiterer Vorteil besteht darin, dass Sie im Stehen besser atmen können und somit die Höhen und Tiefen Ihrer Stimme optimaler nutzen können. In dem Hollywoodfilm „Robin Hood, König der Diebe" lässt der Regisseur Kevin Costner zu einer wichtigen Ansprache auf einen umgefallenen Baumstamm springen, die Alternative zu einer Bühne. Nutzen Sie den Raum – suchen Sie sich eine Bühne! Nehmen Sie in Meetings ruhig den Vorwand zur Hand, Ihr Thema am Flipchart besser zeigen zu können.
Für die Damen: Viele Frauen ziehen es vor, versteckt in der Gruppe sitzen zu bleiben und überlassen so den Ruhm und die Erinnerung an eine eindrucksvolle Präsentation den Herren der Schöpfung, die weniger von Gedanken an Bescheidenheit oder Angst geprägt sind. Brechen Sie mit alten Verhaltensmustern und gehen Sie auf die Bühne – es lohnt sich!

Publikumsarten

Nicht jedes Publikum ist gleich. Wenn Sie einen Vortragssaal betreten und ein ruhiges, leise miteinander sprechendes Publikum erwartet Sie, sollten Sie es langsam angehen lassen, was Körpersprache und Dramaturgie betrifft. Konzentrieren Sie sich anfangs stark auf Fakten und Wissensvermittlung und erwecken Sie durch eine reduzierte Körpersprache mit wenig Gestik einen ruhigen, kompetenten Eindruck. In diesem Fall muss Ihre Mimik jedoch hochaktiv sein. Sprechen Sie mit Ihrem ganzen Gesicht, während Ihr Körper ruhig bleibt.
Ein ganz anderes Vorgehen erfordert ein Publikum, das Sie laut lachend und aktiv empfängt. Dieses Publikum erwartet Drama, Entertainment und eine Menge Dynamik. Geben Sie ihm, was es will – bewegen Sie sich viel auf der Bühne, arbeiten Sie mehr mit Slogans und rhetorischen Fragen, involvieren Sie das Publikum, indem Sie es antworten lassen. Nutzen Sie all Ihre zur Verfügung stehende Gestik und arbeiten Sie stark über Ihre Stimme. Achten Sie darauf, dass Ihre Mimik angemessen ist. Bei manchen Rednern ist eine dynamische Gestik, viel körperliche Bewegung und eine ausgeprägte Mimik einfach „too much".

Stop – Körpersprache!

Was Sie sich auf gar keinen Fall durchgehen lassen sollten:

- die Hände in den Taschen verschwinden lassen
- die Hände hinter dem Rücken verstecken
- an Kleidung und Frisur herumnesteln oder kratzen
- Unterwerfungsgesten (Kopf zur Seite legen, Kulleraugen, Zurückweichen)
- kein Augenkontakt oder Starren
- zu oft lächeln oder zu selten lächeln
- hin und her wanken oder schaukeln
- stocksteif stehen
- unpassende Kleidung

Spotlight – Körpersprache!

Auch hier gibt es wieder nur zu sagen: üben, üben, üben.

Es gibt Menschen, die eine natürliche Begabung mitbringen, und Menschen, die immer wieder intensiv trainieren müssen. Lassen Sie sich davon nicht entmutigen. Auch sehr talentierte Menschen sorgen für regelmäßige Übung, um ihre Ausstrahlung beizubehalten und ständig zu optimieren– in jeder Branche –, *the will to win is important, the will to prepare is vital* stimmt auch hier.

Wenn Sie Ihre nonverbale Ausstrahlung auf Dauer verbessern möchten, eignen sich folgende Übungen ausgezeichnet. Sie stammen von der Wiener Schauspielerin und Trainerin Birgit Oswald, die schon vielen Managern mit ihrer Körperarbeit geholfen hat, eine exzellente und sofortige Präsenz herzustellen. Ich konnte Birgit Oswald vielfach beim Einsatz dieser Übungen in unseren gemeinsamen Trainings beobachten und bin immer wieder erstaunt über die schnellen, sofort sichtbaren Erfolge, die sie damit erzielt.

Übung: Charisma-Erweiterung für Ihre Präsenz

Die folgende Übung dient der Vergrößerung Ihres Ausstrahlungsradius, der besseren Verankerung im eigenen Körper (Präsenz) und einer eindrucksvollen Stimme.

Beginnen Sie langsam durch einen Raum zu gehen. Konzentrieren Sie sich auf Ihr Brustbein (das ist der Knochen in der vorderen Mitte Ihres Brustkorbs). Stellen Sie sich nun vor, dass von Ihrem Brustbein aus ein unsichtbarer Strahl (in Lichtform oder als Atem) ausgeht, der Ihre Richtung im Raum bestimmt. Lassen Sie sich durch diesen Strahl lenken. Achten Sie darauf, dass das Brustbein bei jedem Ausatmen sinken darf (es geht nicht darum, sich „in die Brust zu werfen"). Üben Sie für fünf Minuten, sich, von Ihrem Brustbein gezogen, durch den Raum zu bewegen. Nach diesen fünf Minuten werden nicht nur Sie selbst feststellen, dass Sie sich sehr viel mehr *innerhalb* Ihres Körpers befinden, also Ihre eigene Präsenz besitzen, auch Außenstehende, die die Übung nicht selbst mitgemacht haben, bemerken sofort Ihre Veränderung.

Übung: Charisma-Erweiterung für Ihren Auftritt

Diese Übung dient der dynamischen Körperspannung, die uns in ein gutes, schnelles Agieren und einen präsenten Auftritt bringt. Sie wissen bereits, dass Schlaffheit (Unterspannung) und Angespanntheit (Überspannung) die beiden Extrempole im Körper sind, die Charisma zuwider laufen.

Stellen Sie sich fest auf beide Fußsohlen, möglichst ohne Schuhe, und platzieren Sie die Füße so, dass sie genauso breit wie Ihre Schultern stehen. Beginnen Sie nun, mit geschlossenen Augen langsam nach vorne und nach hinten zu schwanken. Stellen Sie sich vor, dass Sie ein Uhrenpendel sind, das von Kopf bis Fuß langsam vor und zurück pendelt. Üben Sie einige Minuten, bis Sie das Gefühl haben, dass sich von Kopf bis Fuß ein Gefühl der *Einheit* eingestellt hat. Beginnen Sie danach, diese Übung seitwärts zu machen – das Pendel schwingt von einer Seite auf die andere. Achten Sie darauf, dass Sie keine körperliche Höchstleistung erbringen sollen, sondern das Gefühl der Einheit herstellen wollen. Wenn Sie einige Minuten seitwärts gearbeitet haben, beschreiben Sie nun einen kleinen Kreis-Pendel. Üben Sie für zwei bis drei Minuten. Wenn Sie nun ruhig stehen und sich auf Ihren Körper konzentrieren, werden Sie bemerken, wie mühelos Ihr Stand, Ihre Aufrichtung und Ihre körperliche Wachheit sind. In diesem körperlichen Zustand der Wachheit können Sie alles vor Ihnen Liegende, sei es eine Präsentation oder eine kreative Aufgabe, besser erfassen und bewältigen, denn Sie verfügen über eine exzellente Bodenhaftung.

Übung: Charisma-Erweiterung für Ihre Stimme

Die folgende Übung dient der Befreiung und Kontrolle der Stimme (beispielsweise bei Nervosität in Auftrittssituationen) und fördert einen guten Stimmsitz und eine Zwerchfelllockerung.

Ballen Sie beide Hände zu Fäusten. Stellen Sie sich vor, dass Sie in beiden Fäusten Farbbeutel halten, die Sie nun mit einem lauten (!) „HA" und „HO" an die Wände, die Decke und den Boden werfen (bitte beachten Sie, dass diese Übung nur funktioniert, wenn Sie sich tatsächlich in die Welt der Farben begeben). Betrachten Sie nun Ihr buntes Ergebnis – Rot, Grün, Blau, Gelb ... –, während Sie die Spannung wieder loslassen.

Übung: Augenbeweglichkeit

Strecken Sie den Daumen der rechten Hand vor sich hin, in Augenhöhe. Malen Sie mit Ihrem Daumen die Zahl 8. Die 8 liegt, sie steht, sie hat verschiedene Größen. Verfolgen Sie den malenden Daumen mit den Augen, ohne dabei den Kopf zu bewegen. Wechseln Sie nach einer Minute auf den linken Daumen und üben Sie weiter. Sie werden fühlen, wie Sie zwischen linker und rechter Körperhälfte nicht nur mit den Augen, sondern auch dem ganzen Körper wechseln. Beenden Sie die Übung nach einigen Wechseln. Sie haben nicht nur Ihre Augenmuskeln gelockert, sondern auch Ihre Gesichtsmuskeln, d. h. Ihr Gesichtsausdruck wirkt entspannter. Die Übung hat ebenfalls eine sehr positive Auswirkung auf Ihre Gelassenheit und Ihre Gesamtausstrahlung.

Persönliche Ausprägung – Körpersprache –

Äußere Präsentation des Selbst

Kleidung, Schmuck & Co. – wie wir am Beispiel von Steve Jobs sehen, haben Äußerlichkeiten wie Kleidung, Haarschnitt und Schmuck nicht immer einen Einfluss auf Charisma. Ich gehe davon aus, dass Sie in der Lage sind, sich dem Anlass und der Umgebung entsprechend seriös zu kleiden und Ihr Anliegen nicht durch ein ungepflegtes Äußeres oder unnötig protzige Accessoires zu gefährden. Sie können einen teuren Maßanzug tragen, die höchsten Absätze vorführen, die ausgefallensten Uhren an Ihrem Handgelenk präsentieren, egal, was Sie tun, es wird Ihnen kein Charisma verschaffen, wenn der Rest nicht stimmt – und der Rest sind 99,999 Prozent. Wenn Sie sich unsicher sind, buchen Sie einen Berater, der mit Ihnen einkaufen geht und Sie in Stilfragen berät. Dennoch bleibt festzuhalten, dass Sie sich je nach Branche und Persönlichkeit schon ein wenig inszenieren sollten, was Ihr Äußeres betrifft. Wenn Sie kein lauter Mensch sind, der überall sofort durch seine Stimme und seine Körpersprache auf sich aufmerksam macht, können Sie durchaus zu Kleidung und – für die Damen – zu Make-up greifen, um Ihre Persönlichkeit eindrucksvoller wirken zu lassen.

Wirkungsvoller Inhalt

Die schönsten Formulierungen sind üblicherweise auch die einfachsten.
Adam Smith

Eindrucksvolle Stimme, mitreißende Körpersprache – aber was hat der Redner gerade gesagt und wofür wollte er noch werben? Menschen, die einen wirklich charismatischen Vortrag hören, können im Nachhinein sehr genau wiedergeben, worum es ging. Das bedeutet für Sie, dass Sie sich einige Mühe mit dem Inhalt Ihres Vortrages machen müssen.

Leider grassiert eine missverstandene Kommunikationsregel in allen Rhetorikseminaren dieser Welt. Der Psychologe Albert Mehrabian stellte 1967 eine Kommunikationsregel auf, die auch heute noch in aller Munde ist. Sie lautet 55 – 38 – 7 und beschreibt den Eindruck, den wir bei unseren Gesprächspartnern hinterlassen. Laut Mehrabian läuft eine Kommunikation wie folgt ab:

- Zu 55 % beeindruckt die Körpersprache,
- zu 38 % die Stimmlage und nur
- zu 7 % der Inhalt.

Wenn Mehrabian recht hätte, würde dies bedeuten, dass wir unsere Inhalte vernachlässigen könnten, und zwar völlig! Sie sind sicherlich mit mir einer Meinung, dass dem nicht so sein kann; also Anlass genug, sich Mehrabians Untersuchung einmal genauer anzusehen und dem Mythos auf den Grund zu gehen. Das Resultat erstaunt nicht. Mehrabian hatte zwar durchaus recht, aber nur in einem einzigen Fall: wenn es um schlechte Präsentatoren ging.

Kongruenz und Intuition

Mehrabian führte seine Untersuchung in einem Setting durch, das uns auch heute durchaus vertraut erscheint. Er stellte Präsentatoren vor eine Gruppe und ließ sie einen Vortrag halten. Was Mehrabian im Anschluss an seine Untersuchung immer wieder betonte, aber was heute oft unter den Tisch gekehrt wird, ist, dass seine Ergebnisse nur Situationen betrafen, in denen das Publikum eine *Inkongruenz* zwischen dem verbalen und dem nonverbalen Verhalten eines Vortragenden feststellte – d. h., wenn Körpersprache und Stimme nicht mit dem präsentierten Inhalt übereinstimmten, sei es, weil der Vortragende unsicher war, unehrlich wirkte oder ganz einfach nicht authentisch herüberkam. Psychologisch gesehen lösen solche Situationen beim Publikum etwas aus, das in der Fachsprache mit *kognitiver Dissonanz* bezeichnet wird – dem intuitiven Gefühl, dass irgendetwas nicht stimmt.
Wenn Menschen kognitive Dissonanz, also ein Ungleichgewicht, erfahren, versuchen sie ihr inneres Gleichgewicht wiederherzustellen und Stimmigkeit, sprich *Kongruenz*, zu finden. In solchen Situationen fällt der menschliche Körper in einen uralten Mechanismus zurück: Er blendet das Kognitive, das Denken, den Inhalt aus und konzentriert sich intuitiv auf die Körpersprache und die Stimme, die Aufschluss darüber geben können, ob die Person gefährlich für uns ist oder ob sie sympathisch bzw. unsympathisch ist. So wundert es kaum, dass am Ende eines derart nicht stimmigen Vortrags nach dem Inhalt befragt, kaum mehr als sieben Prozent erinnert werden können.

Ansprechen und Aussprechen!

Charisma lebt stark von Inhalten, und zwar von gut präsentierten Inhalten. Was müssen Inhalte, die beeindrucken und beeinflussen sollen, können? Die Inhalte müssen die innersten Gefühle, Bedürfnisse und Wünsche der Zuhörer ansprechen, und *Sie* müssen sie aussprechen. Denken Sie daran: Einen charmanten Vortrag halten viele, einen charismatischen wenige. Wir haben uns bereits unter der Strategie des Networking damit beschäftigt, Inhalte zu finden, die andere Menschen interessieren. Sobald Sie ein Thema haben, geht es an den Aufbau des Inhalts.

Aufbau des Inhalts

Wichtig ist es, den Inhalt zu gestalten. Beginnen Sie immer damit, eine kleine innere Checkliste abzuhaken.

Checkliste: Gestaltung

Was sollen Ihre Zuhörer nach Ihrem Vortrag tun?

Was sollen Ihre Zuhörer in drei Monaten noch erinnern?

Wie stehen Ihre Zuhörer zu dem Thema?

Ist das Thema aktuell und relevant für Ihre Zuhörer?	Ja	☐	Nein	☐
Sprechen Sie Ihren Zuhörern aus der Seele?	Ja	☐	Nein	☐
Gibt es Punkte, in denen Sie sich fachlich nicht sicher sind?	Ja	☐	Nein	☐
Wenn ja, welche?				
Gibt es Punkte, die mit Ja und Nein beantwortet werden können?	Ja	☐	Nein	☐
Wenn ja, welche?				

Begeben Sie sich niemals auf das Glatteis des Nicht-Wissens! Alles, was Sie vortragen, müssen Sie wissen und mit einem klaren Ja oder Nein beantworten können. Charisma kennt keine Grauzonen!

Ihre Präsentation können Sie nach mehreren Mustern aufbauen. Eines jedoch sollte sie immer beinhalten: eine provokante These. Charisma kann ohne Provokation nicht existieren.

Muster für den Aufbau einer Präsentation

1. Begrüßung des Publikums
2. Provokante These
3. Einleitung – zu den Fakten
4. Mittelteil
5. Schlussteil

Im Einzelnen:

Zu 1.: Begrüßen Sie Ihr Publikum – kurz und einfach:
Meine sehr geehrten Damen und Herren, liebe Kollegen

Zu 2.: Lassen Sie sofort Ihre provokante These folgen:
Mein Thema heute ist…
oder beginnen Sie ohne Einleitung mit Ihrer Behauptung.
Die provokante These (Näheres dazu im folgenden Unterpunkt) dient dazu, die unumstrittene Aufmerksamkeit und natürlich auch das Wohlwollen des Publikums zu gewinnen.

Zu 3.: Schildern Sie kurz die Struktur Ihrer Präsentation, wer Sie sind und was Ihr Anliegen ist, und steigen Sie mit einigen Fakten ein, die Ihre provokante These erläutern.

Zu 4.: Der Mittelteil besteht aus zwei Bereichen:

- Zum einen enthält er ZDF, die **Z**ahlen, **D**aten und **F**akten, die Sie nutzen werden, um Ihre These zu untermauern und
- zum anderen Emotion. Sie sind gefordert, die Emotionalität und Aufmerksamkeit Ihres Publikums aufrechtzuerhalten.

Spicken Sie daher Ihre ZDF-Teile mit rhetorischen Fragen, die Sie selbst mit viel Emotion beantworten, dramatisieren Sie via Körpersprache und Stimme, halten Sie Ihr Publikum aktiv, indem Sie Gefühlsargumente einbringen, die erklären, warum das Problem so und nicht anders behandelt werden muss. Der Coach Robert Kötter hat diese Gefühlsargumente in eine Übung gepackt, die er *Reden Sie von sich* nennt (siehe nächste Seite).

Zu 5.: Der Schlussteil enthält Ihre Zusammenfassung und die Auflösung Ihrer provokanten These, mit der Aufforderung, nun aktiv zu werden. Schwächeln Sie nicht zum Ende hin – das Ende ist das, was zählt und in Erinnerung bleibt. Sagen Sie klar, was Sie von Ihrem Publikum erwarten.

Übung: Reden Sie von sich!

In unserer durchrationalisierten Welt glauben viele an den altbekannten Focus-Slogan: Fakten, Fakten, Fakten. Aber uns Menschen, die wir seit Jahrtausenden von Fabeln und Märchen, von Erzählungen und Spannungsbögen geprägt sind, beeindruckt etwas ganz anderes, nämlich vor allem Geschichten, bei denen wir mitfühlen können. Beim Sprechen in der Gruppe schaffen Sie dieses Mitgefühl, die Empathie, dadurch, dass Sie nicht nur von Fakten sprechen, sondern von Ihnen selbst, von Ihrer Sicht auf die Welt. Damit weisen Sie die Richtung, in die Ihr Publikum, Ihre Zuhörer gehen sollen. Arbeiten Sie daher mit Formulierungen wie:

- „Was mich besonders fasziniert hat, war ..."
- „Ich war überrascht zu sehen, dass ..."
- „Was mich an dieser Tatsache verblüfft, ist ..."
- „Besonders eindrucksvoll fand ich ..."

Trainieren Sie zu Hause und im Beruf, Ihren nächsten Sachbericht mit solchen persönlichen Formulierungen aufzuwerten. Um authentisch zu bleiben, suchen Sie sich das Detail heraus, das Ihnen wirklich am meisten Spaß gemacht hat, das Sie verärgert oder überrascht hat – alles, wo Sie eine Emotion gespürt haben. Planen Sie dann, Ihre Emotion rhetorisch einzubringen und üben Sie Ihren Vortrag oder Ihren Bericht. Fragen Sie andere, ob Ihr Vortrag lebendiger, nachvollziehbarer und spannender geworden ist.

Die provokante These – Ihre Inszenierung

Um die Aufmerksamkeit Ihres Publikums zu gewinnen, müssen Sie immer mit einem provokanten Satz oder Statement einsteigen. Menschen sind Gefühlswesen und hören am besten zu, wenn Sie diese Gefühle in Bewegung bringen, selbst wenn sich die anderen für nüchterne Sachmenschen halten. Ihr Ziel ist: Das Publikum soll Ihnen bis zum Schluss interessiert und gebannt zuhören.

Beipiele für provokante Thesen:

Thema: Biowein

In zehn Jahren werden 90 Prozent aller deutschen Weine Bioweine sein.
Bioweine ruinieren den Ruf des deutschen Weines.

Thema: Finanzmarkt
In fünf Jahren ist der Euro tot.
Die DM kommt zurück. Und zwar nächstes Jahr.

Wie Sie sehen, ist das Schema relativ simpel. Sie bilden einen einzigen kurzen Satz, der Ihre These enthält. Ihre These muss aufrütteln, begeistern, Ablehnung hervorrufen, schockieren. Ob Sie dann Ihre These Schritt für Schritt *belegen* oder *widerlegen*, ist eine ganz andere Sache.
Eine wunderbar provokante These besteht aus einer Technik – der Technik des Widerspruchs, allen Eltern mit pubertierenden Kindern bestens bekannt. Positionieren Sie sich gegen eine allgemein vertretene Meinung Ihrer Branche. Stellen Sie sicher, dass Sie Zustimmung im Publikum finden und dessen Meinung vertreten, z. B. dass etwas passieren muss:

„Meine Damen und Herren, für Jahrhunderte glaubte die Welt, dass die Erde eine Scheibe ist, und seit Jahrhunderten glauben wir, dass Weinflaschen nur mit Korken verschlossen werden können. Ich sage Ihnen: ..."
„Entgegen der immer wieder kolportierten Meinung, dass ..., sage ich: Die DM kommt zurück, und zwar noch dieses Jahr."

Eine gute Technik, um Fakten in der Einleitung provokant zu präsentieren, ist die der negativen Fakten:

„Meine Damen und Herren, Fakt ist: Jährlich sterben 20.000 Menschen in Unfällen. Das heißt, etwa 0,02 Prozent der gesamten Wohnbevölkerung verunglückt tödlich. Von diesen Unfällen, meine Damen und Herren, sind fast 50 Prozent Verkehrsunfälle. Ich sage Ihnen: Wir können es hier und heute ändern."

Slogans

Erfinden Sie einen Slogan für Ihren Vortrag oder Ihr Projekt. John F. Kennedy machte es vor, Barack Obama machte es nach: *„Ich bin ein Berliner*“ oder *„Yes we can*“ lauten die kurzen Sätze, die weltbekannt wurden. Hätten sie gelautet: „Ich kann verstehen, dass die Situation in Berlin nicht einfach ist“ oder „Ich denke, dass wir es schaffen können“, würde sich kein Mensch mehr daran erinnern.

Wenn Sie sich den Satz „*Yes we can*" näher ansehen, beinhaltet er eine Provokation (es gibt Leute, die behaupten, wir könnten es nicht) und eine Unterstellung (nämlich: wir können es) als auch eine positive Verstärkung, das *Yes*. Was erreichen Sie mit einer solchen Formulierung?
Das Publikum fragt sich nun, was es denn nun genau kann und wie es vonstattengehen soll. Es ist neugierig, ein wenig stolz, auch wenn es noch nicht genau weiß, worum es geht. Der Satz „*Ich bin ein Berliner*" enthält ebenfalls eine Provokation (latente Drohung an die Regierungen und Länder, die Berlin als Geisel halten), eine positive Verstärkung (wir Amerikaner stehen zu Euch) und eine Unterstellung (ich bin so stolz auf Euch, wie Ihr Euch tapfer haltet).
Wenn Sie nach Ihrem Satz suchen, achten Sie darauf, dass er zumindest zwei dieser Komponenten enthält. Alles, was den Stolz Ihres Publikums anspricht, ist dazu geeignet, gut im Gedächtnis haften zu bleiben. Haben Sie Ihren Satz gefunden, liegt das Geheimnis darin, diesen Satz zu inszenieren und immer wieder zu wiederholen – so einprägsam, dass er bis zum Ende begeistert und bewegt. Es bedeutet: Er muss den Beginn Ihres Vortrags bilden, die Mitte und das Ende!

Beispiele für Slogans:

- Glykolwein – nein danke!
- Mehr Glück für alle? Yes please!
- Höhere Steuern – ohne uns!
- Sie wollen mehr Leistung? Die kriegen Sie!
- Wir können Qualität!
- Wir sind Europa!

Gehen Sie poetisch und frech an Ihre Slogans heran. Denken Sie an den Boxer Muhammad Ali, der sich nicht nur durch seine Schlagkräftigkeit, sondern auch durch seine dichterische Ader auszeichnete. Sein *Rumble in the Jungle* als Ankündigung des Kampfes gegen George Foreman machte ihn ebenso bekannt wie sein Reim, als er gegen Joe Frazier antrat: *It's gonna be a thrilla// and a chilla// and a killa// when I get the gorilla// in Manila.*

Metaphern & Co.

Denken Sie jetzt bitte einmal nicht an Folgendes: *Einen rosa Elefanten!!!*
Bis auf diejenigen unter Ihnen, denen jegliches bildliches Denken fremd ist, haben alle den rosa Elefanten vor ihrem geistigen Auge gesehen. Charismatische Menschen und ihre Sprache arbeiten sehr stark mit dem Medium Bild, zu zwei Dritteln häufiger als andere Redner oder Gesprächspartner. Metaphern, Analogien und Geschichten bilden das inhaltliche Werkzeug, mit dem sie Zukunftsbilder malen und gestalten. Wissenschaftlich lässt sich nachweisen, dass sich Metaphern und Geschichten sofort einen Weg in das Unterbewusste bahnen. Sie erzeugen Gefühle, die sofort ins Blut gehen wie Traubenzucker, denn ein Drittel unseres Gehirns besteht aus Bildern und wir können uns dieser Bildern nicht erwehren. Ob Martin Luther Kings mit kurzen Metaphern bestückte Rede *„I have a dream“*, die Ölfirma Esso und der Tiger *„Put a tiger in your tank“* oder Sprichwörter wie *„ein heißes Eisen”* sowie *„einen Stein ins Rollen bringen“* – alle lassen Bilder in unserem Kopf entstehen. Das bedeutet für Sie: Bereiten Sie ein ganzes Arsenal an Bildern und Geschichten auf, die Sie publikumswirksam und situationsgerecht einstreuen und einarbeiten können, um Ihre Anliegen zu verdeutlichen.

Beispiele für Metaphern

- Wasser – das Gold der Wüste
- Ein Bild sagt mehr als tausend Worte
- Aschenputtel oder Prinzessin?
- Sekt oder Selters?
- So weiß wie Schnee
- So schön wie ein Gemälde
- Das Alter verhält sich zum Leben wie der Abend zum Tag
- Auf einer Erfolgswelle reiten
- Für seine Überzeugung in den Ring steigen
- Begeisterung ohne Wissen ist wie Rennen in der Dunkelheit.

Stellen Sie jetzt Ihre eigenen Bilder her und malen Sie sie für Ihr Publikum. Üben Sie das Erstellen von Metaphern.

Übung: Zeit für Ihre Metaphern!

1.

2.

3.

4.

5.

Beispiel: Metapher live

Nehmen Sie beispielsweise den Begriff *„Einen Stein ins Rollen bringen"*. Sie konzipieren eine kleine Rede oder einen kurzen Vortrag. Bedenken Sie dabei Folgendes: Wenn Sie einen „Stein ins Rollen" bringen, dann müssen Sie erklären,

- wohin er rollen soll,
- welche Stationen er auf dem Weg zu seinem Ziel passiert,
- auf welche Hindernisse er trifft,
- wie er diese überwindet,
- wie es dort aussieht, wo er ankommt,
- und natürlich, wofür der Stein sinnbildlich steht.

Überlegen Sie auch unter dem Aspekt der Proaktivität: Dient der Stein als Bild für einen nachhaltigeren Umgang mit Ressourcen, für einen anderen Umgang mit Problemen und Hindernissen, für ein innovatives neues Produkt, das vielen Menschen das Leben erleichtern wird?

Übung: Metapher live

Hängen Sie nun Ihr Anliegen an Ihrer Metapher auf und konzipieren Sie eine kleine Rede oder einen kurzen Vortrag.

Anliegen

Metapher

Storytelling

Storytelling als Methode der Vermittlung von Gedanken ist sehr modern geworden. Vielen charismatischen Berühmtheiten wird nachgesagt, dass sie große Erzähler waren und ihr Publikum mit Gleichnissen faszinierten. Ich möchte Sie an dieser Stelle zwar nicht vor dem Einsatz dieser Technik warnen, Ihnen aber eines ans Herz legen: Storytelling wirkt nur, wenn Ihre berufliche Branche und Sie selbst zu 100 Prozent dazu geeignet sind, eine Geschichte zu erzählen. Warum? Weil Sie nicht Martin Luther King sind und Ihr Publikum vielleicht gerade keine Zeit oder Lust hat, eine Geschichte anzuhören. Viele Menschen empfinden diese kleinen Märchenstunden als äußerst belehrend und reagieren eher negativ. Unbestritten ein mächtiges Instrument, wenn es richtig eingesetzt wird, kann es genauso gut zerstörerisch wirken. Bleiben Sie für den Anfang lieber bei kürzeren Metaphern, damit fahren Sie besser, besonders wenn es sich um ein relativ nüchternes Publikum handelt. Wenn Sie trotzdem feststellen möchten, ob Storytelling zu Ihnen passt, dann versuchen Sie jetzt, folgende Geschichte in Ihren Vortrag zu integrieren.

Storytelling: Die Wunder dieser Welt

Während einer Geschichtsstunde in der Schule wurde eine Schulklasse gebeten, doch die sieben größten Wunder dieser Welt, egal ob aus der Antike oder der modernen Welt, auf einem Blatt Papier aufzuzählen. Der Lehrer sammelte die Blätter ein und erstellte eine Hitliste:

- Die Pyramiden von Gizeh
- Die hängenden Gärten von Babylon
- Der Grand Canyon
- Die chinesische Mauer
- Der PC
- Das Taj Mahal
- Das Kolosseum in Rom

Ein Blatt fiel dem Lehrer auf. Auf diesem waren keine antiken oder neuzeitlichen Weltwunder notiert. Er las:

- sehen können
- hören können
- fühlen können

- meine Eltern
- meine Mitschüler
- meine Tiere
- die Blumen im Garten

Und die Moral von der Geschichte: Diese ganz alltäglichen Dinge, die wir oft als ganz selbstverständlich betrachten, sind wirklich wunderbar. Die schönsten und wertvollsten Sachen im Leben sind diejenigen, die man sich nicht kaufen kann.

Stop – Inhalt!

Kennen Sie Ihre Inhalte und bereiten Sie sich gründlich vor, aber werden Sie nicht zum Besserwisser!

Spotlight – Inhalt!

Denken Sie immer an einen Satz von Stanley Kubrick, wenn Sie meinen, keine Zeit für die Vorbereitung zu haben: *Wenn Du brillant über ein Problem reden kannst, scheint das Problem bereits gelöst zu sein.*

Eine gute Vorbereitung ist das A und O. Dies betrifft nicht nur die inhaltliche Vorbereitung, sondern ebenfalls im Vorfeld die Abklärung der folgenden Punkte:

- Sprechen Sie nur über Themen, zu denen Ihre Zuhörer eine Meinung haben.
- Sprechen Sie nur über Themen, die Ihre Zuhörer betreffen.
- Informieren Sie sich über Ihr Publikum und stellen Sie dessen Sicht dar! Verleihen Sie ihm eine Stimme.
- Themen, die niemanden wirklich interessieren oder betreffen, eignen sich nicht zur Steigerung einer charismatischen Wirkung.
- Sprechen Sie darüber, was Sie in vorab geführten Gesprächen mit den Mitarbeitern erfahren haben, vielleicht dass sie wütend sind oder ängstlich.
- Begehen Sie niemals den Fehler, über sich und Ihre Sicht der Dinge zu sprechen, ohne genau zu wissen, wie die anderen dazu stehen.

An dieser Stelle folgt noch eine Übung, die Sie regelmäßig nutzen sollten, um Ihre Ausstrahlung zu optimieren. Die Übung stammt wieder von der Wiener Schauspielerin Birgit Oswald. Sie ist ganz besonders gedacht für Menschen, die sich mit einem freien Redefluss oder generell mit dem freien Sprechen schwer tun.

Übung: Phantasierede

Denken Sie sich eine Phantasierede aus. Das Thema, ganz gleich, wie spaßig es auch klingen mag, wird so behandelt, als sei es ein äußerst ernstes und wichtiges Thema. Folglich sollte auch Ihre Argumentation logisch und wahrhaftig aufgebaut sein. Ein Beispiel: *„Der europäische Gerichtshof hat bestimmt, dass alle Hunde in Europa blau angemalt werden."*

Finden Sie nun Argumente dafür und dagegen:

Dann beginnen Sie Ihre Rede, die Sie ohne zu stocken vor einem kleinen Publikum halten. Sie dürfen Phantasieargumente benutzen, erfundene Tatsachen, aber auch Elemente aus dem realen Leben. Die Übung trainiert mit Humor Ihre ganz persönliche rednerische Fähigkeit. Sie können gut an sich selbst beobachten, wo und wann Sie so richtig in Fahrt kommen und Ihr Publikum überzeugen. Zudem entwickeln Sie einen spielerischen Umgang mit Ihrer Rolle als Redner.

Birgit Oswald nennt die Übung *Die Phantasierede* – ich nenne sie seit kurzem *Allez les bleus*, nach dem unvergesslichen Schlussplädoyer eines unserer Seminarteilnehmer, der das Thema der blauen Hunde mit dem Schlachtruf der französischen Fußballnationalmannschaft verargumentierte und damit wahrhaftig einen bleibenden Eindruck hinterließ.

Persönliche Ausprägung – Inhalt –

Zusammenfassung

Maximale Ausstrahlung durch Rhetorik, Körpersprache und einen gut geplanten und inszenierten Inhalt sind die Basics, die Sie beherrschen müssen, wenn es um Charisma geht. Optimieren Sie Ihr Verhalten in allen drei Kategorien und nutzen Sie jede Gelegenheit, zu üben und dazuzulernen.

Strategie 4: Integrität und Glaubwürdigkeit

Die Frage lautet nicht, ob wir genügend qualifizierte Leute dafür haben. Die Frage lautet, ob sie genügend Glaubwürdigkeit genießen.
Berthold Leibinger

Als der Investor Warren Buffet in den frühen 1990ern Salomon Brothers übernahm, kam er in ein Unternehmen, das von Skandalen geschüttelt war. Buffet holte eines Tages alle Mitarbeiter zu sich und erklärte, dass er persönlich ab sofort die Position des Chief Compliance Officers wahrnehmen würde. Alle Mitarbeiter erhielten Buffets private Telefonnummer mit der deutlichen Aufforderung, Fehlverhalten im Unternehmen sofort zu melden. Buffet erwartete nicht, dass nun Hunderte von Anrufen eingingen – jedoch machte seine Aktion allen Mitarbeitern klar, dass Ethik und Moral für ihren neuen Chef mehr waren als nur ein bloßes Lippenbekenntnis.

Was Warren Buffett (vom Magazin *Stern* auch als „die freundlichste Heuschrecke der Welt“ bezeichnet) bei Salomon Brothers inszenierte, war nur ein Auszug aus einer langen Karriere, gespickt mit Glaubwürdigkeit und Werten. Als harter Hund in der Finanzbranche bekannt, hatte und hat Buffett auch ganz andere Seiten. In einer seiner letzten spektakulären Aktionen spendete er fast sein ganzes Vermögen an wohltätige Institutionen. Er ist ein Kapitalist, wie er im Buche steht, aber ein guter, der von vielen wie ein Heiliger verehrt wird – ein Mensch mit nicht nur großem Reichtum, sondern auch mit sehr viel Charisma. Sein wohl größtes Vermögen besteht aber nicht aus Geld, sondern aus Glaubwürdigkeit.

Als Charakteristik begehrt bei allen Führungskräften, sind Integrität und Glaubwürdigkeit etwas, ohne das Charisma nicht existieren kann. Glaubwürdigkeit stellt quasi das Gegengewicht zur Begeisterungsfähigkeit charismatischer Menschen dar. Innovative Vorgehensweisen und revolutionäre Ideen benötigen einen realistischen Rahmen, um von anderen Menschen akzeptiert und umgesetzt zu werden. Ganz gleich, wie rhetorisch perfekt Sie Ihr Ziel oder Ihre Idee inszenieren, und ganz gleich, wie attraktiv und wünschenswert Sie das Ziel gestalten, denken Sie immer daran: ohne Glaubwürdigkeit kein Charisma.

Menschen überprüfen Glaubwürdigkeit immer auf drei Verhaltenskomponenten hin:

- Intellektuell sind Sie immer auf dem neuesten Stand in Ihrem Fachbereich und auch darüber hinaus. Sie besitzen außergewöhnliche Argumentationsfähigkeiten, können Einwände durch eine fundierte Beweisführung entkräften, ohne anderen das „Gesicht“ zu nehmen.
- Moralisch besitzen Sie den Mut zu eigenen Überzeugungen. Sie scheuen sich nicht, das Gegenteil von dem zu postulieren, was die Masse und die Mitbewerber tun. Vor allem tun Sie nichts, was anderen Menschen Schaden zufügt.
- Emotional verfolgen Sie Ihre Ziele mit Begeisterung und Energie. Sie sind dazu bereit, Opfer zu bringen und auch persönliche Risiken einzugehen.

Vertrauen

„Vertraue mir"

Die Schlange Ka zu Mogli, während sie sich langsam um seinen Körper windet. (Das Dschungelbuch, USA 1967)

Glaubwürdigkeit hängt eng mit dem Begriff des Vertrauens zusammen. Wenn Menschen Ihnen vertrauen, glauben sie Ihnen. Wenn Menschen Ihnen glauben, werden sie so handeln, wie Sie es vorschlagen. Wenn Ihr Vorschlag und die daraufhin erfolgte Handlung erfolgreich sind, wird Ihnen die magische Fähigkeit zugeschrieben, Dinge voraussehen, analytisch beurteilen und vor allem die richtige Entscheidung treffen zu können. Wäre der Vorschlag von einer Person gekommen, die nicht über Ihre Glaubwürdigkeit verfügt, wäre er wahrscheinlich gar nicht in Betracht gezogen worden. Vertrauen ist Ihr Weg in die Köpfe und Herzen der Menschen. Werfen wir einen Blick darauf, wie Vertrauen entsteht. Da Charisma und Vertrauen einander bedingen, ist auch das Schaffen von Vertrauen nichts anderes als eine ganz bestimmte Art und Weise, sich zu verhalten. Menschen nehmen wahr, dass Sie

- als Person ehrlich sind,
- dass Ihre Botschaften ehrlich sind und
- dass Ihnen nichts Ausbeuterisches oder Egoistisches anhaftet.

Im Grunde genommen ist es erschreckend leicht, Vertrauen zu gewinnen, denn Vertrauen wird Ihnen oft auf gut Glauben geschenkt, in Form von Vorschussvertrauen. Es reicht zumeist aus, ein wenig Kommunikation zu betreiben, um den anderen davon zu überzeugen, dass Sie nichts Böses im Schilde führen. Wie oft haben Sie auf einer Zugfahrt schon Ihr Gegenüber, das gerade einmal eine halbe Stunde neben Ihnen sitzt und Ihnen völlig unbekannt ist, gebeten, doch einmal kurz auf Ihre Sachen aufzupassen, während Sie sich einen Kaffee besorgen? Ich für meinen Teil kann sagen: sehr oft. Dieses Vorschussvertrauen wächst aus der Erfahrung heraus, dass wir mit dem anderen noch keine schlechten Erfahrungen gemacht haben. Unser Zugnachbar hat sich in der letzten halben Stunde freundlich und gesittet verhalten, warum also sollte er oder sie nicht auch geeignet sein, auf unsere wertvollen Besitztümer aufzupassen? Psychologisch gesehen nehmen wir hier eine grobe Verallgemeinerung vor, um uns das Leben zu erleichtern, eine eventuelle Restunsicherheit verdrängen wir.

Anders sieht es aus, wenn wir schon einmal in dieser Situation eine schlechte Erfahrung gemacht haben. Unser Sitznachbar könnte der ehrlichste Mensch auf Erden sein, aber nichts in der Welt wird uns dazu bringen, noch einmal den gleichen Fehler zu begehen und unser Gepäck einem Fremden anzuvertrauen. Auch hier schlägt unsere Verallgemeinerungstendenz zu. Einmal schlechte Erfahrung, immer schlechte Erfahrung. Wenn Sie das Vertrauen anderer Menschen erringen möchten, kann es also ganz einfach gehen oder sehr schwierig werden, je nach Vorgeschichte der anderen.

Vertrauen auf den ersten Blick

Vertrauen schenken hat viel mit Intuition zu tun. Sie erinnern sich an Mehrabian und seine Untersuchungen zu Inhalt, Stimme und Körpersprache (im Kapitel Maximale Ausstrahlung). Stimmen Ihre Körpersprache, Ihre Stimme und das, was Sie sagen, nicht überein, wird Ihr Gegenüber ein „mulmiges" Gefühl bekommen. Es wird Ihnen nicht mehr zuhören, sondern nach Anzeichen für eine Unwahrheit, eine Unehrlichkeit oder eine Lüge suchen. Sie können nun sagen, was Sie wollen, Ihr Gegenüber hat die Entscheidung schon getroffen und Sie als nicht vertrauenswürdig eingestuft. Wir alle haben es schon vielmals erlebt – ein Verkäufer redet auf uns ein und wir haben dieses seltsame Gefühl, dass er uns „nur etwas verkaufen will", was ja ureigentlich auch sein Job ist und der Grund, warum wir das Geschäft überhaupt betreten haben. Und so ziehen wir weiter ins nächste Geschäft, bis wir auf einen Verkäufer treffen, der uns das Gefühl vermittelt, ihm vertrauen zu können. Gerne bezahlen wir mehr für das gleiche Produkt, denn hier haben wir ein gutes Gefühl und können ungestört den Inhalt seiner Verkaufsargumentation erfassen. Wenn Sie von diesen guten Verkäufern lernen wollen, können Sie (außer diese zu beobachten, wann immer es geht) Folgendes tun:

- **Achten Sie auf Ihre Stimme**

Wenn Sie Radio- oder Fernsehwerbung für Luxuslimousinen der konservativeren Art oder auch Werbung für Versicherungen aufmerksam verfolgen, wird Ihnen auffallen, dass die Stimmen der zumeist männlichen Sprecher sehr tief sind und einen sonoren Klang besitzen. Auch ist die Sprechweise zumeist langsam. Fakt ist: Alle Menschen reagieren mit positiven Gefühlen auf tiefe Stimmen. Sie vermitteln ein Urvertrauen, das sie zuletzt bei den Eltern als kleines Kind erfahren haben, und niemand kann sich dieser unterschwelligen Beeinflussung entziehen. Wenn Menschen aufgeregt sind, geht die Stimme automatisch nach oben und lässt den Gesprächspartner unbewusst aufhorchen. Jetzt kommt es darauf an, was weiter passiert. Geht die Stimme wieder in ihren ursprünglichen Zustand zurück, sind wir beruhigt, bleibt sie weiter oben, suchen wir nach dem Grund dafür und hören nicht mehr zu. Das bedeutet für Sie: Trainieren Sie Ihre Stimme. Versuchen Sie, ein wenig tiefer zu sprechen, als Sie es üblicherweise tun. Mit einer guten Bauchatmung können Sie dies ohne Probleme bewerkstelligen. Achten Sie

darauf, dass Sie langsam genug und so schnell wie nötig sprechen. Denken Sie an Ihre Sprechpausen.
Wie wir an Verona Pooth (Feldbusch) sehen, können Sie aber auch mit einer hohen Stimme erfolgreich sein. Verona Pooth arbeitete stark mit Authentizität als Gegenpol zu ihrer relativ hohen Stimme. Sie witzelte über ihre Stimme und machte eine Sache, die eigentlich eine Schwachstelle ist, zu ihrem Markenzeichen.

- **Augen**

Kein Blickkontakt oder ein zu häufiger, unangenehm wirkender Blickkontakt sorgen genauso für Vertrauensverlust wie ein Lächeln oder Lachen, das unehrlich wirkt, weil die Augenmuskeln nicht mitarbeiten. Wenn Sie lachen, dann lachen Sie, aber richtig. Wenn Sie „sozial erwünscht" lachen, verlieren Sie Ihre Ausstrahlung und Vertrauenswürdigkeit sehr schnell – nichts ist so gut zu enttarnen wie ein falsches Lächeln oder Lachen. Wenn Ihnen nicht zum Lachen zumute ist, lassen Sie es ganz einfach sein.

- **Körper und Körperhaltung**

Wir alle fassen zu Menschen, die eine gute Körpergröße aufweisen und breite Schultern haben, unbewusst Vertrauen (vorausgesetzt, wir befinden uns nicht im Krieg oder einer unangenehmen Situation, in welcher diese Person unseren Gegner verkörpert). Nun können wir unserer Körpergröße schlecht ein paar Zentimeter hinzumogeln und bis auf den Einsatz von Schulterpolstern wenig an unserer Schulterbreite verändern. Was Sie aber tun können, ist, einen festen Stand einzunehmen, sich immer gerade zu halten und körpersprachlich dynamisch zu agieren, indem Sie eine langsame weite Gestik einsetzen (siehe Kapitel Maximale Ausstrahlung). Wenn die Damen unter Ihnen gerne High Heels tragen, ist dies ein Weg, sich ein paar Zentimeter mehr Körpergröße zu verschaffen, aber er birgt auch Nachteile. Unsere Körperhaltung wird schwankend und erweckt dadurch bei unseren Gesprächspartnern unbewusst das Gefühl der Unsicherheit. Deshalb: Entweder Sie üben, bis Sie auch in High Heels stehen wie eine deutsche Eiche oder Sie greifen auf ein flacheres Modell zurück. Ihr Auftritt muss zu Ihnen passen – Auftritt kommt von „auftreten" und nicht von „wanken".

- **Kleidung**

Ähnlich sieht es mit Ihrer Kleidung aus. Wenn Sie als sportlicher Typ „aufgebretzelt“ daher kommen, wirken Sie nicht vertrauensvoll, denn scheinbar sind Sie nicht dazu in der Lage, ein gutes Urteil über sich selbst zu fällen, und schon gar nicht über andere. Schlampigkeiten in Haartracht und Kleidung werden Ihnen nicht verziehen, es sei denn, Sie arbeiten als Hacker in einem von Stieg Larssons Romanen. Auch die politische Partei der Grünen, einst in Turnschuhen und Jeans angetreten, hat schon lange die Zeichen des Vertrauens erkannt und trägt hochwertige, vertrauenerweckende Bekleidung.

Vertrauen durch ehrlichen, klaren Umgang miteinander

Seien Sie deutlich!

Vertrauen bedeutet Ehrlichkeit und Ehrlichkeit beinhaltet immer eine klare Aussage. Werfen wir einen Blick auf Vertrauen und Ehrlichkeit in Unternehmen. Nehmen wir an, Ihr Mitarbeiter hat einen schweren Fehler gemacht und Sie sprechen diesen Fehler nicht deutlich an, sondern sagen: „Ist ja nicht so schlimm.“ Was soll Ihr Mitarbeiter nun denken? Dass es nicht schlimm und es sowieso egal ist, was er oder sie macht, oder soll er denken, dass ihm ein schwerer Fehler unterlaufen ist, über den Sie, selbstverständlich konstruktiv und sachlich, mit ihm oder ihr reden möchten?

Übertriebene Nettigkeit und unklare, inkongruente Aussagen schwächen Ihre Position, denn Vermeidungsverhalten und Angst vor klaren, wohlgemerkt, sachlichen Aussagen und der Möglichkeit, dass andere Sie nun nicht mehr *liebhaben*, wirken schwach und wenig vertrauenerweckend. Zudem haben solche Fehler in der Kommunikation oft ein Nachspiel. Passiert der nächste Fehler und es kommt hart auf hart, weil nun vielleicht die nächste Führungsebene involviert wird, fühlt sich Ihr Mitarbeiter ungerecht behandelt, denn Sie haben ihn durch Ihre Unklarheit und die Bagatellisierung des Fehlers nun in Teufels Küche gebracht.

Dies ist keinesfalls eine Aufforderung zu Unsachlichkeit oder Beschimpfungen. Gehen Sie konstruktiv mit Fehlern um, planen Sie Kontrollen ein, aber beschönigen Sie Dinge nicht. Harmoniesucht und konfliktscheues Verhalten passen nicht zu Charisma, ganz im Gegenteil, sie lassen es erst gar nicht entstehen. Zahlreiche Untersuchungen belegen, dass Mitarbeiter harmoniesüchtige, immer „nette“ Vorgesetzte weitaus weniger schätzen als Vorgesetzte, die klar kommunizieren. „Ehrliche“ Vorgesetzte haben nämlich einen großen Vorteil. Sie sind berechenbar und man kann sich auf sie verlassen. Ein Lob von ihnen ist ein echtes Lob, ein Fehler ist ein Fehler.

Beispiele für überharmonische Formulierungen

- „Sie könnten vielleicht einmal versuchen ..."
  anstatt:
  „Ich möchte heute Abend eine Konzeption zu dem Thema von Ihnen haben."
- „Schätzelchen, da hast Du aber was falsch gemacht ..."
  anstatt:
  „Seien wir ehrlich: Das ist nicht die Qualität, die ich sonst von Dir gewohnt bin."

Ja oder Jein, das ist die Frage!

Vermeiden Sie Situationen, in denen Sie ein „Jein“ von sich geben. Nichts ist weniger vertrauenerweckend als das Fehlen eines klaren Standpunkts. Wenn Sie es nicht wissen, warum soll Ihnen Ihr Publikum dann noch vertrauen? Inszenieren Sie immer einen klaren Standpunkt: *„Meine Damen und Herren, seien wir ehrlich. Wer von uns möchte schon gerne dreimal am Tag anstatt einer Mahlzeit einen Milchshake zu sich nehmen?“* Demonstrieren Sie, wo Sie in Diskussionen und Situationen stehen. Wägen Sie Ihre Entscheidung gut ab, aber entscheiden Sie sich. Wenn Sie Farbe bekennen und anderen die Richtung vorgeben, werden die meisten Ihnen folgen und Ihnen Vertrauen schenken. Farblose „Jeiner“ gibt es genug.

Gerechtigkeit

Gerechtigkeit ist die wohl wichtigste Verhaltensmaßnahme, die Sie ergreifen können, um Vertrauen aufzubauen und zu behalten. Gerechtigkeit in einem Unternehmen bedeutet, dass Sie alle Mitarbeiter gerecht und ohne Vorurteile behandeln. Wenn Sie einem Mitarbeiter eine Sache durchgehen lassen, die gleiche Sache aber bei einem anderen negativ sanktionieren (entweder weil Sie ein „Exempel“ statuieren möchten oder es nicht wagen, einen durchsetzungsstarken Mitarbeiter zurechtzuweisen), haben Sie Vertrauen verspielt, und das für eine lange Zeit. Ähnlich sieht es in Ihrem Privatleben aus.

Vertrauen durch Ähnlichkeit

Vor einigen Tagen berichtete mir ein guter Freund anlässlich eines gemeinsamen Abendessens von seinem Tag. Er hatte sich mit zwei Geschäftspartnern, die sich nicht kannten, zum Mittagessen verabredet. Mein Freund antwortete auf die Frage, woher er denn komme, mit Rheinland. Der erste seiner Geschäftspartner sagte: *„Ja, das hört man, ich lebe ja auch seit frühester Kindheit im Rheinland und spreche ein wenig Dialekt. Aber gebürtig komme ich aus dem Allgäu.“ „Ach nein“*, brachte sich der zweite Geschäftspartner ins Gespräch. *„Ich bin Allgäuer. Woher kommen Sie denn? Ich bin in Füssen geboren.“ „Nein, das gibt es ja gar nicht, ich auch!“* sagte der andere. *„Dann kann das ja nur ein gutes Geschäft werden.“* Die Konversation flog hin und her, die Lieblingseishockeyclubs wurden besprochen, entfernte Bekannte festgestellt. *„Und ich hatte überhaupt keine Chance mehr, dazwischen zu kommen“*, berichtete mein Freund. *„Ich bekam immer nur zu hören: Das verstehen Sie nicht als Rheinländer.“*

Das, was hier passiert, heißt „empfundene Ähnlichkeit“. Empfunden deshalb, weil eine echte Ähnlichkeit, wie in Persönlichkeit, Lebensstil etc., nicht wirklich vorhanden ist. Was solche Ähnlichkeiten auslösen, muss ich Ihnen nicht erklären. Ein ähnlicher Hintergrund und ähnliche Erfahrungen schaffen Vertrauen und ein Gefühl der Sicherheit, der Orientierung und der Zugehörigkeit. Nicht umsonst existieren die Seilschaften derer, die ihren Abschluss an den gleichen Eliteschmieden ihrer Länder machten, oder die Clubs der Immigranten, die über Generationen hinweg bestehen. Diese Gemeinsamkeiten lassen sich immer auf eine große Gemeinsamkeit zurückführen – ein Set aus geteilten Normen und Werten. Wenn ich weiß, dass Sie an der gleichen Universität wie ich ein ähnliches Fach studiert haben, werde ich Ihnen unterstellen, dass Sie ähnliche Erfahrungen gemacht haben und ähnlichen Problematiken gegenüberstanden wie ich. Das macht Sie für mich berechenbarer, sympathisch und erzeugt die empfundene Nähe, die wiederum in Vertrauen mündet.

Für Sie bedeutet dies konkret, die Werte ihres Publikums so gut wie möglich zu kennen. Internationale Musikstars machen es vor. Sie radebrechen eine Begrüßung und ein paar Dankesworte in der jeweiligen Landessprache und berichten, dass ihr Ur-Ur-Uropa auch einst aus diesem Land gekommen sei. Schon ist das Eis gebrochen und die vermeintliche Gemeinsamkeit hergestellt. Schlechtere Verkäufer nutzen dieses Prinzip recht plump: *„Das habe* *ich auch zuhause*“, lautet dann die Formulierung, von der Sie die Finger lassen sollten, es sei denn, es stimmt. Als Themen eignen sich:

Beispiele: Vertrauen durch Ähnlichkeit

- Gemeinsame Herkunft lokaler oder ethnischer Art
- Anhänger eines bestimmten Sportclubs (FC Köln Fans leiden am liebsten gemeinsam und feiern natürlich noch besser gemeinsam, wenn es gut läuft, wie ich Ihnen aus eigener Erfahrung berichten kann)
- Gemeinsamkeiten familiärer Art (Kinder, Haustiere)
- Hobbies (Sport, Oldtimerwagen, Reiten, Handball etc.)
- Gemeinsame Probleme (vom Hausbau bis zum Zahnschmerz)

Ein weiteres kurzes Wort der Warnung: Bei all den Vorteilen, die eine empfundene Ähnlichkeit besitzt, achten Sie darauf, immer Ihre Distanz zu wahren. Ein gemeinsamer alkoholgeschwängerter Umtrunk auf die alte Schule oder die gemeinsame Heimat schädigt Ihren Ruf eher, als dass es Ihnen nutzt.

Analysieren Sie Vorschussvertrauen und Misstrauen

Wenn Sie feststellen, dass andere Menschen Ihnen Vorschussvertrauen geben, enttäuschen Sie es auf gar keinen Fall. Informieren Sie sich also genau über Ihr Publikum und seine Einstellung zu Vertrauen, ganz gleich, ob es Ihre neuen Mitarbeiter sind (in persönlichen Gesprächen), Ihr neues Fußballteam oder eine Präsentation beim Kunden, wo Sie klären können, was dem Kunden wichtig in einer Geschäftsbeziehung ist. Der beste Weg der Analyse ist eine direkte Frage: „*Frau Walter, ich freue mich auf eine vertrauensvolle Zusammenarbeit mit Ihnen – und wo wir über Vertrauen sprechen, was bedeutet Vertrauen für Sie?*“

Im Allgemeinen werden Sie nach einer nachdenklichen Pause eine sehr ausführliche Antwort von Ihrem Gesprächspartner bekommen. Hören Sie gut zu, denn es ist quasi die Gebrauchsanweisung für diese Person. Probieren Sie es einmal an sich selbst aus und beantworten Sie folgende Fragen:

Übung: Direkte Fragen

Was muss passieren, damit Sie jemandem vertrauen?

Was muss passieren, damit Sie jemandem misstrauen?

Wie sieht jemand aus, dem Sie vertrauen?

Wie sieht jemand aus, dem Sie misstrauen?

Woran merken Sie, dass Sie jemandem vertrauen/misstrauen?

Wenn Menschen Ihnen kein Vorschussvertrauen geben, weil sie schlechte Erfahrungen mit der letzten Führungskraft oder dem vorherigen Berater gemacht haben, müssen Sie sich ein wenig mehr anstrengen. Hier müssen Sie durch Taten beweisen, dass Sie das Vertrauen wirklich verdient haben. Zuverlässigkeit, das Einhalten von Absprachen und ein persönliches Interesse an anderen Menschen sind ein exzellentes Rezept, um dieses Vertrauen zu gewinnen. Fragen Sie genau nach, was in der Vergangenheit passiert ist, um einen klaren Fahrplan für die Zukunft zu entwickeln.

> „Herr Gruber, ich bemerke, dass Sie starke Vorbehalte zu dem Thema zu haben scheinen. Woran liegt es? Haben Sie schlechte Erfahrungen gemacht und wenn ja, welche?"

Meist bekommen Sie auch wertvolle Hinweise aus dem Team. Fragen Sie:

> „Ich habe in den letzten Wochen den Eindruck gewonnen, dass manche Sachen von Ihnen mit Skepsis betrachtet werden. Ich wüsste gerne, woran das liegt. Haben Sie in der Vergangenheit schlechte Erfahrungen gemacht? Was hindert Sie daran, die Sachen anzugehen und darauf zu vertrauen, dass alles gut gehen wird?"

Vertrauen halten

Sollten Sie alles richtig gemacht haben und die Menschen hören Ihnen zu, ist es an Ihnen, das gewonnene Vertrauen nicht durch aufgezwungene Inhalte zu verspielen. Seien Sie ehrlich, soweit dies möglich ist (nicht jedes Produkt passt zu jedem Kunden und nicht jede Aufgabe zu jedem Mitarbeiter), und verzichten Sie auf Ironie, Sarkasmus und Illoyalitäten à la: *„Mein Team ist eine Katastrophe und mein Unternehmen ein Saftladen"*, denn diese Verhaltensweisen vernichten Vertrauen in Sekundenschnelle. Oder würden Sie jemandem vertrauen, der der Vorgesetzte eines schlechten Teams ist und scheinbar auch noch nicht einmal dazu in der Lage ist, bei einem anständigen Unternehmen anzuheuern?

Lügen haben kurze Beine

... *oder lange Nasen*, lautet ein Sprichwort, das vorgibt, Lügner an ihren Körpermaßen zu erkennen. Nun hatten und haben die Lügner dieser Welt aber leider (oder Gottseidank, denn: Wollen wir wirklich immer alles wissen?) keine langen Nasen oder kurze Beine. Der prominenteste Lügner der letzten Jahre ist wohl Bill Clinton, als er vor laufenden Kameras erklärte, dass er keinen Sex mit Monica Lewinsky hatte. Anders als manch deutscher Politiker, dessen Umgang mit der Wahrheit ihn Ruf und Amt kostete, überstand Clinton die Lewinsky-Affäre relativ unbeschadet. Der Grund: Clinton besaß Charisma und hatte sich im Laufe seiner Amtszeit so viel Vorschussvertrauen erarbeitet, dass ihm seine Anhänger einen Fehltritt verziehen. Trotzdem kann ich Ihnen, selbst wenn Sie unglaublich charismatisch sind, nur vom Lügen abraten, wenn es um grundsätzliche Dinge geht. Früher oder später kommt es ans Licht und die Gefahr ist groß, dass Sie Ihr lange und hart erarbeitetes Charisma wegen einer kleinen Lüge verlieren. Wenn Sie eines Fehltritts beschuldigt werden, ist es oft die klügere Entscheidung, diesen zuzugeben und sich das Vertrauen als integre Persönlichkeit zu erhalten, als sich in Lügen zu verstricken und am Ende alles zu verlieren.

Stop – Vertrauen!

Betteln Sie nicht um Vertrauen. Vertrauen ist eine Holschuld *und* eine Bringschuld. Es gibt immer wieder Menschen, die es sich in ihrer Komfortzone bequem gemacht haben und von dort die Puppen tanzen lassen wollen. Wann immer Sie den Satz hören: *Ich kann Ihnen aber erst vertrauen, wenn ...*, sollten Sie hellhörig werden. Es kann durchaus sein, dass Sie eine wertvolle Information über ein tatsächliches Fehlverhalten Ihrerseits bekommen (Sie haben einen Gesprächstermin zur Mitarbeiterbewertung drei Mal verschoben, weil Ihnen etwas Wichtigeres dazwischen gekommen ist), aber es kann auch ein Machtspiel sein, bei dem Sie die Rolle der Marionette spielen.
Wenn Sie das Thema „Stellung beziehen und Meinung kundtun" für sich angehen wollen, um Vertrauen zu gewinnen, achten Sie darauf, dass Sie nicht zum verblendeten Eiferer werden. Niemand mag Menschen folgen, die ein Thema fanatisch verfolgen und dafür, figurativ gesprochen, über Leichen gehen.

Spotlight – Vertrauen!

- Üben Sie Ehrlichkeit in Ihrem nächsten Gespräch und achten Sie darauf, was passiert.
- Überprüfen Sie Ihr Verhalten und Ihre Sprache auf überharmonische Formulierungen.
- Wenn Sie präsentieren, nutzen Sie das Wort „ehrlich". Es zielt direkt auf das Unterbewusstsein Ihrer Zuhörer.
- Überprüfen Sie Ihren Umgang mit Sanktionen positiver und negativer Art. Bleiben Sie gerecht, wenn Sie urteilen und handeln, und lassen Sie persönliche Vorlieben und Abneigungen aus dem Spiel.
- Suchen und finden Sie Ähnlichkeiten, die Ihnen Vertrauen bescheren können. Nutzen Sie diese Ähnlichkeiten ehrlich und nicht als bloße Technik.

Persönliche Ausprägung – Vertrauen – 

Stabilität

Als Physiker liegt für mich auf der Hand,
was auch viele Professoren sagen:
Wenn Sie die Welt vernetzen, gibt es Instabilitäten.
Henning Kagermann

Charisma und charismatische Ideen tun genau das: Sie vernetzen Welten, sie stoßen alte Glaubenssätze um und schaffen Neues und damit schaffen sie Instabilität. Instabilität jedoch ist der größte Feind der Menschen – denn sie macht uns Angst, Angst vor dem Ungewissen, Angst, etwas zu verlieren und nichts Neues zu gewinnen, Angst, dem Neuen nicht gewachsen zu sein. Daher ist es eine der wichtigsten und auch schwierigsten Aufgaben eines charismatischen Menschen, mit jenen Instabilitäten sensibel und professionell umzugehen. Hierzu ist es wichtig, das radikal Neue und Unkonventionelle des Charismas (Außeralltäglichkeit) mit den bisherigen bekannten Stärken, Verhaltensweisen und Vorgehensweisen (Stabilität) zu verbinden.

Entwertung des Bisherigen

Stellen Sie sich folgendes Szenario vor: Jemand kommt in Ihr Büro und erklärt Ihnen, dass alles, was Sie und Ihr Team in der Vergangenheit gemacht, erschaffen und erreicht haben, nur falsch und wertlos ist. Was tun Sie? Sie werfen die Person aus dem Büro oder rufen den Sicherheitsdienst. Ändern wir das Szenario ein wenig. Die Person ist nicht nur irgendeine Person, sondern Ihr neuer Chef. Was tun Sie? Sie lehnen sich erst einmal empört zurück und hören sich die Unverschämtheiten an. Sie hören sich vielleicht, vor Wut schon fast kochend, auch noch die Vorstellungen und Pläne zur Rettung der Situation an. Sobald er Ihr Büro verlassen hat, investieren Sie Ihre gesamte Energie darin, diese Person wieder loszuwerden und die Neuerungen zu stoppen.

Ganz gleich, worum es geht – Menschen, die uns erklären, dass wir bisher alles falsch gemacht haben und nun mit einem brandneuen Rezept kommen, wie es richtig zu gehen hat, bekämpfen wir, selbst wenn sie recht haben. Dass die notwendige Entwertung oder Veränderung des Alten häufig nicht glatt über die Bühne geht, liegt zumeist an den Personen, die diese Veränderung umsetzen. Sie arbeiten oft mit der Brechstange – und das passt nicht jedem.

Zum einen mögen wir keine Menschen, die uns erklären, dass wir Versager sind, denn sie entwerten unsere gesamte bisherige Geschichte sowie unsere bisher als positiv erlebten Stärken und Anstrengungen und greifen damit unser Selbstwertgefühl und unsere Werte an. Zum anderen stilisieren diese sich oft zum alleinigen Helden, der weiß, wo es langgeht und andere notfalls dazu zwingen wird, mitzumachen. Beide Situationen zerstören unsere innere Balance, die dafür verantwortlich ist, dass wir motiviert und zufrieden eine gute Leistung erbringen und uns an dem Neuen, Außeralltäglichen freuen.

Die schwierige Balance – Außeralltäglichkeit und Stabilität

Außeralltäglichkeit ohne eine Entwertung oder radikale Veränderung des Bisherigen ist nicht möglich. Das Problem dabei ist: Sie müssen einen Weg finden, die Stärken und Werte zu erhalten, aber das Denken der Menschen zu verändern.

Jeder Mensch, jedes Unternehmen, jedes Team besitzt Stärken und zwar eine ganze Reihe davon. Die Frage, die Sie sich stellen müssen, ist: Welche dieser Stärken werden wo genutzt, wie werden sie genutzt und wie können sie anders, neu, d. h. außeralltäglich, genutzt werden? Viele Computerunternehmen verschliefen die Smartphone- und Tabletneuerungen, weil sie diese Fragen nicht stellten und in alten Verhaltensweisen und Businessmodellen verharrten – ganz im Gegensatz zu Steve Jobs & Co., die sicherlich nicht die innovativeren Mitarbeiter besaßen, aber die richtigen Strategien anwandten, die Stärken ihrer Mitarbeiter auf neue, unkonventionelle Wege zu leiten, ohne ihnen die Stabilität zu nehmen.

Mit Stabilität auf Erneuerungskurs

Wenn Sie radikale Veränderungen anstreben – was die meisten charismatischen Menschen tun –, sind Sie also gut beraten, Altes nicht völlig infrage zu stellen, sondern, wie schon im Kapitel „Man muss Menschen mögen“ beschrieben, andere mit ihren bewährten Stärken zu integrieren und zu Beteiligten und zu Stars zu machen.

- Analysieren Sie die Stärken, die es zu erhalten gilt (z. B. die Motivation und Leistungskraft der Mitarbeiter, den Respekt, die Innovationskraft).
- Integrieren Sie sie als positives, wichtiges Element in Ihre Veränderungspläne.
- Heben Sie die positiven Effekte hervor, die diese Stärken in der Vergangenheit bewirkt haben.

Nur so entsteht die Stabilität und vor allen Dingen das Vertrauen, das ein Unternehmen und seine Mitarbeiter benötigen, um die Herausforderung des Neuen zu bewältigen. Ähnlich sieht es bei Vorträgen aus, die Sie über Ihr Thema halten. Wenn Sie nur Negatives über die bisherige Verhaltensweise der Zuhörer zu sagen haben, wird Ihnen bald niemand mehr zuhören. Es gibt zwei Möglichkeiten, das Thema auf charismatische Art und Weise anzugehen.

1. Diskutieren Sie die Veränderungen intensiv mit den Betroffenen und stellen Sie immer wieder heraus, dass alle in der Vergangenheit eine große Leistung erbracht haben. Nun fordern Sie, dass alle an diese Leistung anknüpfen, denn das Team oder das Unternehmen befindet sich in einer Krise und benötigt dringend Veränderungen – Veränderungen, die nur aufgrund vieler Werte und Stärken aus der Vergangenheit implementiert werden können, gepaart mit der Orientierung an neuen Werten und Verhaltensweisen. Ein wunderbares Beispiel für diese Vorgehensweise ist eine Kundin, die sich mit ihrem Unternehmen in einer Krise befand und neue, unkonventionelle Wege gehen wollte:

   > „Lassen Sie uns einen Moment zurückgehen in unsere Vergangenheit. Wir alle zusammen haben viel geleistet und erreicht. Wir haben unser Unternehmen von 20 auf 250 Personen vergrößert, wir haben mit unserem Qualitätsdenken, unserem Mut und unserer Innovationsfreudigkeit viele Kunden begeistert. Wenn ich mir die heutige Situation ansehe, dann denke ich nur an eines: Wie können wir an unsere alten Stärken anknüpfen und wieder das werden, was wir einmal waren?"

2. Erklären Sie drastisch und dramatisch die momentane Situation und beschreiben Sie die große Instabilität, in der sich alle befinden. Erklären Sie eine langfristige Stabilität zum Ziel, eine Stabilität, die nur erreicht

werden kann, wenn jeder mitzieht und neue Verhaltensweisen zu seinen bereits vorhandenen annimmt.

„Unser Unternehmen hat einige schwere Fehler in der Vergangenheit gemacht und wir befinden uns mitten in einer schwierigen Herausforderung. Wenn wir zurückblicken, dann aus einem Grunde: Was können wir daraus lernen? Wir können lernen, uns jetzt, in der Gegenwart, mit all unserer Kraft daran zu machen, die Probleme anzupacken und uns und unser Unternehmen wieder zu einer Erfolgsstory machen – so wie wir es in der Vergangenheit auch schon einmal geschafft haben. Dazu benötigen wir neues Wissen, neue Verhaltensweisen und neue Ideen, die uns, zusammen mit unseren früheren Stärken, wieder unschlagbar machen können."

Stop – Stabilität!

Übertreiben Sie es nicht mit den alten Werten und Stärken. Wenn Ihr Team oder Ihr Unternehmen sich in einer Krise befindet, muss eine neue Strategie her. Alle Beteiligten müssen lernen, mit den Veränderungen zu leben und sie zu akzeptieren. Ein Verschanzen hinter „Das haben wir aber immer so gemacht" ist schädlich für das Team und verringert Ihr Charisma, denn Charisma lebt von neuen, unkonventionellen Herangehensweisen.

Spotlight – Stabilität!

- Suchen Sie alte, vielleicht nicht mehr gelebte sowie vorhandene Stärken Ihres Teams/Ihres Unternehmens.
- Formulieren Sie neue Stärken.
- Bringen Sie beide in Verbindung. Hüten Sie sich dabei vor „Ja, aber" Formulierungen à la „die alten Werte und Verhaltensweisen waren ja gut, aber jetzt ...".

Übung: Stabilität

Alte, vielleicht nicht mehr gelebte sowie vorhandene Stärken Ihres Teams/Ihres Unternehmens

1.
2.
3.

Neue Stärken für Ihr Team/Ihr Unternehmen

1.
2.
3.

Verbindung der alten und neuen Stärken

1.
2.
3.

Persönliche Ausprägung – Stabilität –

Keine Werte – kein Charisma

Der Preis ist, was wir bezahlen.
Der Wert ist, was wir bekommen.
Warren Buffett

Wer kennt nicht Gordon Gekko, den skrupellosen Finanzhai und Unternehmer aus Oliver Stones Film *Wall Street*. Die Rolle, durchaus mit einer gewissen, wenn auch negativen Strahlkraft angelegt und meisterhaft von Michael Douglas gespielt, zeigt einen Menschen, dessen einziger Wert in der Gier besteht. Das Schockierende: Gordon Gekko ist keine Erfindung des Regisseurs, sondern es standen drei äußerst reale und korrupte Finanzjongleure Pate. Sogar Gekkos Rede *Gier ist gut* ist, wie man heute sagen würde, so

etwas wie ein Plagiat. Sie wurde von Ivan Boesky, einem der drei Jongleure, an der Berkeley Business School gehalten, kurz bevor er wegen seiner illegalen Machenschaften verhaftet wurde.
Heute finden wir uns in einer ähnlichen Situation wieder. Die Unternehmensskandale der letzten Jahrzehnte haben das Image vieler Unternehmen stark beschädigt. Vorstände, die sich selbst bei katastrophaler Leistung den erzwungenen Abgang durch Millionensummen in zwei- bis dreistelliger Höhe versüßen lassen, extrem gut verdienende Unternehmenslenker, die wegen Steuerhinterziehung angeklagt sind, Geschäftsführer, deren Mitarbeiter unter unwürdigen Bedingungen arbeiten oder gar ausspioniert werden – es wundert nicht, dass viele Menschen zynisch reagieren, wenn es um Visionen und Ethik in Unternehmen geht, war doch bisher, von einigen rühmlichen Ausnahmen abgesehen, nicht überdurchschnittliches Talent an der Führungsspitze die Regel, sondern überdurchschnittliche Gier. Von den Medien vormals oft als visionäre und charismatische Führungskräfte bezeichnet, erweisen diese Menschen Charisma keinen Gefallen, denn ein echtes Charisma ist vor allem eins: stark an Werten orientiert, die einem gemeinsamen Ziel dienen und nicht dem eigenen Geldbeutel.

Werte finden

Blicken wir kurz auf den großen Finanzjongleur Warren Buffett. Im Jahre 2006 machte eine ungewöhnliche Nachricht die Runde. Buffett hatte seine Kinder enterbt, weil er fand, sie sollten selbst lernen, mit Geld umzugehen. Er sah sein Vermögen nach seinem Tode besser aufgehoben bei Stiftungen für Geburtenkontrolle und gegen Atomwaffen (keine Sorge, schon alleine aufgrund ihres Bekanntheitsgrades werden Buffetts Kinder bestimmt keinen Hunger leiden). Buffetts Botschaften sind eindeutig: Arbeite hart, dann wirst Du auch belohnt; Nächstenliebe ist wichtig; Atomwaffen sind ein Verbrechen. Mutter Teresa warb für den Wert der Nächstenliebe, Mahatma Gandhi und Nelson Mandela für Freiheit und Gleichheit, ebenso wie Martin Luther King. Anita Roddick (Body Shop) arbeitete gegen Tierversuche und für eine bessere Welt ihrer kleinen bäuerlichen Rohstofferzeuger und, und, und ...
Nun müssen Sie nicht erst Ihr ganzes Vermögen verschenken, um gute Werte für sich und Ihr Anliegen zu finden. Sie können Ihre Werte, genau wie Roddick oder Mandela, aus Werten beziehen, die schon vorhanden sind – in Ihrer Umgebung, in Ihrem Team, in Ihrer Familie. Das Einzige, was Sie tun müssen, ist, diesen Werten und den dazugehörigen Personen eine öffentli-

che Plattform zu schaffen, ihnen Anerkennung und Respekt für diese Werte zu zollen sowie deren Umsetzung zu leiten und zu fördern, indem Sie diese Werte überlebensgroß als Vorbild leben.

Die Auswahl von Werten

Wählen Sie nur Werte aus, die am Wohl der Gruppe orientiert und niemals egoistisch oder subjektiv motiviert sind. Die Werte sollten nicht zu einengend sein, so dass sie Raum für Interpretation und Handlungsspielraum lassen. Einige Werte, die Sie in jedem Team finden und die sich leicht umsetzen lassen, sind: Respekt, Qualität, Innovation, Stärken, Anerkennung, Mut, Teamgeist, Unterstützung, Wissen teilen. Selbst ein Wert, der „Sparen“ heißt, kann mit Zustimmung umgesetzt werden. Als Herb Kelleher, der CEO von Southwest Airlines, dem Unternehmen einen Sparkurs verordnete, flog er nur noch Coach Class und half seiner Cabin Crew, den Passagieren das Essen zu servieren. Er demonstrierte die Werte Gleichheit, Hilfsbereitschaft, Dienstleistung und Kostenbewusstsein und erntete Respekt, Bewunderung und Anerkennung – und einen Haufen hochmotivierter Mitarbeiter.

Werteauswahl im Unternehmen

Nehmen wir einige Werte unter die Lupe, den Wert „Teamwork“ oder den Wert „Respekt“ zum Beispiel, oder auch „Innovation“. Jedes Team dieser Welt wünscht sich einen guten Teamzusammenhalt und eine gute Teamleistung. Jeder Mitarbeiter dieser Welt wünscht sich Respekt – in der eigenen Gruppe, von den Führungskräften, von allen Menschen. Und jeder, ob Team oder einzelner Mitarbeiter, wünscht sich Innovationen, am besten von ihnen bzw. ihm selbst entworfen und angeschoben. Was Sie tun müssen, ist nun aus diesen Werten ein konkretes Verhalten abzuleiten. Stellen Sie sich vor, Sie leiten ein Teammeeting und möchten den Wert „Respekt“ an die Oberfläche holen und Ihr Team ermutigen, diesen Wert nicht nur zu wollen und einzufordern, sondern auch zu leben.

> „Wir haben uns in diesem Meeting als auch in vielen vorhergehenden Meetings mehrfach darüber beschwert, dass unserem Team zu wenig Respekt entgegengebracht wird. Ich sehe das ähnlich. Was ich aber auch sehe, ist, dass wir zu wenig tun, um uns diesen Respekt, den wir verdienen, zu holen. Wenn ich mir hier und heute die Frage stelle, ob wir in unserem Team Respekt leben, dann muss ich sagen: Nein! Nicht in dem Maße, in dem wir es

leben können, wenn wir es ernst meinen. Was bedeutet Respekt für uns? Für mich bedeutet es, andere im Meeting ausreden zu lassen, für mich bedeutet Respekt, pünktlich zu einem Meeting zu erscheinen und nicht die Zeit der anderen zu verschwenden, für mich bedeutet Respekt, anderen zu helfen, wenn sich die Akten auf dessen Schreibtisch türmen – und ich frage mich: Wenn wir uns Respekt von anderen wünschen, sollten wir nicht bei uns selbst anfangen und dann unsere Erfahrungen an andere weitergeben? Erst wenn wir selbst gute Botschafter des Respekts sind, sind wir glaubwürdig genug, dies auch von den anderen zu fordern."

Sie können sicher sein, dass Sie nach einer solchen Ansprache eine große Diskussion über Respekt losgetreten haben, die darin enden wird, dass sich das Team auf Regeln für einen respektvollen Umgang miteinander einigt und auch von anderen Teams verlangt, sich so zu verhalten.
Sie müssen

- den Prozess steuern, indem Sie immer wieder das Thema Respekt auf die Tageordnung bringen und
- auf Abweichungen von den vereinbarten Regeln reagieren und diejenigen, die sich nicht daran halten, zur stringenten Einhaltung auffordern.

Der Tag, an dem Sie selbst eine der vereinbarten Regeln brechen, ist der Tag, an dem Sie unglaubwürdig werden, so wie jene Führungskraft, die ein Sparschwein auf den Meeting-Tisch stellt und dem Team mitteilt, dass ab sofort jeder, der zu spät kommt, zehn Euro in das Sparschwein wirft. Der erste, der am folgenden Tag mit einem süffisanten Lächeln bezahlt, ist die Führungskraft selbst. Wenn Sie Hintertürchen für sich und andere auflassen, werden Werte nicht gelebt, sondern umgangen und das ist genau das Gegenteil von dem, was Sie erreichen wollen.

Exkurs: Werteworkshops? Nein danke!

Ironischerweise gleichen sich Unternehmenswerte, die laminiert an der Wand hängen (und von niemandem befolgt werden), und die Werte charismatischer Menschen oft. Der Unterschied liegt lediglich darin, dass die Werte in ersterem Fall auf einem Stück Papier stehen, im zweiten Fall aber tagtäglich als Sinn und Zweck der Arbeit gelebt und diskutiert werden. Doch woran liegt es, dass niemand bis auf HR und dem CEO die Unternehmenswerte kennt und noch weniger lebt?

Werfen wir einen Blick auf ein Geschäft, das seit Jahren boomt – Werteworkshops mit Unternehmern und ihren Führungskräften. Oft noch mit CSR (Corporate Social Responsibility) gepaart, schließen sich die Topetagen für einige Tage in einem Kloster mit einem teuren Beraterstab ein und entwickeln die Unternehmenswerte. Ab und an darf auch ein ganz normaler Mitarbeiter oder ein Mitglied des Betriebsrates teilnehmen. Die Workshops beginnen immer mit der Frage: Was sind *Ihre* Werte als Unternehmer? Nur was *Sie* für wichtig halten und was *Sie* unbedingt wollen, und vor allen Dingen, was *Ihnen* Spaß macht, kann ein passender Wert für *Sie* sein. Und wenn Sie *Ihre* Werte gefunden haben, müssen Sie nur noch *Ihren* Mitarbeitern erzählen, dass *Sie* nun Werte haben und sich doch bitte jeder daran orientieren soll. Bestenfalls endet die Geschichte mit einer Reihe von bunten Postern an der Wand, im schlechtesten Fall fristen die teuer erstandenen Werte in dunklen Schubladen ein Schattendasein. Oft auch als Unternehmensvision tituliert, beschäftigen und bewegen sie niemanden, allenfalls wundern sich die Erschaffer über vermeintlich ignorante und undankbare Mitarbeiter, die diese Werte nicht verstehen wollen. Wie auch? Es sind ja nicht die Werte der Mitarbeiter!

Werte umsetzen – eine Anleitung

- Betonen Sie, dass Sie stolz darauf sind, diese Werte mit dem Team zu erarbeiten und zu teilen.
- Kündigen Sie an, die Werte gemeinsam mit dem Team leben und umsetzen zu wollen.
- Kommunizieren Sie, dass Sie keine Sekunde daran zweifeln, wie die Ergebnisse dieser Anstrengung aussehen werden.
- Halten Sie fest, dass es unter Umständen nicht leicht sein wird, die Werte zu leben, denn in der Vergangenheit sind vielleicht Dinge vorgefallen, die diesen Weg erschweren.
- Versichern Sie, dass Sie fest an die Umsetzbarkeit der Werte glauben, weil alle im Team unterschiedliche Stärken und Fähigkeiten besitzen, die geballt eingesetzt zu einem großen Erfolg führen werden.
- Sprechen Sie mit jedem Einzelnen darüber, wie er oder sie dazu beitragen kann, die Werte zu leben.

- Bieten Sie Ihre volle Unterstützung an.
- Feiern Sie Erfolge und setzen Sie Milestones zur Überprüfung.
- Sorgen Sie dafür, dass Ihr Team und sein Vorhaben im Unternehmen Beachtung finden.
- Leben Sie selbst die Werte als Vorbild – überlebensgroß!

Von Wasser und Wein und Integrität

Wasser predigen und Wein trinken? Die aktuelle Diskussion wogt nicht nur um die Wulff-Affäre hin und her. Die Vergünstigungen (preiswerte Flüge, Autos, Reise etc.), die viele Journalisten in ihrem Job erfahren, sind ebenfalls zum Diskussionspunkt geworden. Die Diskussion zeigt, dass Integrität ein Thema ist, mit dem nicht nur manche Politiker Probleme haben. Eng mit Integrität verbunden und als eine der wichtigsten charismatischen Beeinflussungsstrategien bekannt, ist die Fähigkeit, als Vorbild für Werte zu agieren. Das Motto lautet: Es gibt nichts, was eine charismatische Führungskraft von anderen verlangt, dass sie nicht selbst in potenziertem Maße lebt.

Nehmen wir als ein Beispiel ethisches Verhalten und Topleistungen. Ethisches Verhalten bedingt Ehrlichkeit und Vertrauenswürdigkeit. Sie erinnern sich sicher an die Riesenpleiten einiger Banken oder, ganz aktuell, an Korruptions- und Betrugsfälle unter Involvierung einiger sehr hochrangiger Politiker. Riesenboni & Co. setzten für alle Welt das Signal: Korruption und Gier zahlen sich aus und schlechte Leistung erst recht. Sobald Gras über die Sache gewachsen ist, sind sie wieder da, auf der Bühne. Nur mit dem Charisma wird es nichts mehr werden, denn Charisma ist ein sehr fragiles Gut. Aber wie sieht es mit den guten Vorbildern aus? Diese gibt es, nur erscheinen sie selten in den Medien – ein Fehler, denn Integrität sollte nicht nur eine Randerscheinung in der öffentlichen Diskussion sein. Als Margot Käßmann, ehemals Deutschlands höchste kirchliche Würdenträgerin, mit einer erhöhten Promillezahl über eine rote Ampel fuhr und von der Polizei erwischt wurde, waren die Ereignisse für sie Anlass genug, ihr Amt zur Verfügung zu stellen. Das war Stil, das war Integrität, das war Glaubwürdigkeit, das war und ist Charisma (und vor allen Dingen war es gut inszeniert und medial begleitet).

Gelebte Integrität

Integer agieren beginnt schon im Kleinen. Wenn Sie Hilfsbereitschaft predigen und Punkt 16:00 Uhr den Stift fallen lassen, während Ihre Kollegen noch Stapel auf dem Schreibtisch haben, stimmt etwas nicht. Etwa länger im Büro bleiben und die Mitarbeiter unterstützen, ein guter, respektvoller Umgang mit anderen ist vom Grundgedanken her sicherlich keine außergewöhnliche Sache, aber sie trägt Früchte. Niemand wird Sie allein deshalb bewundern oder für charismatisch halten, aber Sie schaffen sich die Glaubwürdigkeit, die Charisma benötigt.

Es gibt viele Arten, Integrität an den Tag zu legen. Manchmal reicht schon die Abwesenheit von Gier und Egoismus und ein wenig Menschenliebe – wenn Sie persönliches Lob für eine Leistung bekommen, stellen Sie nicht sich, sondern Ihr Team in den Vordergrund. Wenn Sie negativ kritisiert werden, wälzen Sie die Kritik nicht auf das Team oder andere ab. Verantwortung übernehmen ist das Wort der Stunde.

Außergewöhnlich ist die Aktion eines meiner (mittlerweile pensionierten) Kunden, der bis vor einigen Jahren Geschäftsführer eines mittelständischen Energieunternehmens war. Leistung und Qualität waren seine großen Werte, es verging kein Tag, an dem es nicht um diese Themen ging. Eines Nachts wurde er benachrichtigt, dass durch einen Sturm Strommasten umgeknickt und Leitungen zerstört worden waren. Das gesamte verfügbare Personal war vor Ort, um die Schäden zu beheben. Er hätte ruhig weiterschlafen können. Kurz darauf erschien er in Arbeitskleidung am Ort des Geschehens und begann, seinen Mitarbeitern trotz seines fortgeschrittenen Alters unter die Arme zu greifen. Er half Masten aufzurichten und Kabel zu entwirren, er bestellte mehrere Taxifahrer, die er beauftragte, Essen und Kaffee zu besorgen und versorgte seine Mitarbeiter persönlich mit den Lebensmitteln. Er forderte sie auf, Pause zu machen und einen Kaffee zu trinken und er versäumte es nicht, jedem Einzelnen für seinen Einsatz zu danken. Er zeigte klar, was Leistung und Einsatz ist, indem er als Vorbild Leistung nicht nur predigte, sondern handelte. Ähnlich handhabt es der Geschäftsführer eines Unternehmens aus der Stahlbranche. Wann immer seine Mitarbeiter aufgrund eines hohen Auftragsvolumens Nachtschichten arbeiten, ist er zur Stelle mit Kuchen, gebratenen Hähnchen und einer Ansprache, in der er die Leistung, den überdurchschnittlichen Einsatz und die Motivation des Teams hervorhebt und auf die gemeinsamen Werte hinweist, die lauten: Teamgeist, hohes Qualitätsbewusstsein und Verantwortungsübernahme. Als Führungskraft bekannt, die nichts durchgehen lässt und auch das ein oder andere Mal sehr klare und harte Worte findet, besitzt er Kultstatus bei seinen Mitarbeitern.

Werte leben

Nicht nur berühmte Menschen oder Führungskräfte der oberen Ebene leben Werte. Ein exzellentes Beispiel für das Leben von Werten im mittleren Management eines ganz normalen Unternehmens ist eine Freundin, Susanna S. Susanna, seit einigen Monaten Führungskraft in einem mittelständischen Unternehmen, wurde in einer Stabsposition eingestellt, um Prozesse zu optimieren. Ihren Kollegen und Mitarbeitern war schnell klar, dass Susanna nicht nur fachlich hochkompetent war, sondern dass sie auch über ganz andere Fähigkeiten verfügte, nämlich anderen zuzuhören, ihre Ideen aufzunehmen, weiterzutragen und auch durchzusetzen, wenn sie Qualität und Potenzial haben. Susanna arbeitet stark an Werten orientiert. Respekt, authentisches Feedback, Hilfsbereitschaft und Wertschätzung sind die Begriffe, die nicht nur ihr Verhalten am besten beschreiben, sondern ebenfalls die Werte beinhalten, die sie auch von anderen fordert. Ihre Werte haben Karriere gemacht im Unternehmen, was sich nicht zuletzt dadurch zeigt, dass ihre Mitarbeiter und Kollegen stolz sind, mit Susanna arbeiten zu dürfen und zu können. Sie inspiriert und motiviert, sie lebt Werte und demonstriert sie täglich. Mit ihr zu arbeiten ist zum Ritterschlag im Unternehmen geworden. Unnötig zu erwähnen bleibt, dass Susanna sich nicht nur Freunde macht. Werteorientiertes Führen ist ein unschlagbares Argument, dem andere Menschen zumeist wenig entgegenzusetzen haben, was durchaus den einen oder anderen Neider auf den Plan ruft. Bleiben Sie dabei – nichts ist authentischer und langfristiger als gute Werte.

> Verletzten Sie niemals selbst Ihre aufgestellten Werte und Normen. Niemals – es sei denn, Sie finden bessere.

Führung ohne Werte und wie Sie sie erkennen

Gordon Gekko ist nicht die einzige unethisch agierende Führungskraft dieser Welt, und die Finanzbranche mit Sicherheit auch nicht die einzige Branche, in der persönliche Gier an der ersten Stelle steht. Ob Staatsanwälte, die auf eine schnelle Beförderung hoffen, indem sie willkürlich Verfahren anstrengen, um ihre Quote zu erreichen, oder Führungskräfte, die sich beim Kunden auf Kosten ihres Teams profilieren, sie alle haben eines gemeinsam. Sie nutzen ihre Macht nur für eine einzige Sache, nämlich sich persönlich zu bereichern, sei es um ihre Macht zu vergrößern oder ein höheres Gehalt auf dem eigenen Konto zu finden. Im Grunde genommen sind sie leicht zu demaskieren, denn sie legen eine Reihe von egoistischen Verhaltensweisen an den Tag, die nur schwer zu übersehen sind:

- Sie generieren ihre Vision und die Ziele nicht aus den Bedürfnissen der Mitarbeiter oder Kunden, sondern aus ihren eigenen Wünschen und Zielen heraus.
- Sie lassen keine anderen Ziele oder Visionen zu und werben nur für ihre persönliche Sache.
- Sie kritisieren und unterdrücken alle, die eine andere Meinung haben.
- Sie verlangen, dass ihre Entscheidungen von anderen angenommen und durchgesetzt werden, ohne sie kommentieren oder diskutieren zu dürfen.
- Sie kommunizieren nur in eine Richtung – sie selbst an ihre Mitarbeiter, Kunden, an andere Menschen.
- Sie hören nicht zu und interessieren sich nicht für die Bedürfnisse oder Argumente anderer.
- Wenn es um Werte und Moral geht, definieren sie ihre eigenen Werte und Standards (wenn X sich nicht daran hält, dann halte ich mich erst recht nicht daran).

Stop – Werte!

Ein zu viel an Integrität und Werteorientiertheit kann es nicht geben. Bleiben Sie ethisch, aber werden Sie nicht zum Prinzipienreiter und unversöhnlichen Evangelisten. Es wird immer Menschen geben, die sich nicht beteiligen werden. Versuchen Sie, alle mit ins Boot zu holen, aber akzeptieren Sie auch, dass der ein oder andere nicht mit ins Boot will. Meistens lösen sich solche Situationen von selbst, denn im Allgemeinen wird der gesamte Rest des Teams versuchen, die Person mitzuziehen, was meist auch gelingt.
Und: Versuchen Sie nicht, Ihre Kinder vom Rauchen abzubringen, wenn Sie selbst zwei Packungen am Tag verbrauchen – Selbstreflexion ist eine Gabe!

Spotlight – Werte!

- Zeigen Sie Ihren Mitarbeitern, dass Sie mit ihnen auf einer Ebene sind, wenn es um Privilegien geht.
- Zeigen Sie, dass Sie sich nicht persönlich bereichern – nehmen Sie das kleine Büro und nicht den Tanzsaal, wenn Ihr Unternehmen in der finanziellen Klemme steckt.
- Betonen Sie, wie wichtig die gemeinsamen Werte und Verhaltensweisen sind, um erfolgreich zu sein.
- Zeigen Sie, wie wichtig es ist, sich verändern zu können.
- Seien Sie sich immer bewusst, das Vorbildsein ein grundlegendes Tool der Beeinflussung und Motivation ist.
- Verkaufen Sie die Werte und Errungenschaften des Teams auch nach oben und nach außen – nichts motiviert mehr als Anerkennung von dritter Seite.

Persönliche Ausprägung – Werte –

Zusammenfassung

Glaubwürdigkeit auf der Basis von Vertrauen, Stabilität, gelebter Werte und einer immer wieder an den Tag gelegten Integrität bildet das Grundrüstzeug für eine überzeugende Entfaltung Ihres persönlichen Charisma. Zugleich ist ihre Abwesenheit die Ursache dafür, dass Menschen ihr Charisma verlieren oder erst gar nicht erlangen.

Strategie 5: Unkonventionalität

Jede Revolution war zuerst ein Gedanke im Kopf eines Menschen.
Ralph Waldo Emerson

Charisma wird häufig in einem Atemzug mit dem Begriff der Ausstrahlung oder des Charme benutzt. Selbstverständlich ist Ausstrahlung immer ein Bestandteil von Charisma (aber auch nur das) und sicher lieben wir charmante Menschen und lassen uns nur allzu gerne von ihnen umgarnen. Was letztendlich echtes Charisma aber von diesen Begriffen unterscheidet, ist die absolute Unkonventionalität, die Charisma und ihren Trägern immer innewohnt. Unkonventionalität, Revolution, Risiko, Radikalität, Innovation, alles wird anders – das ist der Funke, der Charisma das ganz gewisse Etwas einhaucht.
Der erste Minirock, die Beatles, Elvis Presley, Liberace, das erste Auto, der erste Mondflug, der erste PC, gewaltfreier Widerstand gegen eine Weltmacht und, und, und ... – all diesen Menschen, Produkten und Ereignissen wurde und wird Charisma aufgrund ihrer Außeralltäglichkeit zugeschrieben.
Ihnen stellt sich nun die Frage: Worin besteht meine eigene Unkonventionalität?

Wo ist Ihre Unkonventionalität?

Wahrscheinlich haben Sie schon oft die ein oder andere außergewöhnliche Idee gehabt, sie aber wieder verworfen, weil Ihre Umwelt Ihnen gesagt hat: Das kann nicht funktionieren. Damit sind Sie in guter Gesellschaft. Bis vor kurzem war es Wissenschaftlern noch ein Rätsel, warum eine Hummel fliegen konnte. Nach den Gesetzen der Aerodynamik war es unmöglich, dass diese Tiere fliegen konnten, denn sie sind im Verhältnis zu ihren kleinen Flügeln viel zu schwer. Die bisherige Erklärung lautete: Das Tier weiß es nicht und deshalb kann es fliegen. Nun liegt die Wahrheit ganz anders. Neue Untersuchungen ergaben, dass die Hummel fliegen kann, weil sie viele kleine Schläge mit ihren Flügeln vollführt und somit über einen ganz anderen Antrieb verfügt als ein Flugzeug.
Hätte man der Hummel gesagt, dass sie eigentlich nicht fliegen kann, was hätte sie getan? Wäre sie brav sitzen geblieben oder wäre sie trotzdem geflogen? Was ist mit Ihren Ideen? Bleiben Sie mit ihnen brav sitzen oder fliegen Sie – Bruchlandungen wie bei den Flugpionierbrüdern Wright eingeplant?

Die Erde ist eine Scheibe?

Wie schwer es sein kann, einen neuen Gedanken in die Welt zu setzen, ist uns allen bewusst. Albert Einstein drückte dies treffend aus, als er sagte: *Es ist leichter, einen Atomkern zu spalten als ein Vorurteil.* Als Galileo Galilei physikalisch die Bahnbewegungen der Erde nachwies und auch die Kirche davon überzeugen wollte, handelte er sich eine Menge Ärger ein. Er wurde als Ketzer gebrandmarkt und erst 350 Jahre später rehabilitiert. Wie Sie sehen, kann es mit einigen neuen Ideen etwas dauern ... Ist eine Idee jedoch irgendwann einmal erfolgreich und mit Durchhaltevermögen auch gegen ihre Kritiker durchgesetzt, wird sie meist zum Selbstläufer. Was ich damit sagen will: Die Umsetzung von unkonventionellen Ideen oder das Ausleben von unkonventionellen Persönlichkeiten kann massive Gegenwehr auslösen – von Mitbewerbern, von Andersdenkenden und auch von vermeintlichen Verbündeten. Somit ist klar: Unkonventionalität kann viel von Ihnen abverlangen, ganz besonders, wenn Sie eine große Veränderung vornehmen. Das heißt für Sie: Seien Sie gewappnet für Gegenreaktionen, vermeintlich kluge Ratschläge und eine Reihe von Anfeindungen. Neben einer guten Idee benötigen Sie:

- ein kluges, strategisches Vorgehen
- einen kreativen Geist
- unbändigen Spaß an der Inszenierung
- ein ausgeprägtes Durchhaltevermögen
- Mut zum Risiko
- einen Plan B für den Erfolg
- ein dickes Fell
- eine ausgeklügelte Werbung für sich, Ihr Team, Ihr Anliegen

Bühne frei für Ihren Auftritt

Sir Richard Branson – der Superstar der Unkonventionalität

Das wohl schillerndste Beispiel für unkonventionelles Verhalten ist der britische Unternehmer Sir Richard Branson (Virgin), um den sich viele Geschichten ranken. Eine davon ist diese hier: Bransons Airline, Virgin Atlantic, die mit nur wenigen Flugzeugen auf den Markt gekommen war, bediente in den 1980ern neben British Airways als einzige Fluggesellschaft den Überseemarkt. British Airways startete daraufhin eine Schmutzkampagne gegen den viel kleineren Mitbewerber. Die Sache ging spektakulär vor Gericht, Branson gewann den Prozess. British Airways musste 500.000 Pfund an Branson sowie Bransons Gerichtskosten zahlen. Das Außeralltägliche an dieser Geschichte war nicht, dass Branson als strahlender Held aus der Angelegenheit hervorging, sondern dass er das erstrittene Geld nicht für sich selbst behielt. Er teilte es unter seinen Mitarbeitern auf. Dies war nicht die einzige von Bransons unkonventionellen Ideen. Er machte Schlagzeilen mit Weltumseglungen und spektakulären Ballonfahrten und bietet nun Flüge zum Mond an – für Touristen. Er steht für volles persönliches Risiko und außeralltägliches Verhalten, der Stoff, aus dem Charisma gewebt ist.

Unternehmensdrama

Sie müssen aber nicht gleich zum Mond fliegen, um unkonventionell zu agieren. Jim Dawson, ehemals Vizepräsident der Firma Zebco, bemängelte das starke Hierarchiedenken seines Unternehmens und beschloss, etwas dagegen zu tun. Strategisch gut geplant, veröffentlichte er in einem ersten Schritt ein mit ihm geführtes Interview, in dem er sich als Mensch beschrieb, der alle Menschen liebt, Klassendenken und Statusbarrieren hasst und den Sinn seiner Managertätigkeit darin sieht, auf andere Menschen zuzugehen, ihnen zuzuhören und ihnen Großes zuzutrauen. Soweit, so gut, dachten sich seine Vorstandskollegen sowie alle Mitarbeiter und folgten weiter dem täglichen Trott. Allerdings hatten sie nicht mit Dawsons Hang zum Revolutionären gerechnet. Um seine Ankündigung zu unterstreichen, plante Dawson drei äußerst publikumswirksame Aktionen. Zuerst schaffte er die Parkplätze für das höhere Management ab – die reservierten Parkplätze direkt vor der Eingangstür flossen als Prämie in ein Mitarbeiter-Anerkennungsprogramm namens „President's Club" ein. Alle Mitarbeiter ohne Fehlzeiten bekamen einen dieser Parkplätze. Sie können sich vorstellen, was diese Aktion bei Dawsons Managementkollegen und Mitarbeitern auslöste. Aber das war Dawson noch nicht genug.

Die zweite Aktion fand in der Produktionsabteilung statt, wo Dawson eines Morgens zu Dienstbeginn mit einem großen Brecheisen in der Hand aufmarschierte und damit lautstark und für alle sichtbar die Stechuhren entfernte. Nachdem sich der riesige Menschenauflauf wieder gelegt hatte, war

auch dem letzten Zweifler klar, dass Dawson es ernst meinte, wenn er über Vertrauen zu seinen Mitarbeitern sprach.
In seiner dritten Aktion legte Dawson dem höheren Management höchst unmissverständlich nahe, pünktlich zur Arbeit zu erscheinen und als Vorbild zu agieren. Wie Sie sich vorstellen konnten, wagte es niemand zu widersprechen.
Dawson inszeniert hier auf recht radikale und symbolträchtige Art und Weise, was der als äußerst charismatisch geltende Herb Kelleher, der ehemalige CEO von Southwest Airlines, einmal so ausdrückte: *We have a strategic plan. It's called doing things.* Auch Kelleher war bekannt als unkonventionelle und charismatische Führungskraft, der keine Idee zu verrückt war. So stimmte er einmal dem Vorschlag seiner Flugbegleiter zu, die Flugzeuge von Southwest innerhalb von zehn Minuten wieder startklar zu machen anstatt, wie allgemein üblich, in dreißig bis fünfzig Minuten. Von der Konkurrenz anfangs laut belacht, da das Unternehmen sich gerade in ziemlichen finanziellen Schwierigkeiten befand, schafften es Kellehers Mitarbeiter mit viel Mehrarbeit und Innovationsbereitschaft, diese Herausforderung bravourös zu meistern, und das Unternehmen war so wieder einmal zum Trendsetter der Airlinebranche avanciert. Was als verrückte Idee begann, war erfolgreiche Wirklichkeit geworden – und Kelleher mitsamt seinem Team natürlich ein Liebling der Presse.

Was Sie aus solchen Aktionen lernen können, ist eindeutig: Leben Sie genauso – gerne auch auf kleinerer Skala. Aber: Beachten Sie dabei, dass Sie Ihre Unkonventionalität planen müssen. Spontan wirkende Aktionen sind eine wundervolle Angelegenheit, aber der Fokus liegt hier auf „wirkend" und dafür ist Planung mehrheitlich unverzichtbar. Wie Sie effektive Aktionen planen können, finden Sie unter *Übung* am Ende dieser Strategie. Vorab zwei Tipps:

Do it like Dawson:

Wagen Sie es, sich auch einmal drastisch nach oben durchzusetzen, um einen Wert oder ein Ziel zu demonstrieren. Sie müssen nicht gleich mit dem Brecheisen durch Ihr Unternehmen rennen, aber wenn Sie es schaffen, die Vorstandsparkplätze vor dem Haus für einen Monat für Ihr Team zu ergattern, ist das ein guter Beginn.

Das Kelleher-Prinzip:
Tun Sie ab und an etwas, das eigentlich der Job Ihrer Mitarbeiter ist, wie selbst zum Kunden gehen, einen Tag in der Telefonzentrale sitzen und mittelefonieren, selbst den Kaffee für das Meeting kochen und servieren, die Mitarbeiter nach Hause schicken und die Abendschicht alleine machen ...

Anders sein mit Humor

Was wir brauchen, sind ein paar verrückte Leute.
Seht euch an, wohin uns die Vernünftigen gebracht haben.
George Bernard Shaw

Es muss nicht immer Drama sein, wenn Sie sich in Szene setzen. Charisma verträgt Humor, wenn er anders ist als der grobe Scherz. Sie können eine wundervolle Werbung für sich betreiben, indem Sie mit Humor kleine Auftritte inszenieren, die andere begeistern. Ein Beispiel: Wenn Sie als Chef einer großen PR-Agentur am St. Martinstag auf einer Kundenveranstaltung als Sankt Martin mit echtem Pferd und rotem Umhang auftreten, dann ist dies eine wundervolle kleine Inszenierung, die Ihnen viel Sympathie einbringt und Ihren Kunden dauerhaft im Gedächtnis bleibt. Tragen Sie den Mantel allerdings jeden Tag im Büro, sieht die Sache schon etwas anders aus, denn hier kommen wir in den Bereich des persönlichen Narzissmus – ein Charismakiller par Excellence.
Der Witz liegt darin, dass Sie der Chef dieser Agentur sind. Wäre einer Ihrer Mitarbeiter als St. Martin aufgetreten, wäre die Idee nicht wirklich unkonventionell. Wenn Sie Anderssein und Humor inszenieren, achten Sie darauf, dass es immer etwas geben muss, dass augenscheinlich nicht zusammenpasst. Chef – Osterhase, Mitarbeiter – König.

Against-all-odds – Jetzt erst recht!

Unkonventionalität wirkt besonders stark, wenn sie eine große persönliche Leistung beinhaltet, die nicht zu erwarten war. *Against-all-odds*, allen Widrigkeiten zum Trotz heißt hier das Motto und das Erfolgssystem. Sie alle kennen dieses System aus unzähligen Filmen und Geschichten. Ein Hauptdarsteller mit schlechter Ausgangsposition (arm, krank, im Gefängnis, einer Ungerechtigkeit zum Opfer gefallen) schafft es aufgrund seiner immensen mentalen Stärke wieder aufzustehen und trotz aller Widrigkeiten das Ziel zu

erreichen. Ben Hur, der Graf von Monte Christo, Aschenputtel, Robin Hood, Tom und Jerry, egal welche Geschichte, das Schema ist immer gleich und nicht nur im Märchen zu finden. Fidel Castro und Che Guevara gegen die gesamte kubanische Armee, das Adoptivkind Steve Jobs und Apple gegen IBM– die Geschichten passieren auch im echten Leben. Sehen Sie sich den Fußballverein Greuther Fürth an, auch *die Unaufsteigbaren* genannt. 2012 stiegen sie auf in die erste Liga. Die Begeisterung über ihren Aufstieg wäre nicht so groß gewesen, wenn sie nicht vorher die *Unaufsteigbaren* gewesen wären. *Dramen* halten jeden in Atem.
Auch in anderen Bereichen ist *Against-all-odds* erfolgreich: VW war auf dem amerikanischen Markt als das Unternehmen bekannt, das besonders hässliche Autos produziert. Als 1969 im Zuge der Mondlandung ein Werbespot für VW entwickelt wurde, zeigte es das VW Logo und den Mond, und dazu den Spruch: *It's ugly, but it get's you there.* Danach starteten sie eine Werbung mit dem Komiker Marty Feldman: *If he can make it, so can VW*, und um das Ganze noch zu toppen, gab es, als der erste VW mit Automatikgetriebe heraus kam, die Werbung dazu: *You've called it ugly. Now you can call it shiftless.* Der phänomenale Erfolg gab VW und seiner unkonventionellen Werbung recht. Indem VW den angeblichen Mangel an Attraktivität (bedrohliche Marktsituation) als besonderes Merkmal verkaufte, erreichten sie traumhafte Absätze – *Against-all-odds.*

Radikal anders machte es auch eine Trendsetterin aus der Welt der Reitkunst. Als die deutsche Showreiterin, Pferdetrainerin und Reitkünstlerin Monika Lehmenkühler eines Tages feststellte, dass eines ihrer Pferde starke Probleme mit einer herkömmlichen Zäumung hatte (man muss dazu wissen, dass Pferde weltweit normalerweise ein Stück Metall im Maul, Gebiss genannt, ertragen müssen, da dies nach Meinung vieler die einzig zuverlässige Art ist, ein Pferd zu kontrollieren), war sie bereits zwanzig Jahre mit herkömmlichen Zäumungen geritten. Sie entwickelte nach einer langen erfolglosen Suche hinsichtlich einer funktionellen „gebisslosen" Alternative selbst eine besondere Zäumung, den LG-Zaum, und bot vielen Pferdefreunden eine innovative Alternative zu den herkömmlichen Gebissen an. Auch begann sie, Pferde nicht nur mit einer gebisslosen Zäumung auszubilden, sondern auch beim größten deutschen Verband, der Deutschen Reiterlichen Vereinigung, für die Zulassung ihres Zaums auf Turnieren zu kämpfen. Im Zusammenhang mit ihrem eingeschlagenen – in der Reiterei zunächst son-

derbaren – Weg musste Monika Lehmenkühler feststellen, dass Albert Einstein recht hatte, als er das Durchsetzen einer neuen Idee als schwierigeres Unterfangen betrachtete als die Zertrümmerung eines Atoms.
Das Reiten von Pferden mit Gebissen besitzt eine unglaublich lange reiterliche Tradition, und als Monika Lehmenkühler mit ihrer gebisslosen Variante in die Dressurwelt einbrach, war der Skandal perfekt. Gebisslos reiten, vormals nur von wenigen Ausnahmen aus dem Westernreitbereich und der „Müslifraktion" praktiziert, hielt auf einmal Einzug in die echte, große Pferdewelt. Lehmenkühler wurde angefeindet, ignoriert und belächelt. Mit einem gesunden Durchhaltevermögen und dem festen Glauben an die Funktionsfähigkeit und Tauglichkeit ihrer Entwicklung gesegnet, begann Lehmenkühler, nach wissenschaftlichen Argumenten für ihren Standpunkt und ihr Produkt zu suchen. Sie wurde fündig. International anerkannte Wissenschaftler wiesen nach, dass das Reiten von Pferden mit „Gebissen" eine schädliche Wirkung auf die Gesundheit der Pferde hat. Trotzdem war die Ablehnung, die ihr entgegenschlug, groß und ist es teilweise heute noch. Zwei Fraktionen stehen sich gegenüber, die Befürworter und die Gegner des gebisslosen Reitens. Allerdings weicht die Front auf, wie es scheint, losgetreten von Lehmenkühlers Engagement, und immer mehr Reiter interessieren sich für gebisslose Zäumungen, vor allem im Licht der Gesundheit der Pferde. Interessanterweise waren die Versicherungen die ersten, die gebissloses Reiten als „normale" Zäumung anerkannten und keinen Aufpreis wegen einer möglichen Gefährlichkeit des gebisslosen Reitens verlangten. Es wird spannend sein, den weiteren Prozess zu beobachten. Fragt man Monika Lehmenkühler, so hält sie es mit Victor Hugo: *Nichts ist mächtiger als eine Idee, deren Zeit gekommen ist!*

Gegen den Markt

Nichts ist mächtiger als eine Idee, deren Zeit gekommen ist – das mag sich auch der niederrheinische Obstsaftproduzent Peter van Nahmen gedacht haben, als er 2005 nach einer langen Karriere in der Weinbranche in den elterlichen Keltereibetrieb van Nahmen zurückkehrte. Gegründet 1917 als rheinische Apfelkrautfabrik, besaß das Unternehmen 2007 eine regionale Bekanntheit, seine Produkte lieferte es im Umkreis von fünfzig Kilometern an klassische Getränkeabholmärkte. Seit 1995 mit einem Aufpreiskonzept des Naturschutzbundes zur Erhaltung von Streuobstwiesen arbeitend, erwirtschaftete das Unternehmen fünfzig Prozent seines Umsatzes als Rohwarenlieferant und als Lohnfüller.

Als Peter van Nahmen zurückkehrte, verschaffte er sich in einem ersten Schritt eine gründliche Marktübersicht. Es gab zu dem Zeitpunkt 400 Obstkeltereien in Deutschland, der Fachhandel verlor Marktanteile an die Discounter, von 80 Prozent Apfelsaftkonzentrat kam 33 Prozent aus China. Van Nahmen diagnostizierte einen Markt, der vom Preis getrieben war und keine Chance für jemanden wie ihn selbst zu lassen schien, der Saft mit Genuss und Qualität in Verbindung brachte. Aber genau das sollte van Nahmens Ansatz werden. Er sah seine Chance und entschied sich, gegen den Markt zu gehen.

Van Nahmen überlegte, welche seiner Erfahrungen aus der Weinbranche ihm in seinem neuen Metier nützlich sein würden. 2005 stellte er ein erstes neues Konzept vor, das mit „Wir Niederrheiner“ vorerst noch einen regionalen Ansatz fuhr und die Distribution von fünfzig auf einhundert Kilometer erweiterte.

2008 griff van Nahmen richtig an. Er warb, im Gegensatz zum Markt, mit seinen sortenreinen Obstsäften, die die Typizität einzelner traditioneller Obstsorten widerspiegelten, er füllte seine Säfte in Bordeauxflaschen mit elegantem, aber doch klassischem Designeretikett ab, er sprach mit Händlern und der Presse über seine Leidenschaft für Qualität, er beschrieb seine Obsternte als eine Geschichte mit allerbesten reifen Früchten als Hauptdarstellern, natürlich alle handselektiert. Bald versah er seine Säfte mit einer Herkunftsangabe und Jahrgangsbezeichnung, genau wie bei guten Weinen. Er entwickelte individuelle Geschmacksprofile und führte durch die Nummerierung der Flaschen eine Limitierung ein. Seine Zielgruppe: genussorientierte Menschen, die bereit waren, einen Premiumpreis für hohe Qualität und exzellentes Design zu bezahlen. Van Nahmen belieferte Feinkostläden, Restaurants und den Fachhandel, machte sich einen Namen im ökologischen Anbau und schaffte es, 2010 und 2011 auf dem Sommerfest des Bundespräsidenten mit einem eigenen Stand vertreten zu sein.

Anders als bei Monika Lehmenkühler schlug van Nahmen für seine unkonventionelle Idee und seine Entscheidung, gegen den Markt zu gehen, keine Ablehnung entgegen. Sie bescherte ihm viel Bewunderung und eine große Schar von Nachahmern, die ihn zwang und zwingt, seine Marke ständig zu schärfen und neue Ideen zu entwickeln. So bleibt es auch hier spannend zu beobachten, welche Ideen van Nahmen noch auf Lager hat.

Lehmenkühler und van Nahmen zeichnen sich nicht nur durch unkonventionelle Ideen aus. Beide sind rhetorisch gewandt, wissen mit Menschen umzugehen, sie sind Meister des Networking, beide orientieren sich an Werten, die andere Menschen mit ihnen teilen können. Beide sind auf ihre ganz eigene Art charismatisch.

Wenn Sie ein *Against-all-odds* für sich finden und inszenieren können, haben Sie eine grandiose Abkürzung genommen, was Charisma betrifft. Überlegen Sie sich daher, wogegen (oder wofür) Sie sich einsetzen können und wie hoch die Wahrscheinlichkeit ist, dass Sie einen Erfolg erzielen. Wenn alle anderen glauben, dass Sie es nicht schaffen werden, Sie aber wissen, dass Sie es schaffen können, dann lohnt es sich, in diese Strategie zu investieren, denn sie verschafft Ihnen *Instant Charisma.*

Übung

Nennen Sie drei Themen, die sich für Ihre *Against-all-odds*-Strategie eignen

1.
2.
3.

Risikobereitschaft

Against-all-odds bedeutet sicherlich auch immer Risikobereitschaft. Aber wir bewundern Menschen, die Risiken eingehen – allerdings nur, wenn sie ab und an auch gewinnen. Stellen Sie sich eine der Abendshows im Fernsehen vor. Jemand gewinnt und gewinnt, kommt eine Woche später wieder und gewinnt und gewinnt, und kommt eine Woche später wieder ... und verliert alles. Diese Person hat sich in unsere Herzen gespielt – sie ist Risiken eingegangen, hat gelitten, sich angestrengt und gewonnen. Der Verlust am Ende zählt nicht, sie besitzt unsere uneingeschränkte Bewunderung aufgrund ihres Durchhaltevermögens und der Risikobereitschaft, doch noch einmal viel Geld aufs Spiel zu setzen. Anders sieht es aus mit jemandem, der sofort alles verliert. Er erntet allenfalls unseren Spott. Wenn Sie also Risiko spielen (wie Kelleher, als er verkündete, in Zukunft nur noch 10 Minuten zu benötigen, um ein Flugzeug wieder reisefertig zu machen), dann sollten Sie zumindest zu Beginn sicher sein, dass Sie gewinnen. Schreibt man Ihnen erst einmal magische Fähigkeiten zu, dürfen Sie sich danach auch den ein oder anderen Flop erlauben – aber erst dann. Planen Sie daher Ihre ersten Risiken so, dass Sie auf jeden Fall erfolgreich sind. Ein Restrisiko ist immer dabei, und um mit diesem fertig zu werden, benötigen Sie eine ganz bestimmte Fähigkeit, die untrennbar mit Risikobereitschaft verknüpft ist: Mut.

Mut

Der Gegenbegriff von Mut ist Angst. Angst ist der größte Feind des Menschen, denn Angst verhindert Entwicklung. Entwicklung und Erfolg entstehen aber erst dann, wenn wir Angst überwinden und uns aus unserer Komfortzone, in der wir alles und jeden kennen, herausbewegen. Dazu benötigen wir die Bereitschaft, uns der Angst zu stellen, sie zu überwinden und weiterzumachen auf dem Weg zum Erfolg. Das einschränkende Gefühl der Angst in das motivierende Gefühl des Mutes umwandeln zu können, ist eine der herausragenden Eigenschaften charismatischer Menschen. Der amerikanische Dichter Ralph Waldo Emerson bemerkt zum Thema Angst und Mut: *He who is not everyday conquering some fear has not learned the secret of life*. Und so ist es tatsächlich: Wenn wir uns jeden Tag Herausforderungen widmen, verschwindet die Angst irgendwann – nämlich in dem Moment, in welchem wir die Angst erfolgreich bezwungen haben, in dem wir mutig waren.

Der Mut, das Beste aus uns herausholen zu wollen, lässt uns die Unannehmlichkeiten vergessen, die damit verbunden sind, und die heißen: neue Menschen, neue Situationen, neue Verhaltensweisen und das Risiko des Versagens oder eines ungewissen Ausgangs. Werfen wir einen kurzen Blick auf prominente Charismatiker und ihre Risiken. Mahatma Gandhi hatte den Mut, gegen die Briten anzutreten: Ausgang ungewiss, persönliches Risiko sehr hoch. Sir Richard Branson gegen British Airways: Ausgang ungewiss, persönliches Risiko hoch, aber nicht lebensbedrohlich. Barack Obama: Ausgang ungewiss, persönliches Risiko nicht sehr hoch, aber ein mögliches Versagen auf internationaler Bühne muss auch verarbeitet werden.

Was hat Mut mit Charisma zu tun? Alles! Jeder von uns bewundert mutige Menschen. Sie inspirieren uns, sie sind unsere großen Vorbilder. Eine Reihe von Tipps, die Sie darin unterstützen können, Ihren Mut stärker zu nutzen, finden Sie hier:

Tipps, die Sie darin unterstützen können, Ihren Mut stärker zu nutzen

- Begeben Sie sich bewusst in Situationen, in denen Sie Mut beweisen müssen. Wie Sie diese finden? Ganz einfach, indem Sie sich vor Augen rufen, wovor Sie Angst haben: vor dem Mitarbeitergespräch am nächsten Tag, vor dem Fußballspiel in einer Woche, vor dem Auftritt vor 5000 Personen ...
- Reduzieren Sie alles, was Ihnen Angst machen könnte, indem Sie sich z. B. exzellent vorbereiten. Üben Sie Ihre Auftritte, ganz gleich, ob vor großem Publikum oder in persönlichen Gesprächen.
- Visualisieren Sie den Erfolg, den Sie nach Ihrer Zielerreichung empfinden werden.
- Suchen Sie sich ein Vorbild, dem Sie nacheifern können. Wer war schon einmal in einer solchen Situation und wie hat er oder sie sie gemeistert?
- Schieben Sie unangenehme Situationen nicht auf, sondern gehen Sie sie sofort an.
- Die meisten Menschen sind nicht mutig – seien Sie anders! Mutige Menschen sind die, die nicht davonlaufen, wenn es darauf ankommt.
- Fokussieren Sie sich auf Ihre Stärken, nicht auf Ihre Schwächen und Ängste. Wenn Sie Ihre Stärken nicht kennen, beginnen Sie damit, sie kennenzulernen, denn ohne eine genaue Kenntnis der eigenen Stärken und Potenziale kann weder Charisma noch Mut existieren. Wenn Ihre Stärken darin bestehen, ein neugieriger, kreativer Mensch mit einem Talent fürs Schreiben zu sein, ist das Ihr Ventil, mutig zu werden. Sie müssen nicht losziehen und den Drachen mit einem Schwert erschlagen – tun Sie es mit der Feder. Aber tun Sie es!
- Denken Sie in „Ich kann", nicht in „Ich könnte". Könnte ist ein Vokabular für Feiglinge – auch wenn sich das ein wenig hart anhört. Lassen Sie sich keine Hintertürchen offen, wenn es darum geht, sich Ihren Ängsten zu stellen.
- Fokussieren Sie sich auf Ihre Werte. Ihre ganz persönlichen Werte geben Ihnen die Authentizität, die Sie benötigen, um nicht nur andere zu überzeugen, sondern auch sich selbst. Wenn Ihr Wert Gerechtigkeit ist, können Sie mutig für Gerechtigkeit kämpfen, indem Sie sich in Organisationen einbringen, die die gleichen Werte wie Sie teilen – Amnesty International, Tierschutzorganisationen, und, und, und ... Sich einbringen bedeutet, sich auch wirklich einzubringen, beispielsweise indem Sie neue Mitglieder an einem Stand werben oder sich an Aktionen beteiligen.

Unkonventionelle Ideen finden – aber wie?

Ganz einfach: die Ideen liegen auf der Straße. Sie müssen Sie nur aufheben. Die meisten von uns sind den ganzen Tag damit beschäftigt, Feuer auszutreten und keine neuen entstehen zu lassen. Dass wir so selten an Innovationen denken, liegt auf der Hand. Und dennoch – während wir die Feuer austre-

ten, kommt uns mit Sicherheit der ein oder andere Gedanke, wie wir es anders oder radikal anders machen könnten.
Paradoxerweise ist es manchmal aber auch geradezu revolutionär, keine Idee zu haben. Obama punktete mit *Change*, ohne ein ausgefeiltes Programm zu haben, die neue politische Partei der Piraten kokettiert damit, kein Programm zu haben, dafür aber einen unkonventionellen Namen. Unkonventionell ist diese Strategie auf jeden Fall – aber nur für den Moment. Wenn Sie beginnen, Ihre Unkonventionalität entwickeln, rate ich Ihnen, mit einem substanzielleren Thema als Change zu beginnen.

Entwickeln Sie Ihre Unkonventionalität

- Nehmen Sie sich selbst Zeit, um über Innovationen nachzudenken. Die 20 Minuten Anfahrt und Abfahrt zum Büro eignen sich hervorragend dafür.
- Fragen Sie andere Menschen (Freunde, Ihre Kunden, Ihre Mitarbeiter und Kollegen) nach ihren Ideen, Träumen und Meinungen.
- Fragen Sie sich selbst: Was würde ich jetzt gerade am liebsten tun, wenn ich damit nicht einige Leute vor den Kopf stoßen würde?
- Für Führungskräfte: Treffen Sie sich regelmäßig auch ohne Anlass mit Ihren Mitarbeitern zu einem Brainstorming - die besten Ideen entstehen ohne Druck, just for fun.
- Informieren Sie sich in Zeitschriften, auf Messen und Veranstaltungen über die neuesten Trends in Ihrer Branche - und verschlafen Sie sie nicht.
- Interessieren Sie sich für alles, auch für Trends in anderen Branchen. Diskutieren Sie mit anderen darüber, welche Verbindung sich zu Ihnen oder Ihrem Produkt herstellen lässt.
- Eignen Sie sich Innovationstechniken an (durch Seminare oder Bücher).
- Notieren Sie Ideen in einem Ideenbuch - so vergessen Sie sie nicht und können die interessantesten Verknüpfungen bilden.

Ihre Vorgehensweise

Suchen und finden Sie Themen zur Unkonventionalität. Überprüfen Sie sie auf unkonventionelles Potenzial, indem Sie sich folgende Fragen stellen:

Leitfaden: Unkonventionalität

- **Thematisieren Sie immer eine Schwachstelle oder einen Gegensatz**
  Andere Fluggesellschaften benötigen 45 Minuten, um ihre Flugzeuge wieder flugbereit zu machen - Sie benötigen nur zehn Minuten. Normale Themen locken

niemanden hinter dem Ofen hervor. Sie können jeden Morgen mit dem Rad ins Büro fahren anstatt mit Ihrer Limousine. Es sollte aber dann allen bekannt sein, dass Sie die Limo mit Chauffeur nutzen könnten, wenn Sie wollten. Im privaten Bereich sieht es ähnlich aus: Tun Sie etwas, was man niemals von Ihnen erwarten würde – im positiven Bereich natürlich.

- **Was ist neu an Ihrer Idee?**
  Inszenieren Sie Ihre Idee als neu und innovativ, vielleicht sogar als revolutionär. Steve Jobs konnte es auch – hören und sehen Sie sich seine Vorstellung des iPhone auf youtube an: *fantastic, unbelievable, outstanding* ... sind nur einige der Worte, die er für sein Produkt fand und in der Präsentation sehr häufig wiederholt.
- **Können Sie aus Ihrem Thema ein *Against-all-Odds-Thema* herausarbeiten?**
  Vielleicht ist Ihr Team/Ihr Unternehmen gerade in einer schwierigen Situation, die Sie nutzen können. Vielleicht ist auch der Markt schwierig und Sie finden einen Weg, einen Trend zu setzen.
- **Können Sie Ihre Inszenierung mit Humor gestalten?**
  Ein Auftritt im Kostüm ist immer unkonventionell, z. B. das Vorfahren beim Kunden in einem Mafia-Outfit mit Limousine, Sonnenbrille und Maßanzug, um ihn zum Mittagessen abzuholen, wie es eine Kundin aus der PR-Branche tatsächlich tat.
- **Gehen Sie ein persönliches Risiko ein?**
  Wenn ja, wie hoch ist es (wenn Sie Ihr Unternehmen aus einer drohenden Insolvenz als Management Buyout herauskaufen, haben Sie ein hohes Risiko, wenn es um das Gewinnen oder Verlieren einer Wette geht, ist es sehr niedrig und nicht geeignet)? Stellen Sie immer sicher, dass Ihr Lösungsweg ein persönliches Risiko beinhaltet, sei es dass Sie sich blamieren könnten oder dass es schief gehen kann. So schaffen Sie sich Bewunderung. Machen Sie immer deutlich, dass Ihre Aktionen Sie einiges an Anstrengung kosten. Wenn wir uns nicht anstrengen müssen, um etwas zu erreichen, ist eine Sache nichts wert, was nicht nur die Beispiele von unglücklichen Lottogewinnern belegen.
- **Wie stehen Ihre Chancen auf einen Erfolg?**
  Sie können den Ausgang eines Gerichtsprozesses nicht vorhersagen – manch andere Dinge schon. Sorgen Sie dafür, dass Sie einen Erfolg einfahren können, auch wenn Sie *Against-all-odds* gehen.

Übung: Unkonventionalität

Thema

Was ist neu an Ihrer Idee?

Das *Against-all-Odds*-Thema

Die Inszenierung mit Humor

Mein persönliches Risiko

Meine Erfolgschancen

Ihr Lohn: Andere gestehen Ihnen Außergewöhnlichkeit zu. Als ein Reformer, ein Lenker, ein Trendsetter, eine außergewöhnlich begabte Person, die einfach anders als andere handelt und denkt, wird Ihnen Charisma zugeschrieben – wenn Sie es nicht verspielen, indem Sie massive Fehler in anderen Strategiebereichen machen.

Stop – Unkonventionalität!

Radikalität und Unkonventionalität können dunkle Seiten besitzen. Wenn unsere Leidenschaft für eine neue Idee zur Routine und lästigen Pflicht wird und nicht mehr den Funken der Herausforderung in sich trägt, verlieren wir manchmal die Begeisterungsfähigkeit.
Deshalb: Planen Sie Ihre Unkonventionalität immer gründlich und vergessen Sie Spontanität. Eine weitere Gefahr sind Sie selbst, wenn Sie der Begeisterung über Ihren eigenen Erfolg anheimfallen und beginnen, sich drastisch zu überschätzen. Überprüfen Sie deshalb Ihre Strategie auf Weitsicht, Projekte auf wirkliche Machbarkeit, Veränderungen auf ihren Erfolg hin. Achten Sie darauf, dass Sie sich nicht überinszenieren und entweder in die Lächerlichkeit abgleiten oder so schillern, dass man Sie nicht mehr sehen möchte. Thomas Rath in Heidi Klums Germany's Next Topmodel inszeniert sich am richtigen Ort auf die richtige Art und Weise, als Firmenchef eines konservativen Unternehmens würde er sicherlich eine andere Strategie wählen. Denken Sie auch daran: Sie müssen mit Ihrer unkonventionellen Strategie auch punkten und nicht nur auffallen, sonst sind Sie nur spleenig, aber nicht charismatisch, und glauben Sie mir, von ersteren gibt es genug.

Spotlight – Unkonventionalität!

Unkonventionell – Yes you can ... – Ja, auch Sie können unkonventionell sein!

Persönliche Ausprägung
– Unkonventionalität –

Bescheidenheit ist eine Zier, doch weiter kommt man ohne ihr ...

Werbung – Die Kunst, anderen Menschen zu beweisen, dass sie unserer Meinung sind.
Peter Ustinov

„Spiel Dich nicht so in den Vordergrund" hieß es früher und wenn wir ehrlich sind, hat sich nicht viel daran geändert. Werbung für sich, sein Team, sein Unternehmen und sein Anliegen zu machen, verstößt gegen die gängigen Konventionen und gilt als unfein. Werbung machen – das ist doch unseriös, aufdringlich und passt nicht in die gängige Moral? Bei weitem nicht! Alle Menschen, die wir als charismatisch wahrnehmen, haben zuvor einen massiven Werbefeldzug angetreten, damit wir sie und ihr Anliegen überhaupt wahrnehmen!

Ein Beispiel für einen unkonventionellen Werber ist natürlich Richard Branson. Ballonflüge um die Welt, Flüge zum Mond, Auftritte in den Medien so oft es geht – Branson weiß die Werbetrommel zu rühren. Er spielte in einer eigenen TV-Reality-Show mit, trat in Serien wie *Baywatch* und *Friend*s auf und schaffte es, sich selbst auch in einen James-Bond-Film hinein zu sponsern (als Flugpassagier in *Casino Royale)*. Nun müssen Sie aber nicht gleich Milliardär werden, um Werbung für sich und Ihre Idee auf diese Art machen zu können. Worum es vorrangig geht, ist die Erkenntnis, dass Charisma und Werbung eng zusammenhängen, gleich auf welcher Ebene Sie sich befinden. Charismatische Menschen zeichnen sich dadurch aus, dass sie Werbung für ihre Idee, ihr Team und ihr Unternehmen machen und sich selbst samt ihrem Charisma lediglich als Vehikel benutzen. Was an Richard Branson auffällt, ist, dass er niemals für sich als Person wirbt – er wirkt wie der Junge von nebenan, der immer eine Menge großer Ideen hat, die er durchsetzen möchte und von denen eine Menge Menschen profitieren können.

In der Werbung für Sie selbst, in der Werbung für Ihr Team und in der Werbung für Ihr Unternehmen rate ich Ihnen, so persönlich und so authentisch wie möglich vorzugehen. Ihr Publikum wird mit anonymen Kaufangeboten und Werbung überschwemmt – seien Sie anders!

Werben für Ihr Team

21./22. April 2012, Mitternacht. Borussia Dortmund hat vor einigen Stunden die deutsche Fußballmeisterschaft gewonnen. Die Mannschaft feiert in ihrem Stammlokal. Michael Zorc, der Manager von Borussia Dortmund, führt ein kleines Interview mit Jürgen Klopp, dem Trainer. *„Es war zu leicht. Die machen immer so ein Geschisse um die Meisterschaft. Das war kein Problem! Mit der Mannschaft, die du mir hingestellt hast, ganz ehrlich, hätte es jeder gekonnt!“*, sagt Klopp. Das nenne ich Werbung! Und zwar für das Team!

Würden Sie einem Kollegen vertrauen, der schlecht über sein ihm anvertrautes Team spricht? Wahrscheinlich nicht – Sie würden ihn mit Sicherheit als äußerst unglaubwürdig und unseriös einschätzen, denn zum einen wirft es ein schlechtes Licht auf ihn selbst, zum anderen ist nicht klar, was er damit erreichen möchte, außer ein wenig herumzujammern, was nicht gerade zu den charismatischsten aller Eigenschaften gehört. Weitaus charismatischer der andere Kollege, der sein Team in Schutz nimmt, der dessen Interessen durchkämpft und offensiv für die Stärken seines Teams wirbt, wenn es um Projekte und besondere Aufgaben geht. Das Ergebnis dieser Werbung ist eine hohe Glaubwürdigkeit, die durch den Eindruck der starken Loyalität zum eigenen Team entsteht. Ihre Konsequenz: Werben Sie für Ihr Team, wo immer Sie können – beim Vorstand, bei anderen Teams, beim Kunden, zuhause, bei wildfremden Menschen (!), bei den Medien! Viele Fachzeitschriften sind dankbar, wenn sie Artikel zu echten Themen und echten Teamerfahrungen veröffentlichen können. Bitten Sie Ihr Team, sich gemeinsam mit Ihnen in dieser Hinsicht zu engagieren.
Stellen Sie die Stärken Ihres Teams heraus, die Einsatzbereitschaft, die einzigartige Zusammenstellung, die Kompetenz. Entwerfen Sie einen Werbeplan!

Übung: Werben für Ihr Team

Finden Sie fünf Stärken und fünf Situationen, mit denen Sie für Ihr Team werben können.

Mein Team kann/hat ...

1.
2.
3.
4.
5.

Folgende Situation eignet sich ...

1.
2.
3.
4.
5.

Werben für das Unternehmen

Ähnlich sieht es aus, wenn es um das Unternehmen geht. Charismatiker sind bekannt dafür, überall für die Stärke ihres Unternehmens zu werben, selbst wenn es gerade nicht so gut um das Unternehmen bestellt ist. Integrität und Loyalität sind die beiden Auslöser, die eine glaubwürdige und charismatische Wirkung erzeugen. Fragen Sie sich selbst: Finden Sie einen Menschen glaubwürdig, der schlecht über sein eigenes Unternehmen spricht? Erinnern Sie sich: Was haben Sie beim letzten Mal gedacht, als jemand so richtig über sein Unternehmen herzog?

Als Konsequenz bedeutet das für Sie: Werben Sie für Ihr Unternehmen, wo immer Sie können! Halten Sie Vorträge, pflegen Sie den Kontakt zu den Medien, gehen Sie zu Kunden, die noch nie mit Ihnen gearbeitet haben. Erzählen Sie nicht das übliche Blabla, was in jeder Broschüre zu lesen ist. Finden Sie andere Möglichkeiten zu werben. Nehmen Sie Ihr Team mit zum

Kunden, netzwerken Sie, laden Sie die Kunden zu sich ein und präsentieren Sie etwas Unkonventionelles.
Einer meiner Kunden veranstaltet jedes Jahr ein Sommerfest für seine Kunden. Er lädt in die Firmenräumlichkeiten und den angrenzenden Garten ein. Zuerst findet ein kleiner Empfang statt, nach dem ein bekannter Autor oder Vortragsredner eine launige Keynote hält, die alle begeistert und für jeden einen Mehrwert darstellt. Anschließend gibt es ein Coaching für alle zum Thema der Keynote, etwa dazu, wie man den inneren Schweinehund überwindet oder mit neuen kreativen Methoden aus der Technik brainstormt. Dann springt der CEO auf die Bühne und bedankt sich nicht nur bei den Kunden für das Kommen, sondern auch bei seinen Mitarbeitern für die gute Arbeit des Jahres, indem er Namen, Projekte und Kunden nennt. Danach beginnt die Party. Alle Kundenbetreuer und Mitarbeiter sind vor Ort, es gibt ein wunderbares Catering mit Salaten und Grillstationen, eine Cocktailbar und Drinks, die hauseigene Band, die sich aus Mitarbeitern zusammensetzt, spielt, und alle haben einen wundervollen Abend – und der Geschäftsführer eine phantastische Werbung für das Unternehmen.

Übung: Werben für mein Unternehmen

Wie und wo können Sie für Ihr Unternehmen werben – und zwar anders als bisher? Finden Sie drei Möglichkeiten. Wenn Ihnen nichts einfällt, fragen Sie Ihre Mitarbeiter – sie sind die Spezialisten.

1.
2.
3.

Werben für sich selbst

Selbstverständlich werben Sie auch für sich selbst. Bewerben Sie sich selbst und Ihre Ideen, indem Sie alle Plattformen nutzen, die Ihnen zur Verfügung stehen, um sich selbst bekannter zu machen und besser zu vernetzen. Denken Sie an die Geschichte mit dem tapferen Schneiderlein. Er stickte sich „*Sieben auf einen Streich*“ auf seinen Gürtel, stand zu seinen Versprechen und bekam ein Königreich.

Heute bieten sich zahlreiche Möglichkeiten zur Eigenwerbung – die social networks sind in aller Munde. Nutzen Sie auf jeden Fall die Möglichkeiten, die Ihnen Facebook, Xing und Co bieten, indem Sie sich, Ihr Produkt und Ihre Ideen dort vorstellen. Sammeln Sie Stimmen von anderen, die Ihre Leistung, Ihr Anliegen, Ihre Produkte oder Sie als Person mögen und machen Sie diese publik. Halten Sie Ihr Publikum mit Newslettern, Videos oder Blogs auf dem Laufenden darüber, wo Sie Ihren nächsten Vortrag halten, wann Ihr nächstes Buch herauskommt und wo Sie zuletzt einen Plausch mit Tony Blair gehalten haben. Aber achten Sie darauf, dass Ihr Publikum jederzeit die Möglichkeit hat, Ihre Werbung abzubestellen.
Wenn Ihnen das zu platt erscheint und Sie meinen, dass Sie eine solche Werbung nicht nötig haben und irgendwann schon entdeckt werden, nun denn, ich wünsche Ihnen von ganzem Herzen viel Erfolg – ich glaube allerdings nicht daran, dass Sie ihn haben werden. Vor einiger Zeit lernte ich auf einer Abendveranstaltung in Berlin eine Mode-Designerin kennen, die sehr originelle Mode entwirft. Äußerst werbewirksam in ihren eigenen Designer-Kreationen gekleidet, ausgestattet mit einem lebhaften und exaltierten Wesen, also alles, was man zur Vermarktung seiner Mode benötigt, war sie ein durchaus vielversprechender Mensch, aber schlecht im Marketing, wie ich kurz darauf feststellen sollte. *„Ich habe ganz viele Leute zu meinem Tag der offenen Tür mit einer E-Mail eingeladen, aber keiner ist gekommen“*, klagte sie, *„und wenn die alle nicht wollen, na dann ist mir das auch egal ...“* Egal heißt, klein beizugeben. Es geht hier darum, zu analysieren, warum es nicht geklappt hat und dann weiterzumachen. Vielleicht hätte sie einige Freundinnen in ihren Kreationen durch die angrenzenden gut besuchten Cafés und Restaurants laufen lassen oder am Samstag eine kleine Show auf dem Wochenmarkt präsentieren können – die Möglichkeiten sind unendlich, wenn das Denken und Handeln unkonventionell ist.
Nehmen Sie sich Benjamin Disraelis Ausspruch zu Herzen: *Success ist the child of audacity* – Erfolg ist das Kind der Verwegenheit, oder des Mutes, oder auch der Dreistigkeit. Alle bekannten charismatischen Persönlichkeiten dieser Welt waren und sind große Werber für sich selbst und für ihr Thema. Tun Sie es auch und machen Sie auf sich aufmerksam. Eine Freundin von mir erschien auf einem Ball mit dem Motto „Schwarzweiß“ in einem leuchtend roten Kleid. Ihr Thema ist Selbstbewusstsein. Eine andere stellte sich während einer großen Seminarveranstaltung auf die Bühne und hielt einen kleinen Vortrag über sich, was nicht verwunderlich gewesen wäre, wäre sie

eine der eingeladenen Rednerinnen gewesen. War sie nicht. Sie nutzte den Moment, als der Top-Redner das Thema „Mut“ inszenieren wollte, indem er mit den Ängsten des Publikums vor einem Bühnenauftritt spielte und durch die Reihen ging, um jemanden herauszupicken, der statt ihm auf die Bühne sollte. Alle im Publikum blickten zu Boden. Der Redner suchte meine Freundin aus, die einzige Person im Saal, die ihn anblickte. Sie sprang auf die Bühne und hielt zum größten Entsetzen des Redners, aber der größten Begeisterung des Publikums einen zehnminütigen Vortrag über sich und ihr Produkt – PR für Unternehmen. Besser kann es nicht gehen!

Übung: Werben für sich selbst

Finden Sie fünf Situationen, in denen Sie innerhalb der nächsten zwei Monate für sich und Ihr Thema werben wollen.

1.
2.
3.
4.
5.

Bescheidenheit – aber richtig!

Achten Sie darauf, trotz aller Werbung das richtige Maß zu finden, was Ihre eigenen Ansprüche betrifft. Protzige Limousinen fahren, während die Mitarbeiter reihenweise entlassen werden, wirft ein recht fragwürdiges Licht auf so manchen Unternehmenslenker. Überlegen Sie, was Sie tun können, um mit einer adäquaten Form von Bescheidenheit zu punkten, etwas, das eine Signalwirkung auch für Ihre Mitarbeiter hat. Nehmen Sie ein kleineres Büro, nicht das größte Auto, oder schadet dies Ihrem Image beim Kunden? Dies sind Punkte, die Sie überlegen und entscheiden müssen. Was Sie jedoch auf jeden Fall tun können: Essen Sie in der Kantine, parken Sie auf dem großen Parkplatz und nicht direkt vor der Eingangstüre und, und, und ...

Stop – Werbung!

Plumpe Werbung und ein unseriöses egoistisches Anliegen sind nicht dazu geeignet, Ihre charismatische Wirkung zu steigern. Fallen Sie nicht als reiner „Geschäftemacher" auf.

Spotlight – Werbung!

- Wenn Sie für ein Produkt werben: Fragen Sie Bekannte, Mitarbeiter und Fremde, in welcher Form sie gerne Ihre Werbung sehen oder empfangen möchten.
- Wenn Sie für sich oder Ihr Team werben: Tun Sie es einfach!

Persönliche Ausprägung – Werbung –

Zusammenfassung

Unkonventionalität und Werbung alleine können zu einer sofortigen Zuschreibung von Charisma führen, jedoch wird es auf Dauer schwer, den Status aufrechtzuerhalten, wenn Sie keine andere Strategie zur Verfügung haben. Es wird der Tag kommen, an dem jemand noch weitaus unkonventioneller handelt als Sie – und das ist der Tag, an dem Sie mit Ihren anderen Charismastrategien schon gepunktet haben sollten.

Charisma – ein Aktionsplan

Die Umsetzung der Strategien

Sie haben fünf Strategien kennengelernt, die es Ihnen ermöglichen, Ihr ganz persönliches Charisma entstehen zu lassen. Natürlich sollten Sie Ihre Strategien selbst auswählen und so zusammenstellen, dass sie zu Ihnen passen und Ihre einzigartige Persönlichkeit widerspiegeln. Jede der Strategien trägt dazu bei, Ihr persönliches Charisma zu stärken und weiterzuentwickeln. Um Ihnen die Umsetzung zu erleichtern, möchte ich Ihnen im Folgenden einen Drei-Phasen-Aktionsplan an die Hand geben.
Von einer Vielzahl von renommierten Psychologen, Soziologen und Betriebswirtschaftlern immer wieder untersucht, lässt sich bei allen charismatischen Personen ein ganz bestimmter, strategisch immer gleich ablaufender Prozess beobachten. Er beinhaltet alle fünf Charisma-Strategien und teilt sich in drei Phasen auf. Charismatische Menschen folgen diesem Drei-Phasen-Plan mit einer traumwandlerischen Sicherheit und nutzen ihre individuellen Potenziale und Strategien, um diesen Plan persönlich und effizient auszugestalten und so ein personalisiertes und schlagkräftiges Charisma aufzubauen und aufrechtzuerhalten. Wenn Sie die vorausgegangenen Strategiekapitel gelesen und für sich persönlich durchgearbeitet haben, werden Sie sofort erkennen, welche Strategie in welche Phase Ihres Aktionsplans passt und wo Sie sie einsetzen können, um Ihr Traumergebnis zu erzielen.

Drei-Phasen-Aktionsplan

Phase 1: Finden Sie Ihre Leidenschaft! Definieren Sie Ihr Thema und Ihr Ziel.

Phase 2: Gestalten Sie Ihr Thema! Inszenieren Sie sich, das Thema und vor allem Ihr Ziel.

Phase 3: Schaffen Sie Erfolg! Setzen Sie sich für Ihr Thema ein und setzen Sie es um.

Bevor Sie den Aktionsplan und seine drei Phasen im Einzelnen kennenlernen, möchte ich Ihnen vorab den Ablauf an einem Ihnen bereits bekannten Beispiel verdeutlichen – an Jim Dawson, dem Mann mit dem Brecheisen.

Beispiel: Aktionsplan von Jim Dawson

Phase 1: Jim Dawson findet sein Thema und sein Ziel, als er das starke Hierarchiedenken in seinem Unternehmen und die daraus entstehenden Ungerechtigkeiten entdeckt.

Phase 2: Dawson inszeniert sein Thema und sein Ziel, indem er das mit ihm geführte Interview veröffentlicht, in welchem er sich als Mensch beschreibt, der alle Klassen und Statusbarrieren in seinem Unternehmen niederreißen will, der auf Menschen zugeht, ihnen zuhört und ihnen Dinge zutraut.

Phase 3: Um seine Ankündigung ausdrucksvoll zu unterstreichen und sein Ziel in Angriff zu nehmen, plant Dawson eine publikumswirksame Aktion. Er schafft die Parkplätze für das höhere Management ab, die Mitarbeiter ohne Fehlzeiten kommen in den Genuss der Parkplätze an vorderster Hausfront.

Wenn wir einen Blick auf Mutter Teresa, Barack Obama oder Mahatma Gandhi werfen, sieht es nicht anders aus, und auch Steve Jobs, Monika Lehmenkühler und Peter van Nahmen arbeiten auf die ein oder andere Weise mit diesem Aktionsplan.

Phase 1: Finden Sie Ihre Leidenschaft!

Thema und Ziel

Es ist relativ unwahrscheinlich, dass Sie eines Morgens aufwachen und urplötzlich über eine charismatische Wirkung auf andere verfügen – es sei denn, Sie haben am Vortag eine Heldentat vollbracht wie etwa C. B. Sullenberger, der 2009 einen Passagierjet der US Airways erfolgreich auf dem Hudson River notlandete. Ihre feurige Rede über die neuen Unternehmenszahlen auf der Mitarbeiterversammlung oder Ihr neuer Designeranzug bringen Ihnen allenfalls eine momentane Aufmerksamkeit und ein wenig Ausstrahlung, mit nachhaltigem Charisma jedoch hat dies nichts gemeinsam. Die Entwicklung von Charisma ist ein längerer Prozess und es gibt nur wenige Abkürzungen (die einzigen Abkürzungen: werden Sie schnell berühmt und/oder vollbringen Sie eine Heldentat). Was Sie wirklich benötigen, um einen Anfang machen zu können: Finden Sie Ihr Thema und das, wofür Sie stehen!

Ein leidenschaftliches Ziel

Alle wirklich charismatischen Menschen stehen für *Etwas*. Dieses Etwas besitzt Substanz und Phantasie, und es ist so attraktiv, dass es die Aufmerksamkeit anderer Menschen auf sich lenkt. Obamas Thema war Change, Mahatma Gandhis Thema Freiheit, Steve Jobs Thema revolutionäre technische Innovation. Wie Sie bemerken, sind dies ziemlich allgemein gehaltene Themen, und das aus einem guten Grund. Ein gutes charismatisches Thema muss so beschaffen sein, dass sich besonders viele Menschen damit identifizieren können. Im Falle eines Politikers z. B. ist der gemeinsame Nenner zur Identifikation mit Wählern nur über ein möglichst allgemeines Thema zu leisten.

Nun klingt diese Themenwahl nicht besonders leidenschaftlich oder charismatisch, aber ich kann Ihnen versichern, dass das Gegenteil der Fall ist. Sie ist charismatisch, weil das Thema, das Sie für sich auswählen, die Sache, für die Sie stehen, etwas ist, für das Sie nicht nur selbst eine sehr große Leidenschaft empfinden, sondern weil es diese Leidenschaft ist, die Ihnen den „magischen" Funken verleiht: Ihre Begeisterung für Ihr Thema und Ihr Ziel überträgt sich auf andere und erzeugt jene unnachahmliche Aura von Charisma – vorausgesetzt, Sie wählen Ihr Thema klug aus und kommunizieren es auf eine verantwortungsvolle, beziehungsorientierte und unkonventionelle Art und Weise.

Es nutzt Ihrem Charisma wenig, wenn Sie ein Thema auswählen, das zu eng gefasst ist oder nur Ihnen persönlich einen Nutzen bietet. Warum, ist schnell geklärt. Eine charismatische Wirkung beginnt immer damit, dass sich ein breites Publikum persönlich angesprochen, betroffen, verstanden und fasziniert fühlt. Ohne Thema besitzen Sie vielleicht eine ganz nette Ausstrahlung oder ein bisschen Charme, aber Sie sind meilenweit von echtem Charisma entfernt.

Nutzen Sie die folgende Checkliste als Leitfaden, mit der Sie Ihre Themen auf ihre Tragfähigkeit für Charisma überprüfen.

Leitfaden: Charismatische Themen sind

- niemals egoistisch
- niemals vorrangig an Geld & Co. orientiert
- immer nachhaltig und am Gemeinwohl orientiert
- immer eine Perspektive aufzeichnend
- immer sinnstiftend
- immer eine Herausforderung beinhaltend
- immer identifikationsfähig

Dabeisein ist alles – Identifikationsfähigkeit

Machen wir uns nichts vor. Wir wissen, dass uns Charisma nur von anderen Menschen zugeschrieben werden kann, und das wird nur funktionieren, wenn wir sie an unserem Thema, unserem Ziel und unserem Erfolg beteiligen Die Zuschreibung von Charisma entsteht, wenn wir andere zu Stars machen. Um das zu tun, müssen Sie die Stärken der anderen kennen, denn Charisma beruht nicht darauf, dass Sie ganz persönlich das Thema abarbeiten, sondern darauf, dass Sie Ihr Publikum, Ihre Geschäftspartner, Ihre Mitarbeiter oder Ihre Kunden in die Lage versetzen, einen wesentlichen Beitrag zur Zielerreichung leisten zu können. Sie gewinnen durch diese Vorgehensweise eine hohe Akzeptanz bei Ihren Mitmenschen, nämlich durch Ihr Interesse und Ihr Vertrauen in deren Fähigkeiten. Diese Akzeptanz erzeugt wiederum Motivation und Freude am eigenen Können und Tun. Das bedeutet für Sie, dass Sie Ihre Themenwahl so gestalten sollten, dass andere Menschen sich nicht nur damit identifizieren, sondern auch daran mitarbeiten können. Um Ihr Thema zu finden, gibt es mehrere Wege. Mit allergrößter Sicherheit tragen Sie schon eine Vielzahl von Zielen und Ideen in sich – Sie haben sie vielleicht nur noch nicht für sich selbst klar definiert und analysiert. Dann ist es jetzt an der Zeit, dies zu tun. Wenn Sie sich für Ihr Thema entscheiden, bitte ich Sie um eines: Nehmen Sie das Thema in Angriff, das Ihnen wirklich wichtig ist und bei dem Sie sicher sein können, dass Ihr Interesse nicht nach einigen Wochen erlahmt – Sie wissen, dass Charisma keine kurzfristige Angelegenheit ist und Sie werden Leidenschaft und Durchhaltevermögen noch dringend benötigen.

Tipp: Themenwahl

Je größer Ihre eigene Erfahrung mit Ihrem Thema ist, umso glaubwürdiger wirken Sie! Wenn Sie die Probleme schon einmal durchgemacht haben, wenn Sie Situationen selbst erlebt oder erlitten oder auch genossen haben, steigt die Akzeptanz!

Übung: Themenwoche

Gestalten Sie die kommende Woche zu Ihrer Themenwoche. Nehmen Sie sich Zeit für sich selbst und denken Sie über Ihre Themen nach. Die meisten Menschen sprudeln nur so über von Themen und Ideen – sollte dies bei Ihnen nicht der Fall sein, sprechen Sie mit Menschen in Ihrem Unternehmen, in Ihrem Bekanntenkreis, in Ihrer Familie und fragen Sie sie: „Was wollen Sie bzw. wollt Ihr? Was ist für Euch ein Thema? Was brauchen Sie bzw. braucht Ihr? Wo sehen Sie bzw. seht Ihr Entwicklungspotenzial?" Sammeln Sie zehn Themen.

Thema 1	
Thema 2	
Thema 3	
Thema 4	
Thema 5	
Thema 6	
Thema 7	
Thema 8	
Thema 9	
Thema 10	

Phase 2: Gestalten Sie Ihr Thema!

Inszenieren Sie sich, Ihr Thema und Ihr Ziel

In dieser zweiten Phase geht es darum, Ihr Thema zu inszenieren. Wie Sie bereits wissen, benötigt Charisma Bühne. In dieser Phase ist es Ihre größte

Aufgabe, diese Inszenierung so gut wie möglich zu bewerkstelligen, denn: Themen gibt es viele und die meisten Themen werden schon ausführlich und auch professionell von anderen Menschen vertreten, was Sie allerdings nicht davon abhalten sollte, sich mit all Ihrer Leidenschaft und Kreativität einem dieser Themen zu widmen, denn Sie besitzen das Wissen und die Strategien, Ihr Thema charismatisch zu gestalten und die Magie für sich zu erzeugen. In dieser Phase spielen alle Strategien eine Rolle, im Besonderen jedoch die Strategien *Unkonventionalität* und *Maximale Ausstrahlung.*
Führen Sie sich zuallererst vor Augen, dass Ihr Thema schon länger existiert. Es hat sich nur noch niemand auf eine unkonventionelle Art und Weise damit beschäftigt, und wenn ja, dann vielleicht mit minderem Erfolg. Das mag aus den verschiedensten Gründen heraus passiert sein. Vielleicht war es zu anstrengend, zu lästig, zu gefährlich, außerhalb des eigenen Einflussbereichs oder vielleicht hat sich auch noch niemand mit kreativen Methoden daran versucht. Das bedeutet für Sie: Nur weil Sie auf einmal auf der Bildfläche auftauchen und sich eines solchen Themas annehmen, wird sich noch niemand bewegen und mitziehen, ganz besonders nicht, wenn Ihr Thema schon vorher niemanden hinter dem Ofen hervorgelockt hat oder es sich jemand die Finger daran verbrannt hat. In der Konsequenz heißt das für Sie, dass Sie anders vorgehen müssen als Ihre Vorgänger. Kluges, kreatives Überlegen ist hier die Lösung, gehen Sie auf gar keinen Fall den konventionellen Weg, der so aussieht: das Sammeln von Befürwortern für ein Thema und darauffolgende Werbung. Die unkonventionelle Vorgehensweise arbeitet anders, ganz in der Tradition des Guerilla-Marketings: Bringen Sie Ihr Thema zuerst publikumswirksam auf die Bühne und sammeln Sie erst dann Befürworter. Psychologisch gesehen fällt es Menschen nämlich leichter, die Wichtigkeit in einer Sache zu erkennen, wenn sie erst einmal öffentlich diskutiert wird.
Es gibt in dieser Phase zwei Hauptdarsteller – Sie und das Thema. Ihr gemeinsamer Auftrag lautet: andere begeistern, inspirieren, motivieren, mitreißen. Ist Ihr Thema gut genug, begeistert es andere Menschen per se, ist es nicht gut, liegt es an Ihnen, ein gutes Thema daraus zu machen. Das können Sie auf dem Wege guter rhetorischer Auftritte tun – ich möchte Ihnen jedoch an dieser Stelle noch zwei Möglichkeiten der Inszenierung nennen, die Sie als guter Redner und Vertreter Ihres Themas unbedingt mit einflechten sollten:

- den Kampf gegen etwas
- den Kampf für etwas

Sie erlauben mir einen kurzen Exkurs: Warum Kampf?

Exkurs: Kampf?

Weil wir alle Kämpfernaturen lieben. Sie begeistern uns, sie faszinieren uns, wir schreiben ihnen Charisma zu. Wir sehen sie gegen übermächtige Gegner kämpfen, wir sehen sie leiden, wir sehen, wie sie sich auf ihre inneren Stärken rückbesinnen und trotz aller Hindernisse den Sieg davontragen. In unseren Träumen sind wir genau wie sie – stark. Es gibt unterschiedliche Kämpfer. Manche kämpfen auf echten Schlachtfeldern mit scharfen Waffen, andere mit den Waffen des Geistes. Allen gemeinsam ist der unbedingte Wille, ihr Ziel zu erreichen und dieser Wille ist das Qualitätsmerkmal, das in der Folge Charisma erzeugt. Insofern bieten sich Ihnen unzählige Gelegenheiten, in einen Kampf gegen etwas oder für etwas einzusteigen. Vor einigen Abenden sagte mir die Initiatorin des Unternehmerinnenclubs „Unternehmerinnen Rodenkirchen" im Kölner Süden, Ute Schmidt: *„Ich kämpfe dafür, dass dieser Ort nicht stirbt, denn was ich sehe ist, dass viele Menschen sich nicht mehr kennen. Das möchte ich ändern."* Sie hätte auch einfach einen Club ohne den Kampf für oder gegen etwas gründen können – wahrscheinlich hätte sie es dann aber nicht geschafft, so viele Unternehmerinnen für sich und ihre Idee des Netzwerkens und Kennenlernens zu begeistern.

Das Themen-Ziel-Muster (TZM)

Um sich die Arbeit der Inszenierung, wenn es um einen Vortrag oder ein Gespräch geht, ein wenig zu erleichtern, können Sie sich eines Themen-Ziel-Musters (TZM) bedienen, das ich im Laufe der Jahre aus meinen Seminar- und Coachingerfahrungen entwickelt habe. Es besteht aus zehn Schritten.

Leitfaden: Themen-Ziel Muster (TZM)

Schritt 1: Stellen Sie das Thema vor.

Schritt 2: Beschreiben Sie die daraus resultierenden Probleme plastisch.

Schritt 3: Sagen Sie den Problemen den Kampf an – unter Einbeziehung der Publikumsstärken.

Schritt 4: Formulieren Sie das Ziel (attraktiv), indem Sie den emotionalen Zustand nach Zielerreichung beschreiben (z. B. Stolz).

Schritt 5: Beschreiben Sie die Anstrengungen, die unternommen werden müssen. Stellen Sie heraus, dass der Weg zum Ziel nicht einfach sein wird (Menschen schätzen nur Dinge, für die sie sich angestrengt haben oder anstrengen müssen, finanzieller oder persönlicher Art).

Schritt 6: Erwähnen Sie die Hindernisse, die auftauchen werden.

Schritt 7: Vertrauen Sie auf die Stärken Ihres Publikums.

Schritt 8: Werben Sie für sich und sagen Sie allen Ihre Unterstützung zu.

Schritt 9: Beschreiben Sie grob die geplante Vorgehensweise.

Schritt 10: Verteilen Sie Aufgaben für jeden Einzelnen. Beteiligen Sie jeden, indem Sie die notwendige Vorgehensweise und die einzelnen Aufgaben individuell besprechen.

Als Beispiel für die Nutzung des TZM möchte ich ein Thema nehmen, das ein Freund von mir vertritt und das auf den ersten Blick nicht unkonventionell wirkt – es sei denn, Sie machen es dazu. Frank ist Personal Trainer und hat es sich zum Ziel gesetzt, Menschen für ein Diät- und Sportprogramm zu begeistern (zum Hintergrund: Frank hat zwei Familienmitglieder aufgrund starken Übergewichts und dessen Folgen verloren und ist sehr überzeugt von der Wichtigkeit seines Themas). Wir haben für ihn anhand des TZM folgendes Vortragsmuster entwickelt.

Beispiel: Themen- und Zielemuster (TZM)

Schritt 1: Stellen Sie das Thema vor
Frank beginnt seinen Vortrag damit, dass er seinem Publikum mitteilt: Übergewicht und unnötige Pfunde bedrohen Ihre Gesundheit.

Schritt 2: Beschreiben Sie die daraus resultierenden Probleme
Frank schildert die Folgen von Übergewicht, nämlich Krankheit, Beeinträchtigung des täglichen Lebens, erhöhte Kosten.

Schritt 3: Sagen Sie dem Problem den Kampf an
Frank teilt dem Publikum mit, dass er nun gemeinsam mit dem Publikum das Problem angehen wird – hier und jetzt und sofort unter Einbeziehung der Stärken eines jeden.

Schritt 4: Formulieren Sie das Ziel
Frank beschreibt, wie sich sein Publikum nach der Zielerreichung fühlen wird: stolz, gesund und fit.

Schritt 5: Beschreiben Sie die Anstrengungen, die unternommen werden müssen
Frank spricht über eine Veränderung der Lebensweise.

Schritt 6: Erwähnen Sie die Hindernisse, die auftauchen werden
Frank stellt die Hindernisse plastisch dar: Der innere Schweinehund wird versuchen, das Programm zu sabotieren und es gibt weitere Probleme, die auftauchen können.

Schritt 7: Vertrauen Sie auf die Stärken des Publikums
Frank sagt dem Publikum, dass er sicher ist, dass sie es schaffen werden – aufgrund ihres Durchhaltevermögens und ihres Wissens und ihrer Willensstärke.

Schritt 8: Werben Sie für sich
Frank versichert dem Publikum, dass es den Weg nicht alleine gehen muss, denn er ist als Experte dafür da, tatkräftige Unterstützung zu leisten, fachlich als auch emotional.

Schritt 9: Beschreiben Sie die grobe Vorgehensweise
Frank stellt das Programm vor.

Schritt 10: Verteilen Sie Aufgaben für jeden Einzelnen
Frank gibt Aufträge wie Sportausrüstung besorgen, Mahlzeiten analysieren, ganz einfach schon heute Abend das Problem angehen und regelmäßig zu den Kursen kommen.

Im Folgenden finden Sie das TZM in Tabellenform für Ihren Vortrag. Wenn Sie eine PDF-Kopie der Tabelle für Ihren persönlichen Gebrauch nutzen möchten, schicken Sie mir eine kurze E-Mail, ich sende sie Ihnen gerne zu.

Themen- und Zielemuster TZM	
Thema: ______________________________	
Stellen Sie das Thema vor:	
Beschreiben Sie die daraus resultierenden Probleme:	
Sagen Sie dem Problem den Kampf an:	
Formulieren Sie das Ziel:	
Beschreiben Sie die Anstrengungen:	
Erwähnen Sie die Hindernisse:	
Vertrauen Sie auf die Stärken des Publikums:	
Werben Sie für sich:	
Beschreiben Sie die grobe Vorgehensweise:	
Verteilen Sie Aufgaben für jeden Einzelnen:	

Selbstverständlich kann das TZM nur als Unterstützung dafür dienen, Ihr Thema so prägnant wie möglich zu inszenieren. Den Rest – Ihren Auftritt, Ihr Marketing, Ihr Beziehungsmanagement – müssen Sie, angepasst an Ihr Publikum, anhand der Strategien inszenieren.

Persönliche Inszenierung

Die Charisma-Strategien Persönlichkeit, Man muss Menschen mögen, Maximale Ausstrahlung, Glaubwürdigkeit und Unkonventionalität sind an dieser Stelle für Sie die Leitlinien. Andere Menschen müssen glauben und verstehen, dass Sie die richtige Person sind, um mit ihnen gemeinsam ein Problem anzugehen. Zögerlichkeit, Schüchternheit und Zurückhaltung sind keine guten Partner für Charisma. Gefordert sind Meinung, Einmischung, eine gute äußerliche Präsentation und ein starker Charakter. Zeigen Sie ihn! Jeder von Ihnen wird eine andere Art haben, seinen Charakter und seine besonderen Fähigkeiten zu demonstrieren, der eine auf eine ruhige Art und Weise, der andere hochemotional auf der Bühne. Charisma hat für beide Platz, solange Sie sich an eine Regel halten: Sorgen Sie dafür, dass Sie anders sind als andere. Charisma lebt zu einem beträchtlichen Teil von Unkonventionalität. Wenn Ihre Problemlösung nicht unkonventionell ist, dann müssen Sie es sein. Franks Diätprogramm ist nicht unkonventionell – aber Frank ist es. Er stürmt in einem Anzug – der, da er sehr durchtrainiert ist, ein wenig zu klein geraten scheint – auf die Bühne, untermalt von motivierender Musik, er trägt exzellent, dynamisch und äußerst humorvoll und lebendig vor und unterstreicht seine Aussagen, indem er die ein oder andere Übung vorturnt und sein Publikum auch persönlich durch Fragen mit einbezieht. Er erzeugt Magie und Leidenschaft durch seine Art, das Thema zu inszenieren. Frank wirkt – und was ihn noch überzeugender macht, ist sein persönlicher Bezug zu seinem Thema.

Nicht alle Themen eignen sich für eine Inszenierung

Sie können nicht jedes Thema groß inszenieren, sonst wird Ihnen kein Charisma, sondern allenfalls Übertreibung nachgesagt. Verhalten Sie sich bei manchen Themen also auch nüchtern und neutral, um Ihre Wirkung bei lohnenderen Themen dann ins Charismatische zu steigern. Wer sich auf Dauer inszeniert, wirkt unglaubwürdig und neurotisch.

Recherche

Eine weitere Gefahr kann darin bestehen, dass Sie Ihr Thema in der ersten Phase nicht ausreichend recherchiert haben und so in der zweiten Phase unglaubwürdig werden, weil Ihnen Fehler unterlaufen. Stellen Sie immer sicher, dass Sie sich für tatsächliche Probleme einsetzen und die Probleme tatsächlich lösbar sind.

Übung: Themenwoche

Üben Sie, Themen zu inszenieren. Nehmen Sie Ihre Themen aus der ersten Phase zur Hand und bearbeiten Sie sie anhand des Themen-Ziele-Musters.

Phase 3: Schaffen Sie Erfolg!

Setzen Sie sich für Ihr Thema ein und arbeiten Sie auf das Ziel hin

Charisma lebt von einer guten Inszenierung – und von Erfolgen. Sie haben Menschen involviert, Sie haben sich inszeniert – nun müssen Sie auch gewinnen. Gescheiterte Existenzen interessieren Menschen nur, wenn sie zuvor gestrahlt und gewonnen haben. Das bedeutet für Sie: Planen Sie auch Ihre dritte Phase sorgfältig, denn hier entscheidet sich, ob Sie Ihr Charisma behalten oder nicht.

Erfolge planen – geht das? Ja, das geht. Der zentrale Punkt ist die Veränderung, die Sie in Gang setzen. Sie darf sich nicht nur in den Köpfen der anderen abspielen, sondern muss sich nun in Taten manifestieren. Das bedeutet für Sie, dass Ihre eigentliche Arbeit jetzt beginnt, denn *Veränderung* ist *der* Punkt, der Charisma von den Begriffen der Ausstrahlung und der Anziehungskraft ganz deutlich unterscheidet. Sie wissen, im Charisma geht es nicht nur um Anziehungskraft oder Ausstrahlung, sondern ganz konkret um eine bewusste, starke Beeinflussung, die ein Handeln nach sich zieht. Die Aufgaben sind verteilt und das Ziel definiert. Los geht's!

Ihre Aufgabe in der dritten Phase besteht darin, die Menschen, die Sie zur Veränderung inspiriert haben, nun auch auf dem Weg zum Ziel zu begleiten. In dieser Phase werden Sie auf drei Herausforderungen treffen.

1. Sie müssen ein hohes Niveau an Commitment und Leistung bei Ihrem Publikum erreichen. Ganz gleich, ob Diätprogramm, Spendengala oder Teamsitzung, das Commitment muss stimmen.
2. Sie müssen die zur Umsetzung notwendigen Verhaltensänderungen nachhaltig implementieren (die neuen Verhaltensweisen müssen zur Routine werden).
3. Sie müssen sicherstellen, dass die Ziele erreicht werden – denn nichts ist dem Charisma abträglicher als ein großer Misserfolg direkt zu Beginn. Planen Sie Erfolge in Ihre Strategie mit ein und üben Sie konstruktiven Umgang mit Fehlern.

Commitment erreichen

Sehen wir uns die Vorgehensweise anhand von Sir Richard Branson an – dem bereits benannten britischen Unternehmer.

Beispiel: Commitment erreichen

1. Branson legt ein starkes Vorbildverhalten an den Tag, indem er selbst ständig neue Ideen findet und umsetzt. So erzeugt er ein starkes Commitment bei seinen Mitarbeitern.
2. Branson unterstützt seine Mitarbeiter, indem er ihnen sagt: „Ihr habt eine Idee. Wunderbar. Die setzen wir heute Nachmittag um" (Bedürfnisse erkennen, Potenziale und Stärken sehen).
3. Branson sucht im Unternehmen und außerhalb Unterstützung und Potenziale für die Ideen, indem er sie bekannt macht. Durch diese Werbung erzeugt er Stolz und neue Kreativität – und einen Bekanntheitsgrad.
4. Branson geht neue Ideen unkonventionell an. Sobald eine Idee für gut befunden wird und eine Anhängerschar von mehr als 20 erreicht hat, gliedert Branson die Einheit als eigene Firma mit eigenem Büro und eigener Verantwortlichkeit aus – Empowerment pur.
5. Branson vermittelt seinen Mitarbeitern und Geschäftspartnern: „Wenn es schief geht – ihr werdet es schaffen, trotz aller Widerstände, seht mich an, ich war auch schon einige Male am Boden und bin wieder aufgestanden" (Vorbildverhalten und Resilienz).

Implementierung nachhaltiger Veränderungen im Verhalten

Sobald Ihr Publikum ein verändertes Verhalten an den Tag legt (Ihre Mitarbeiter arbeiten erfolgreich an der Qualitätssicherung, Ihr Publikum an der Gewichtsreduktion etc.), erkennen Sie das neue Verhalten an und verstärken Sie es. Erklären Sie, dass erste erfolgreiche Aktionen stattgefunden haben und feiern Sie diese. Belohnen Sie die Mitarbeiter oder das Publikum, wenn sie ihre Komfortzone verlassen. Richard Branson etwa feiert Einweihungen neuer Geschäftsideen in den neuen Locations mit all seinen Mitarbeitern als Belohnung für den erfolgreichen Schritt in die Veränderung – auch wenn die neue Firma nur aus 20 Personen besteht.

Zielerreichung nach Plan

Sie werden nicht alle gesteckten Ziele erreichen – aber: Sie müssen *viele* davon erreichen, weil Ihre Magie Ihnen sonst abhandenkommt. Formulieren Sie deshalb realistische Ziele, auch wenn viele Ratgeber Sie glauben machen wollen, dass nur überhöhte und utopische Ziele wahres Charisma bringen. Wenn Sie Mahatma Gandhi, Lech Walesa oder Nelson Mandela heißen und es um das Wohl ganzer Nationen geht, machen solche Ziele durchaus Sinn, um die Bevölkerung zu aktivieren. Ich kann Ihnen aber nur davon abraten. Die „Nummer Eins auf dem Markt" zu werden ist etwas, was Sie als Vorstandschef verkünden können (und dann auch einlösen sollten, wenn Sie Charisma behalten wollen), für das tägliche Leben und den Aufbau einer charismatischen Persönlichkeit jedoch sind utopische Ziele eher kontraproduktiv, es sei denn, Sie sind sich sehr, sehr sicher, dass es klappen kann. Achten Sie daher zu Beginn darauf (in der zweiten Phase), Ihre Ziele rhetorisch und unkonventionell anstatt utopisch in Szene zu setzen, denn so bleiben Sie glaubwürdig. Sorgen Sie dafür, dass Sie Erfolge einfahren, und damit meine ich nicht nur Sie, sondern auch Ihre Mitarbeiter, Ihre Kunden, Ihre Geschäftspartner, Ihr Publikum, denn nur auf Erfolgserlebnissen lassen sich weitere und größere Erfolge gründen. Wenn Sie den Erfolg eingefahren haben, machen Sie es wie Jürgen Klopp: Geben Sie den „Siegespokal" den anderen. Stellen Sie die anderen ins Rampenlicht. Und dann machen Sie weiter.

Ein abschließendes Wort zu den drei Phasen

Die drei Phasen werden nicht immer idealtypisch aufeinanderfolgen. Oft befinden Sie sich schon mitten in einem charismatischen Prozess und müssen ihn zu Ende bringen, ein anderes Mal beginnen Sie ihn von vorne. Die drei Phasen dienen der Orientierung und nicht der sklavischen Befolgung – sehen Sie sie als ein hilfreiches Mittel auf dem Weg, Ihr Charisma zu stärken und zu festigen.

Die beiden Seiten des Charismas

Wer ein Theater füllen will, bedient sich der Dramaturgie.
Um es zu leeren, genügt Ideologie.
Oliver Hassencamp

Es ist viel über Charisma geschrieben worden. Positiven Beispielen wie Mutter Theresa, Nelson Mandela und Desmond Tutu stehen Adolf Hitler, Idi Amin oder Robert Mugabe auf der anderen Seite gegenüber. Fest steht: Charisma hat eine Reihe von Schattenseiten, wenn es missverstanden oder missbraucht wird. Das Problem dabei ist: Als menschliches Verhalten ist es allen zugänglich und unterscheidet nicht zwischen Gut und Böse. Dem Charisma an sich hier die Schuld zu geben, wäre fehl am Platz, denn es sind immer wir Menschen mit negativen oder positiven Zielen und Charakterzügen, die Charisma ausgestalten. Für Leser, die sich einen Überblick über die dunkle Seite der Medaille verschaffen möchten, hier nun eine kurze Beschreibung der negativen Seiten des Charismas.

Die dunkle Seite des Charismas: Narzissten und Egoisten

Wir alle kennen sie – Menschen mit negativem Charisma. Sie zeichnen sich insbesondere durch einen starken Narzissmus aus, der sich in einer immensen Selbstverherrlichung zeigt, die fast schon an Gottesverehrung grenzt. Der Gott, der verehrt wird, ist – die eigene Person. Diese Menschen setzen Charisma und das dazugehörige Verhalten nur zu ihrem persönlichen Nutzen und Vorteil ein. Die Organisationspsychologie bezeichnet ein solches Charisma als „personalized" Charisma, im Gegensatz zu dem positiven, am Wohl anderer Menschen orientierten „socialized" Charisma.

Selbstzentriertes (personalized) Charisma

Diese extrem selbstzentrierten Charismatiker verfolgen nur ein Ziel: ihr eigenes. Aufgrund eines geringen Selbstwertgefühls immens abhängig von der ständigen Bewunderung anderer, ordnen sie jegliche Handlung ihrem persönlichen Nutzen und ihren Interessen unter. Zumeist sind sie von einem

starken Gefühl getrieben, alles überwachen zu müssen, und entwickeln aufgrund dessen nur geringes bis gar kein Vertrauen in die Fähigkeiten anderer Menschen. Sie führen durch starke Machtausübung und ständige Kontrolle, was ein eigenständiges Denken und Handeln der Mitarbeiter völlig unterdrückt und diese zu Marionetten deklassiert. Durch Anfangserfolge oft in der Verherrlichung des eigenen Selbst bestätigt, entwickeln sie sich häufig zu realitätsfernen Träumern, die eigene Fehler nicht mehr erkennen, Probleme verneinen, Verantwortung selbst für kleine Entscheidungen ablehnen und keine Kritik ertragen können. Die Überschätzung der eigenen Fähigkeiten und die extensive, maßlose und oft unethische Manipulation von Gefolgsleuten bestärkt sie in ihrem Gefühl der selbstverliebten Macht. Nicht nur in Kriegszeiten können solche Personen zu einer Plage werden – auch in Unternehmen finden sich manchmal negative Charismatiker mit sadistischen und hochaggressiven Zügen, denen jegliche Empathie fremd ist und für die das eigene Überleben bzw. der eigene Erfolg höchste Priorität genießt. Die Angewohnheit, sich selbst der Nächste zu sein, findet sich nicht nur auf der obersten Führungsetage – sie zieht sich durch alle Hierarchieebenen hindurch.
Um die dunkle Seite des Charismas verstehen zu können, macht es Sinn, die vier Statustypen (Zuschreibungstypen) des Charismas anzusehen, aufgrund derer Menschen anderen Charisma zuschreiben.

Die vier Statustypen – eine psychologische Analyse

- **Heroisch**
  Der Status stammt aus Erfolgen, die die Führungskraft früher oder auch vor kurzem erst erzielte und die ihr den Ruf einbrachten, heldenhaft agiert zu haben, etwa in einer unwahrscheinlichen Unternehmensrettung (*Against-all-odds*).
- **Magisch**
  Der Status stammt aus der Zuschreibung von übernatürlichen Kräften, die die Führungskraft leiten (Proaktivität, gutes Netzwerken, Kompetenz, Glück)

- **Omnipotent**
  Der Status stammt aus der Annahme, dass die Führungskraft wie ein Vater über alles wacht und dafür sorgt, dass alles seinen richtigen Weg geht (patriarchalisch agierende Führungskräfte, die stark über Positionsmacht und Kompetenz führen).
- **Werteorientiert**
  Der Status stammt aus gemeinsamen Werten, die der Gemeinschaft dienen (Glaubwürdigkeit).

Diese vier Zuschreibungstypen ermöglichen es charismatischen Führungskräften, ihre Mitarbeiter zu begeistern und zu motivieren. Auf der anderen Seite aber ermöglichen sie auch eine negative Ausformung des Charismas. In einem modernen Umfeld, in dem die lernende Organisation und Empowerment die Begriffe der Stunde sind und ein offener Dialog und Respekt jegliche Kommunikation beherrschen, scheint es fast unmöglich, dass eine Führungskraft diese Zuschreibungen für eigene oder unethische Zwecke missbraucht. Dennoch passiert es, dass Mitarbeiter, Kollegen und Partner egoistischen und unethischen Vorhaben kritiklos folgen. Dafür gibt es unterschiedliche Gründe:

1. Macht
Die Person besitzt die Macht und kann über das Wohlergehen der anderen bestimmen, über Ressourcen, Weiterentwicklung, Beförderung.

2. Komfortzone
Für viele Menschen ist es einfacher, einer Führungsfigur zu folgen, die übernatürlich erscheint, als eigene Gedanken und Aktivitäten zu entwickeln, denn so müssen sie ihre Komfortzone nur am Rande verlassen, weil „der da oben“ schon alles richten wird.

Psychologisch gesehen findet hier ein Transferverhalten statt. Die als charismatisch empfundene Person wird als übermächtige Vaterfigur gesehen, das Verhalten der ihnen oft blind folgenden Personen passt sich an die in der Kindheit erlebten Muster an. In beiden Fällen sind die Menschen, die einer negativen charismatischen Figur folgen, stark darum bemüht, die persönliche Anerkennung der Führungskraft zu gewinnen. Somit werden sie hochgradig manipulierbar. Sie reagieren nicht mehr mit Begeisterung und Motivation auf ihre „Führungskraft“, sondern mit einer Art Neuauflage der

Eltern-Kind-Beziehung, die auf völliger (in diesem Fall freiwilliger) Abhängigkeit beruht und unbewusste, lang vergessene Muster wieder zum Vorschein bringt. Dass diese Art von Beziehung ungesund ist, liegt auf der Hand. Zu bemerken ist, dass es nicht alleine die Führungskraft ist, die diese Zuschreibungen auslöst – auch die Menschen, die blind folgen, haben aufgrund ihrer persönlichen Veranlagung oder ihres psychologischen Reifegrades einen nicht unerheblichen Anteil daran.

Für Unternehmen bedeutet dies: Ethisch orientierte Führungskräfte können glücklicherweise sehr gut mit diesem Machtpaket der Statustypen umgehen, denn sie bemerken problematisches Transferverhalten frühzeitig und steuern gegen durch

- Kommunikation und Förderung des proaktiven Handelns,
- die Ermutigung der Mitarbeiter, auch kritisches Feedback zu geben und selbstständig zu denken,
- eine Gerechtigkeit in der Beurteilung, die allen Mitarbeitern gleichermaßen und ohne individuelle Vorteile zu Gute kommt.

Positives (socialized) Charisma

Ein prominentes Beispiel für extrem sozial orientiertes Charisma ist Mahatma Gandhi, der einem ganzen Volk zur Freiheit verhalf. Sozial orientierte Charismatiker zeichnen sich vor allem durch eines aus: Sie besitzen ein echtes Interesse an anderen Menschen und deren Stärken. Sie identifizieren sich mit den Zielen, Problemen und Bedürfnissen anderer und steigern das Selbstwertgefühl und die Kompetenzen anderer durch Motivation und Inspiration. Meist sind sie extrem problemlösungsorientiert und besitzen eine immense Bereitschaft, notwendige Veränderungen, selbst wenn sie radikaler Art sind, schnell und effizient anzugehen, auch unter Inkaufnahme persönlicher Opfer. Dass sie dabei wenig detail- und administrativ-orientiert sind, wird ihnen gerne verziehen.

Charisma – Licht und Schatten		
Thema	**Positives Charisma**	**Negatives Charisma**
Was uns bewegt	Altruistische Motive, etwas Gutes tun, anderen helfen	Egoistische Motive, die Absicht, sich selbst einen Vorteil zu verschaffen
Wonach wir streben	Interesse an anderen Menschen, ein positiver Umgang mit Macht, Disziplin, persönliche Entwicklung	Persönliche Machtfülle, eigene Leistung im Vordergrund, um jeden Preis bewundert werden
Was wir tun	Empowerment, andere zu Stars machen	Kontrollieren und Jasager fördern
Was wir von anderen erwarten	Erwartung, dass andere unsere Werte und Ziele teilen und gemeinsam mit uns danach streben	Völlige Identifikation und Unterwerfung
Unsere Werte	ethisch	unethisch

Die Wahrheit liegt in der Mitte

Die Wahrheit liegt, wie bei vielen Dingen, in der Mitte. Reine selbstzentrierte oder reine sozial orientierte Charismatiker treten selten auf. Meist ist es eine Mischung aus beidem, die Menschen, Teams und Unternehmen erfolgreich macht. Ein starkes Selbstbewusstsein, gepaart mit der unbedingten Überzeugung, Veränderungen umsetzen zu können, ist unabdingbar für eine charismatische Wirkung, genauso wie die starke Orientierung an anderen Menschen und deren Stärken ein Muss ist.

> **Fazit**
>
> Orientieren Sie sich an positivem Charisma, denn die Tage der Diktatoren sind nicht nur in Unternehmen gezählt.

Sieben Mal Charisma

Ein Sieben-Punkte-Plan zu Charisma wäre, wie Sie den vorangegangenen Kapiteln entnommen haben, ohne Hintergrundwissen sicherlich zu simpel. Sie können nun, da Sie alle Kapitel gelesen haben, auch etwas damit anfangen. Anschließend finden Sie ebenfalls eine Liste der Punkte, die Sie auf Ihrem Weg zu Charisma vermeiden sollten.

Schritt 1: Entwickeln Sie eine klare Zielidee
Eine klare Zielidee dient als Leuchtturm für alle. Sie enthält die Wünsche und Bedürfnisse aller Involvierten, sie hat ein klares attraktives Ziel und gibt Sinn.

Schritt 2: Entwickeln Sie eine Strategie, um das gemeinsame Ziel umzusetzen
Sie benötigen keinen bis ins Detail ausgearbeiteten Plan. Den Weg grob vorzugeben ist die bessere Strategie, denn so können alle von den Ideen und Stärken der anderen profitieren.

Schritt 3: Machen Sie Ihr Ziel publik – bewerben Sie Ihr Ziel
Gestalten Sie es rhetorisch so attraktiv wie möglich und nutzen Sie Analogien, Metaphern und Storytelling.

Schritt 4: Strahlen Sie Zuversicht und Optimismus bezüglich der Zielerreichung aus
Wenn Sie als Führungskraft unsicher und zögerlich erscheinen, wird sich niemand wirklich ins Zeug legen, um das Ziel zu erreichen.

Schritt 5: Bauen Sie das Selbstvertrauen der anderen auf
Drücken Sie Ihr Vertrauen in die Fähigkeiten und Stärken Ihrer Mitarbeiter aus. Überzeugen Sie sie davon, dass sie gut genug sind, um der Zielidee strategisch zu folgen und das Ziel zu erreichen.

Schritt 6: Feiern Sie Erfolge und Milestones
Sobald sich erste, wenn auch kleine Erfolge zeigen, drücken Sie Ihre Begeisterung und Ihr Vertrauen aus. Erfolgserlebnisse motivieren Menschen, wei-

ter zu machen und das Ziel im Visier zu behalten, auch wenn die Umstände hart sind.

Schritt 7: Setzen Sie sich in Szene
Ein wenig Drama muss sein. Zeigen Sie nicht nur Ihren starken Charakter, sondern auch das starke Ziel, das getragen wird von starken Werten. Planen Sie symbolische Aktionen, um die Wichtigkeit der Werte zu verdeutlichen. Agieren Sie als Vorbild – Taten sagen mehr als Worte. Wenn Sie möchten, dass andere die „extra mile" gehen, sollten Sie der/die Erste sein, der/die es tut.

Fünf Charismakiller

Geldgier
(Geld)gier – nein danke! In einer Marktwirtschaft hat alles seinen Preis, heißt es so schön – aber wirklich alles? Die eigenen Werte opfern für eine Stange Geld heißt Korruption und trägt dazu bei, Sie mit Leichtigkeit alles Charisma verlieren zu lassen.

(Don't) bullshit
Wenn Sie etwas versprechen, halten Sie es, ganz gleich, ob es um das Erreichen eines Zieles geht oder um Dinge wie Respekt und Mut.

Zynismus & Co.
Zynismus und Sarkasmus sind erbitterte Feinde des Charismas. Halten Sie sich fern von Äußerungen jeglicher Art, die in diese Kategorie passen.

Blender, Narzissten und Egomanen
Wasser predigen und Wein trinken – sich auf der Bühne sozial geben, aber hinter den Kulissen egomanisch agieren lässt Ihr Charisma in Sekunden bröckeln.

Erfolglosigkeit
Charisma benötigt Erfolge – Ihre eigenen und die der anderen. Misserfolge, besonders zu Beginn, lassen Charisma schnell verblassen

Ein Schlusswort zu Charisma

Charisma forever?

Nun haben Sie womöglich den Eindruck gewonnen, dass Charisma ein sehr harter Job ist. Sie befinden sich ständig auf der Bühne, Sie müssen hart an Ihrem charismatischen Status arbeiten und werden vor lauter Inszenierungen regelmäßig erschöpft sein.
An dieser Stelle kann ich Sie beruhigen: Ein Mensch, der sich auf Dauer inszeniert, gehört in die Therapie, aber nicht in ein Unternehmen oder ins freie soziale Leben. Personen, die ständig charismatische Inszenierungen planen und umsetzen, verlieren nicht nur an Glaubwürdigkeit durch ihre ständige Aufgeregtheit und die Jagd nach einem noch außeralltäglicheren und brillanteren Highlight, sondern sie können ihren Mitmenschen auch gehörig auf die Nerven gehen. So verfolgen sie zumeist kein Ziel, das der Gemeinschaft und dem Unternehmen dient, sondern leben nur für ihren eigenen Glanz und Ruhm, und dieser dient lediglich der Befriedigung ihres Narzissmus und ihrem eigenen Geldbeutel. Helmut Stihler, ehemaliger Aufsichtsrat der Telekom und von Porsche, bezeichnet diese Art von übertrieben inszenierten Charisma punktgenau mit dem Ausspruch „*Charisma ist eine Persönlichkeitsstörung*“ und kommentiert damit treffend die Art von Menschen, die mit aller Macht charismatisch wirken möchten, es aber nie sein werden.
Vergessen Sie deshalb nie: Charisma ist immer *eine Ergänzung* zu einem ganz normalen Status, sei es als Mitglied in unserer Gesellschaft oder als Manager in einem Unternehmen. Charisma reflektiert die Persönlichkeit des Menschen, der dahinter steht. Ist dort keine Substanz vorhanden, kein starker Charakter mit einer positiven inneren Einstellung zu anderen Menschen, zu Werten und letztendlich auch zu sich selbst, wird Charisma eine Utopie bleiben.

Wenn Sie das Buch bis zu dieser Stelle gelesen und durchgearbeitet haben, verfügen Sie nun über die grundlegenden, essentiellen Werkzeuge und Strategien, um Ihr persönliches Charisma weiter voranzubringen. Manche Strategien werden Ihnen mehr entgegenkommen als andere, was nur natürlich ist, denn Charisma ist nichts, was wir an einem Tag oder in sechs Wochen erlernen können – wenn wir ehrlich sind, so ist es ein Projekt, das uns unser ganzes Leben lang begleiten wird. Es gibt keine schnellen Rezepte auf dem Weg zu mehr Charisma, nur den Weg der persönlichen Weiterentwicklung, im Umgang mit sich selbst und mit anderen. Ich bin mir sicher, Sie werden die Reise genießen und einen großen Nutzen davon tragen. Genau wie Sie hat Ihr Charisma eine Vielzahl von Möglichkeiten, sich zu entwickeln. Es hängt von Ihrem Commitment und Ihrem persönlichen Zeitplan ab, wie schnell Sie sich und Ihre Umgebung verändern. Und denken Sie daran: Nicht aller Anfang ist schwer, sondern das Anfangen selbst.

Ich wünsche Ihnen viel Erfolg auf dem Weg!

Literaturverzeichnis

Alder, H./Temporal, P.: Corporate Charisma How to achieve world-class recognition by maximizing your company's image, brand and culture. London 1998

Alessandra, T.: Charisma – 7 Keys to Developing the Magnetism that Leads to Success. New York 1998

Bandler, R./Grinder, J.: The Structure of Magic I: A Book About Language and Therapy. Palo Alto 1975

Bass, B. M.: Leadership and performance beyond expectations. New York 1985

Bass, B. M.: Bass and Stogdill's handbook of leadership. New York 1990

Beck, U.: Risikogesellschaft. Auf dem Weg in eine andere Moderne. Frankfurt am Main 1986

Blake, R. R./Mouton, J.: The Managerial Grid: The Key to Leadership Excellence. Houston 1964

Bromley, D.: Reputation, Image and Impression Management. New York 1993

Burns, J. M.: Leadership. New York 1978

Carlzon, J.: Moments of Truth. Cambridge 1987

Clark, K. E./Clark, M. B.: Measures of leadership. Greensboro 1990

Conger, J. A./Kanungo, R. N.: Charismatic Leadership: The elusive factor in organizational effectiveness. San Francisco 1988

Conger, J. A./Kanungo, R. N.: Charismatic Leadership in Organizations. Thousand Oaks 1998

Covey, S. R.: The seven habits of highly effective people. London 1989

Csikszentmihalyi, M.: Flow. Das Geheimnis des Glücks. Stuttgart 1998

Diamond, J.: Der Körper lügt nicht. Das erste Buch über die Behaviorale Kinesiologie. Freiburg im Breisgau 1983

Doppler, K./Lauterburg, C.: Change Management. Frankfurt am Main 2002

Ferrante, L.: Mob Rules. New York 2011

Fiedler, F. E.: A theory of leadership effectiveness. New York 1967

Frankl, V.: Logotherapie und Existenzanalyse. München 1987

Fredrickson, B.L.: Positivity. New York 2009

Fromm, E.: Die Seele des Menschen. Ihre Fähigkeit zum Guten und zum Bösen. München 1964

Gebhardt, W.: Charisma als Lebensform. Berlin 1994

Goffman, E.: Wir alle spielen Theater. Die Selbstdarstellung im Alltag. München 1973

Goleman, D.: Emotional Intelligence. Why it can matter more than IQ. London 1996

Gross, P.: Ich-Jagd. Im Unabhängigkeitsjahrhundert. Frankfurt am Main 1992

Gross, P.: Die Multioptionsgesellschaft. Frankfurt am Main 1994

Hartmann, M.: Topmanager. Die Rekrutierung einer Elite. Frankfurt am Main 1996 S. 75–92

House, R. J.: Leadership in the twenty-first century: A speculative inquiry. In: Howard, A. (Hrsg.): The changing nature of work. San Francisco 1995, S. 411–450.

Kanungo, R. N./Conger, J.A.: Charismatic Leadership in Organizations. Thousand Oaks 1998

Kennedy, P.: Aufstieg und Fall der großen Mächte. Frankfurt am Main 1989

Lindholm, C.: Charisma. Oxford 1990

Linley, A./Willars, J./Biswas-Diener, R.: The strengths Book. Coventry 2010

Luthans,F./Youssef, C.M./Avolio, B.J.: Psychological capital. Oxford 2007

Maslow, A. H.: Motivation und Persönlichkeit. Reinbek 1996

Maxwell, J.C.: Failing forward. Nashville, U.S.A. 2000

Mintzberg, H.: Die Mintzberg-Struktur – Organisationen effektiver gestalten. Landsberg am Lech 1992

Müller, E.B.: Charismania – Charisma als Doping für Persönlichkeit und Karriere? Köln 2009

Müller, E.B.: Erfolgreich in virtuellen Teams. Köln 2011

Murphy, J.: Die Macht Ihres Unterbewusstseins. Innere und äußere Entfaltung. Kreuzlingen 2000

Hartmann, M./Offe, C.: Vertrauen. Die Grundlage sozialen Zusammenhalts. Frankfurt am Main 2001, S. 241–294, 1991

Rath. T./Conchie, B.: Strengths based leadership. New York 2008

Richardson, R. J./Thayer, S. K.: The Charisma Factor. How to develop your natural leadership ability. Englewood Cliffs 1993.

Rogers, C. R.: A way of being. Boston 1980

Sackley, N./Ibarra, H.: Charlotte Beers at Ogilvy & Mather Worldwide. Harvard 1995

Schellbach, O.: Mein Erfolgs-System. Hamburg 1928

Schirm, R. W./Schoemen, J.: Evolution der Persönlichkeit. Die Grundlagen der Biostrukturanalyse. Speyer 2007

Schmitz, C. A. : Charismating. Einkauf als Erlebnis. So kitzeln Sie die Sinne Ihrer Kunden. München 2001

Seligman, M.: Der Glücksfaktor: Warum Optimisten länger leben. Bergisch Gladbach. 2003

Seligman, M.: Flourish - Wie Menschen aufblühen. Die Positive Psychologie des gelingenden Lebens. München 2012

Shamir, B.: Attribution of influence and charisma to the leader: The romance of leadership revisited. In: Journal of Applied Social Psychology, 1992, Vol. 22, S. 86–407

Soeffner, H.-G.: Geborgtes Charisma – Populistische Inszenierungen. In: Gebhardt, W./Zingerle, A./Ebertz, M.N.(Hrsg.): Charisma – Theorie, Religion, Politik. Berlin/New York 1993, S. 201–219

Spachtholz, B.: Power im Beruf. Energien aktivieren. Mehr Kreativität und Lebensqualität. Regensburg 1998

Steyrer, J.: Charisma in Organisationen: Sozial-kognitive und psychodynamisch-interaktive Aspekte von Führung. Frankfurt am Main 1995

Temporal, P./Alder, H.: Corporate Charisma. How to achieve world-class recognition by maximizing your company's image, brand and culture. London 1998

Tichy, N. M./Devanna, M. A.: Der transformational Leader. Das Profil der neuen Führungskraft. Stuttgart 1995

Tracey, B.: Verkaufsstrategien für Gewinner. Wiesbaden 1994

Von Foerster, H.: Wahrheit ist die Erfindung eines Lügners. Gespräche für Skeptiker. Heidelberg 1998

Walker, Wolfgang: Abenteuer Kommunikation. Stuttgart 1996

Watzlawick, P./Beavin, J./Jackson, D.: Menschliche Kommunikation – Formen, Störungen, Paradoxien. Bern 1969

Watzlawick, P.: Wenn du mich wirklich liebtest, würdest du Knoblauch essen – Über das Glück und die Konstruktion der Wirklichkeit. München 2006

Weber, M.: Wirtschaft und Gesellschaft. Paderborn 2006

Wehr, G.: C. G. Jung. Reinbek 1969

Weiguny, Bettina: Bionade. Eine Limo verändert die Welt. Frankfurt am Main 2009,

Yukl, G.: Leadership in organizations. Englewood Cliffs 1994

Weblinks:

James Thurber Fabeln: http://www.hekaya.de/fabeln/autoren/thurber.html

http://www.handelsblatt.com/politik/oekonomie/nachrichten/wissenswert-wie-wichtig-ist-das-charisma-von-fuehrungskraeften/3440874.html

Danke!

Es gibt auf der Welt kaum ein schöneres Übermaß
als das der Dankbarkeit.
Jean de la Bruyère

Danke an die zwei wichtigsten Ms: Papa und Maw

Danke: Elvira Plitt vom HAUFE Verlag – ich denke noch oft an den charismatischen Münchner Schneesturm bei unserer ersten Begegnung zurück.

Danke: Gabriele Vogt, meine wunderbare Lektorin, für die intensive Arbeit mit mir, für Ihre vielen Vorschläge und Ideen und vor allem für die Ehrlichkeit!

ULF, danke! Ohne Euch und Eure vielen Brüder im Geiste wäre dieses Buch nie entstanden und das nächste auch nicht.

Danke für die Inspiration: G. Fred Müller, Ute Schmidt und die Rodenkirchener Unternehmerinnen, Andreas Taro Langer, Bianca und Markus Janke, Steve und Alexander Klein, Dirk Büscher, Frank Behrendt, Barbara Palmer, Anno Lauten, Fosca, Monika Lehmenkühler, Peter van Nahmen, Karin Bäck, Ephraim Sperer, Frank, Christian Kerner und der Wirtschaftsclub Köln und die vielen, vielen anderen, die ich hier gar nicht nennen kann

Danke: Ingo unconventional Bosch for your always truly exceptional ideas

Danke: Evan charismatic Boyd for our charismatic conversations

Danke für den Test! Franziska Hacke und Anja Schreiber

Danke für die Nerven und die Tipps: Wuhu, Regina Spicks-Höffken, Sarah Schmidt, Annette Bohn, Nele Jansen, Anja Kossowakis, Annette Auch-Schwelk und GBabe

Danke für die Unterstützung und die immer wieder motivierende und erfolgreiche Zusammenarbeit: Birgit Oswald und Robert Kötter

Danke an die phantastische Peggy Schröder von maxime photography

Hinweise

Gerne stehe ich Ihnen als Coach, Trainerin und Rednerin für Ihre Themen rund um Führung, Kommunikation und natürlich Charisma zur Verfügung. Informationen zu mir und meinen Themen finden Sie auf:
www.muellercommunications.de
www.evabmueller.de

Die Autorin

Eva B. MÜLLER – Trainerin, Autorin und Expertin für Erfolg im Business
Dr. Eva B. Müller ist Expertin für Führung und Kommunikation in Unternehmen mit besonderem Fokus auf den Themen: Virtuelle Führung, Teamführung, Teambuilding, Kundenkommunikation, Perception & Impression Management, Stärkencoaching, Karrierecoaching und Charisma. Nach einer internationalen Karriere als Führungskraft (u. a. in den USA) arbeitet sie mit namhaften Unternehmen und Organisationen als auch mit Einzelpersonen an der ständigen Optimierung und zeitgemäßen Umsetzung von moderner Führung und Kommunikation. Mit dem faszinierenden Phänomen des Charismas beschäftigt sie sich schon ein Leben lang – und seit 12 Jahren auch wissenschaftlich und beruflich, denn „*Charisma berührt alle Gebiete menschlicher Kommunikation und Führungsfähigkeit und ist ein erheblicher Erfolgsfaktor für jeden, der mit anderen Menschen arbeitet, ganz gleich, ob Führungskraft, Model oder Politiker.*“